高等学校新工科智能制造工程专业系列教材

制造执行系统技术

ZHIZAO ZHIXING XITONG JISHU

主　编　邢青青　赵　峰　牟春林

副主编　张晓萍　牛首印　易云峰　汪英爽

主　审　尤凤翔

西安电子科技大学出版社

内 容 简 介

“制造执行系统技术”是电气和智能制造相关专业学生的必修课程。本书从企业工程师角度出发，结合实际工程应用案例深入浅出讲解制造执行系统(MES)技术。

本书共 8 章，分为理论篇、实践篇和拓展篇三大部分。理论篇主要介绍了 MES 的发展历程、发展现状和发展趋势，MES 的集成与实现架构，MES 的项目规划与实施，MES 的生产建模与重构技术，MES 的数据采集与生产监控技术。实践篇以一个自行车生产组装工厂的智能制造过程为例，阐述了制造执行系统的开发设计。拓展篇结合两个典型案例——SMT 与机加工的制造执行系统以及工业互联网，介绍 MES 的应用现状和个性化需求。

本书可作为应用型本科院校、高职高专院校智能制造类、电气类、工业自动化类专业的教材，也可供相关工程技术人员参考使用。

图书在版编目（CIP）数据

制造执行系统技术 / 邢青青，赵峰，牟春林主编. -- 西安 : 西安电子科技大学出版社，2025.3. -- ISBN 978-7-5606-7568-8

Ⅰ. F407.406.14

中国国家版本馆 CIP 数据核字第 202579VY28 号

策　　划　陈　婷
责任编辑　郭　静
出版发行　西安电子科技大学出版社(西安市太白南路 2 号)
电　　话　(029)88202421　88201467　　邮　　编　710071
网　　址　www.xduph.com　　电子邮箱　xdupfxb001@163.com
经　　销　新华书店
印刷单位　陕西博文印务有限责任公司
版　　次　2025 年 3 月第 1 版　　2025 年 3 月第 1 次印刷
开　　本　787 毫米×1092 毫米　1/16　　印张 11.5
字　　数　266 千字
定　　价　33.00 元
ISBN 978-7-5606-7568-8

XDUP 7869001-1

前　言

随着经济和技术的不断发展，当今世界正面临经济转型，第四次工业革命成为热点，智能制造也迎来快速发展阶段。制造执行系统(MES, Manufacturing Execution System)作为生产制造过程的大脑与神经网络，在今后一段时间内，将是整个制造业关注的焦点之一。

制造执行系统(MES)这一概念已提出 30 多年，作为数字化车间的使能器和智能制造的重要支撑，MES 技术的意义与重要性已被广泛认可，MES 技术研发与应用均已取得长足进展。特别是近年来，随着智能制造的兴起，MES 更是引起了工业界和学术界前所未有的关注，成为一个持续的热点。

MES 是面向车间生产管理的实时信息系统，是一种涉及面广的复杂技术与应用系统，宜从多个视角来综合认知，以比较完整地理解其内涵并窥其全貌。编者在本书的结构安排和内容上作了相应考虑。全书共 8 章，分为三篇：理论篇为第 1～5 章，阐述 MES 的理论知识；实践篇为第 6 章，以一个自行车加工企业的智能制造过程为例，阐述 MES 的设计和实施；拓展篇为第 7、8 章，通过两个案例来讲解 MES 的应用现状。书中前 3 章主要介绍 MES 涉及的生产管理活动以及集成技术；第 4 章介绍 MES 的生产建模与重构技术；第 5 章介绍 MES 的数据采集与生产监控技术，该技术是实现 MES 实时性生产管控的基础技术手段；第 6 章介绍制造执行系统的开发设计案例，使用该系统可对原材料、生产过程和产品全生命周期进行数字化、网络化、动态化管理，实现产品质量的控制和可追溯；第 7 章介绍 SMT 与机加工的制造执行系统，包括系统的价值和功能清单；第 8 章介绍工业互联网，将工业互联网技术赋能数字化车间建设。MES 涉及的内容十分广泛，由于篇幅的限制，本书不可能面面俱到，甚至很多重要的关键技术，如物料管理与在制品跟踪技术、质量管控技术、智能调度技术、生产过程仿真技术、数据可视化技术等，在本书中也未能作深入介绍。读者若对这些内容感兴趣，可以参阅相关书籍或资料。此外，MES 技术随着 IT 技术的发展与时俱进，近年来很多新的 IT 技术的引入极大地影响和推动着 MES 技术的发展与应用。新的 IT 技术的应用及其与 MES 的深度融合无疑将成为新的发展方向。

感谢精益派数字科技有限公司为本书提供了无代码开发平台、物联网平台产品及案例素材。张晓萍老师参与了第 1～3 章的编写，精益派牟春林工程师、刘同堂工程师、汪英爽工程师参与了第 6 章实战篇案例的收集与整理。本书第 1～3 章由苏州大学应用技术学院邢青青老师完成，第 4～5 章由苏州大学应用技术学院牛首印老师完成，第 6 章由精益派工程师易云峰完成，第 7～8 章由苏州大学应用技术学院赵峰老师完成。本书由苏州大学应用技术学院尤凤翔教授主审，邢青青负责统稿。在此衷心感谢所有对本书出版给予帮助和支持的老师和朋友们。

MES 的内涵仍在不断丰富且迅速发展，鉴于编者对 MES 认识、理解和实践上的局限，书中不妥之处在所难免，敬请读者批评指正。

编者邮箱地址：13253004@qq.com。

编　者

2024 年 11 月

目　录

理　论　篇

实　践　篇

拓 展 篇

理 论 篇

MES 全称 Manufacturing Execution System，即制造执行系统，是面向车间生产管理的实时信息系统，是一种涉及面广的复杂技术与应用系统，宜从多个视角来综合认知。从工业管控软件的角度来看，MES 是纵向连接企业资源计划(ERP，Enterprise Resource Planning)和生产控制、横向连接原材料采购和销售服务、侧向连接技术研发和产品交付的核心软件，也是信息化和自动化结合的最典型应用之一。从应用软件的角度来看，MES 与 ERP 在用途、业务模型和市场覆盖率三个方面都具有相似性和关联性。ERP 用于整个企业的资源和计划管理，而 MES 用于车间级的生产计划和控制管理；ERP 和 MES 的业务模型都是“开发→咨询→实施→应用”；二者在制造领域的目标用户相同。

本篇主要介绍 MES 的发展历程、发展现状和发展趋势，MES 的集成和实现架构，MES 的项目规划与实施以及企业数字化转型过程中的主要活动和相应软件的开发、部署与实施。

第 1 章

MES 概述

1.1 MES 的发展历程

自 20 世纪 80 年代起，出现了一些解决单一问题的车间管理系统，例如全面生产维护管理系统(TPM，Total Productive Maintenance)、质量管理系统(QMS，Quality Management System)、能源管理系统(EMS，Energy Management System)，以及涵盖生产进度跟踪、生产统计等功能的生产管理系统。这一时期企业引进的是解决单一问题或具备单一功能的软件或系统，不是整体的管理设计或问题解决方案。横向维度上，系统和软件之间信息孤岛的存在成为必然；纵向维度上，上层系统与控制系统之间出现断层问题。

20 世纪 80 年代中期，生产管理的各种单一软件和系统开始被整合，随着管理方法和 IT 技术的发展，IT(Information Technology)与 OT(Operation Technology)进一步融合，逐步形成了制造执行系统(MES，Manufacturing Execution System)的雏形，主要有生产现场管理(POP，Point of Production)系统和车间作业控制(SFC，Shop Floor Control)系统。

20 世纪 80 年代末，美国先进制造研究所 AMR(Advanced Manufacturing Research)首先提出 MES 的概念。1992 年，美国成立以宣传 MES 思想和产品为宗旨的贸易联合会——制造执行系统协会(MESA)。1997 年，MESA 发布修订后的数个关于 MES 的白皮书，对 MES 的定义与功能、MES 与相关系统间的数据流程、应用 MES 的效益、MES 软件评估与选择以及 MES 的发展趋势等问题进行了详尽的阐述。

1999 年，美国国家标准与技术研究所(NIST，National Institute of Standards and Technology)在 MESA 发布的白皮书的基础上发布了有关 MES 模型的报告，将 MES 有关概念标准化。

2000 年后，MES 作为信息化应用的重要组成部分受到市场的广泛关注。一方面，国际主要软件服务商大举拓展该领域业务，中国本土企业资源计划(ERP，Enterprise Resource Planning)、产品生命周期管理(PLM，Product Lifecycle Management)、自动化服务商也逐渐进入 MES 系统市场；另一方面，随着企业精细化的逐渐加强以及越来越严格的质量追溯和管控需要，越来越多的头部企业对 MES 进行选型和实施，管理效益和经济效益取得显著增长。

2013 年以后，随着“德国工业 4.0”“中国制造 2025”等国家制造强国战略的出台，智

能制造成为全球制造业的必选项和发展目标，MES 作为实现智能制造的重要工具，受到广泛讨论，全球掀起学习、研究和实践 MES 的热潮。MES 的发展历程如图 1-1 所示。

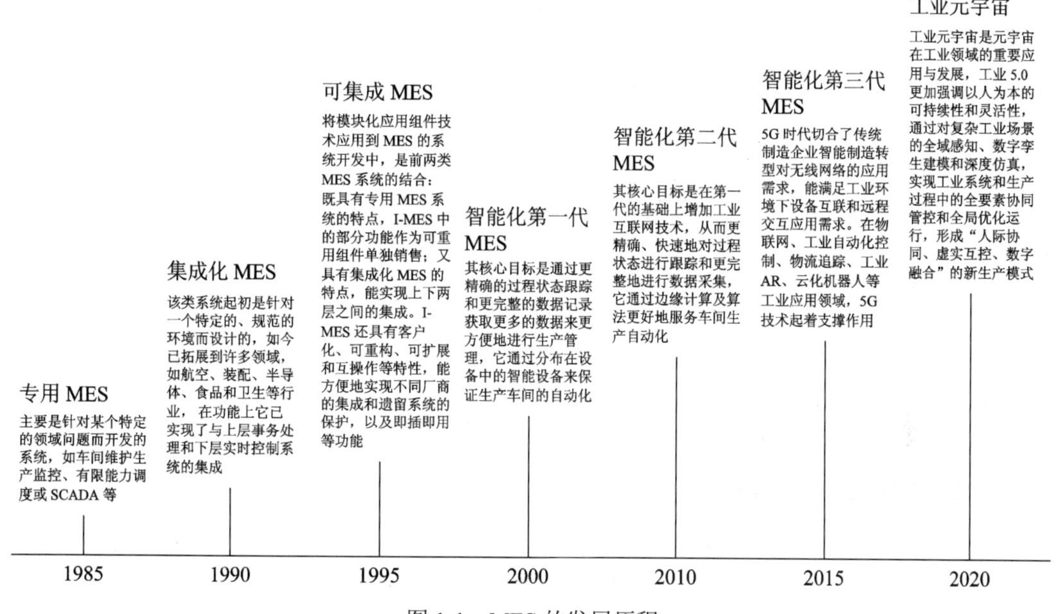

图 1-1　MES 的发展历程

1.1.1　MES 产生的背景

自 20 世纪 80 年代起，消费需求渐趋多样化，制造业的生产模式由此开启变革之旅，从大批量刚性生产逐步迈向多品种少批量柔性生产。在此背景下，借助计算机网络、大型数据库等 IT 技术以及先进通信技术的蓬勃发展，企业信息系统实现了重大转型，由局部性事后处理模式转变为全局性实时处理模式。

在制造管理领域，准时生产(JIT，Just In Time)、精益生产(lean)、约束理论(TOC，Theory Of Constraints)等创新理念与方法应运而生。这些理念与方法被广泛应用于订单生产(MTO，Make To Order)环节，使人们能够对生产进行更为科学精准的预测，并制订出切实有效且可行的生产计划。

从企业级层面来看，物料需求计划 MRP II(Material Requirements Planning)系统在管理系统软件领域不断推广普及。直至当下，ERP 系统更是在各类企业中风生水起，得到大规模应用。而在过程控制领域，可编程逻辑控制器(PLC，Programmable Logic Controller)、分布式控制系统(DCS，Distributed Control System)、分布式数控(DNC，Distributed Numerical Control)等技术的大量运用，已然成为实现高效车间级流程管理的关键所在。

可以说企业信息化在各个领域都有了长足的发展。当前许多企业已经做了很多信息化项目，包括客户关系管理(CRM，Customer Relationship Management)、企业资源计划、产品生命周期管理、供应链管理(SCM，Supply Chain Management)、办公自动化(OA，Office Automation)等。这些系统为生产企业带来了不少收益，但是它们都未能应用于车间生产层面，即企业上游管理与车间生产之间没有数据的传递。多数企业车间的执行过程是依靠纸质的报表、手工操作记录等来实现上下游的沟通。这种方式非常低效，并且产生的数据不准确、不完整。这使企业无法准确进行生产方面的各项分析和精细化管理，使企业的效益打了折扣。企业生产方面的问题具体表现为：一方面，管理人员和生产人员在计划过程中无法准确、及时地把握生产实际状况；另一方面，在生产过程中因无法得到切实可行的作业计划作为指导，工厂管理人员和操作人员难以在生产过程中跟踪产品的状态数据、不能有效地控制在制品库存，而用户在交货之前也无法了解订单的执行状况。产生这些问题的主要原因仍然是生产管理业务系统与生产过程控制系统相互分离，计划系统和过程控制系统之间的界限模糊、缺乏紧密的联系。

1.1.2　MES 的定义

国外不同的组织和研究机构都在进行 MES 理论和体系的研究，包括 MES 的定义、定位模型、功能模型、数据流模型甚至实施方法模型等，但是对 MES 的定义尚未形成统一的认识。比较著名的 MES 的定义有以下几个。

1. AMR 对 MES 的定义

美国先进制造研究所 AMR 将 MES 定义为“位于上层的计划管理系统与底层的工业控制之间的、面向车间层的管理信息系统”，它为操作人员、管理人员提供计划的执行、跟踪及所有资源(人、设备、物料、客户需求等)的当前状态。

AMR 提出了包括决策层、执行层和控制层的企业信息集成三层业务模型：第一层为企业资源计划(即 ERP)，主要为企业提供全面管理决策；第二层为执行层(即 MES)，主要负责车间级的协调、跟踪，发现并监控相关趋势；第三层为控制层(即 SFC)，直接负责工厂生产控制。

2. MESA 对 MES 的定义

制造执行系统协会 MESA 对 MES 的定义为：MES 能通过信息传递对从订单下达到产品完成的整个生产过程进行优化管理。当工厂发生突发事件时，MES 能对此及时作出反应、完成报告，并利用当前的准确数据对突发事件进行指导和处理。MES 这种对状态变化的迅速响应能够减少企业内部没有附加值的活动，有效地指导工厂的生产运行过程，从而既能提高工厂的及时交货能力、改善物料的流通性能，又能提高生产回报率。MES 还通过双向的直接通信在企业内部和整个产品供应链中提供有关产品行为的关键任务信息。

3. ISA 对 MES 的定义

国际自动化学会(ISA，International Society of Automation)发布了《ISA-95 企业–控制系统集成》标准(简称 ISA-95 标准)，其目的是建立企业信息系统的集成性规范。ISA-95 标准文件内容包含以下 8 个部分：第 1 部分模型和术语(Models and Terminology)，第 2 部分对象模型(Object Model)，第 3 部分制造运行管理的活动模型(Activity Model of Manufacturing Operations Management)，第 4 部分制造运行管理集成用对象和属性(Objects and Attributes for Manufacturing Operations Management Integration)，第 5 部分商务制造处理(Business to Manufacturing Transactions)，第 6 部分信息服务模型(Messaging Service Model)，第 7 部分别名服务模型(Alias Service Model)，第 8 部分信息交换配置文件(Information Exchange Profiles)。

ISA-95 标准定义了企业级计划管理系统与工厂车间级控制系统进行集成时使用的术语和标准，其内容主要包括信息化和标准化两个方面。ISA-95 标准所涉及的信息内容有产品定义信息、生产能力信息、生产进度信息、生产绩效信息。ISA-95 标准除了上述信息化内容之外，其重要组成部分就是生产对象的模型标准化。ISA-95 标准的生产对象模型根据功能分成了四类，共 9 个模型，即资源(人员、设备、材料和过程段对象 4 个模型)、能力(生产能力和过程段能力 2 个模型)、产品定义(产品定义信息模型)、生产计划(生产计划和生产性能 2 个模型)。

ISA 还在 ISA-95 标准中提出制造运行管理(MOM，Manufacturing Operations Management)的概念。近几年 MOM 概念逐渐兴起，一些供应商也推出了 MOM 产品。MOM 覆盖的范围是企业制造运行区域内的全部活动，是一个对象范畴的概念。MES 则是一个软件产品或软件系统的概念，MES 是为了解决某一类 MOM 问题而设计开发出来的软件产品，相比而言，MOM 更加聚焦数字化改造。

MES 是工业 4.0 实现纵向集成的枢纽，也是智能工程建设的核心。根据 ISA-95(ISA-95 又称 SP95)规范建立的制造车间生产运行管理活动模型如图 1-2 所示。

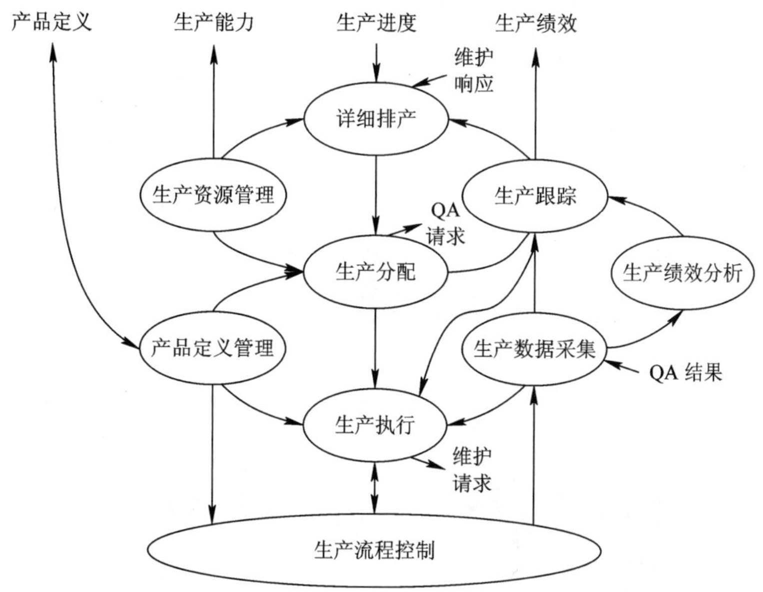

图 1-2　制造车间生产运行管理活动模型(ISA-95)

4. E-works 对 MES 的理解

E-works 公司认为，MES 是一套对生产现场综合管理的集成系统。MES 用集成的思想替代原来的设备管理、质量管理、生产排程、分布式数控、数据采集软件等车间需要使用的孤立软件系统。MES 涉及车间现场管理的人、机、料、法、环、测、能(5M2E)，从生产排产、生产计划执行、生产工艺指导、生产过程追溯、车间现场数据采集、生产物料供应、设备管控、生产质量管控、在制品管理、人员排班、生产绩效分析等多个维度对生产现场进行集成管理。制造企业应用 MES 的核心价值在于实现生产现场的透明化，实现生产过程的全程追溯，提升产品的按期交付率，遵从行业法规与标准，提高设备和人员绩效，提高生产质量等。

5. 我国发布《工业自动化系统与集成 制造执行系统功能体系结构》

2010 年 12 月 1 日，我国发布 GB/T 25485—2010《工业自动化系统与集成 制造执行系统功能体系结构》，该标准明确了制造执行系统在整个制造类企业集成系统中的定义、主要功能、系统的层次划分、MES 通用的功能体系结构，并提供了实际企业 MES 的参考示例。

1.1.3 MES 的功能分布

在制造企业中，MES 在接收生产订单到成品入库整个流程中扮演着核心角色。这一过程不仅涵盖了计划调度、物料需求规划、任务分配、生产线准备与执行以及成品入库等关键环节，还涉及跨部门协作，包括从技术支持部门获取工艺文档，接受质量控制部门的物料和产品检验，以及与设备管理部门协同进行设备维护，并可能需要与研发团队共同应对生产技术挑战。

具体而言，生产车间的运行管理活动可归纳为 12 项主要内容：资源分配与状态监控、细节排程、生产单元指派、文档管理、数据收集、人力资源管理、质量管理、过程控制、维护管理、产品跟踪与清单管理、性能分析、物料管理。

ISA-95 标准对这些活动提供了更明确、更细致的功能描述，形成了工厂制造运行管理 MOM 系统的完整集成关系(模型)，作为上面的生产车间的运行管理活动的规范性表述，如图 1-3 所示。图 1-3 中标识了各功能模块，描绘了 MES 内部运作及与其他部门交互的全景图，该图具体说明见 1.2.2 MES 的发展趋势部分。图中的具体缩写说明见小节 1.2.2。

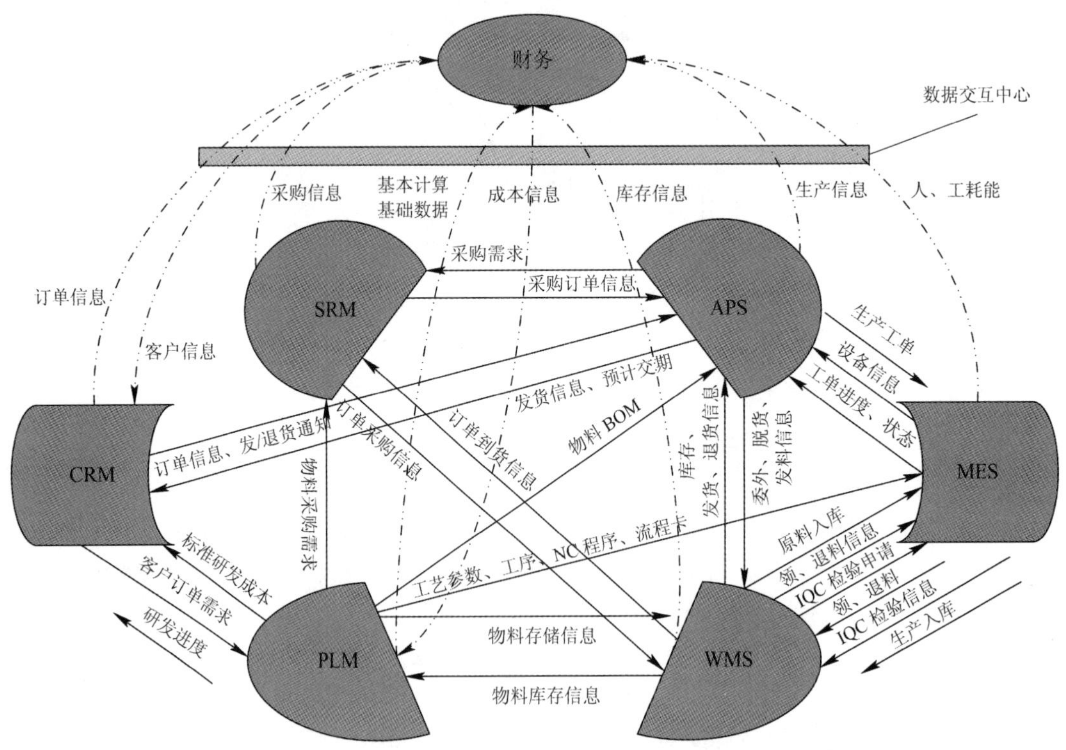

图 1-3 MOM 系统集成关系图

根据 ISA-95 提出的制造运行管理(MOM)理念，生产运行、维护运行、质量管理和库存管理被并列为制造运行的核心组成部分，这拓展了传统 MES 的概念，强调了各部门间紧密合作的重要性。相比之下，传统的制造执行管理主要围绕车间生产运行展开，而其他 11 项管理活动及车间外部的管理行为则作为辅助和支持要素存在。表 1-1 展示了依据 ISA-95 标准构建的工厂制造运行管理模型，进一步明确了各管理职能的角色和责任。

表 1-1　工厂制造运行管理模型(ISA-95)

序号	功能项目	英文全称	功能概述	技术标准
1	资源分配与状态管理	Resource Allocation and Status Management	管理车间资源分配及状态信息	MESA/NIST (缩写为 M/N)
2	操作/细节调度	Operations/Detail Scheduling	即作业调度，生成操作计划，进行作业排序	M/N
3	分派生产单位	Dispatching Production Units	即生产分派，管理和控制生产单位的流程	M/N
4	文档控制/规范管理	Document Control/Specification Management	管理、控制与生产单位相关的记录	M/N
5	数据采集/获取	Data Collection/Acquisition	采集生产现场中各种必要的数据	M/N
6	劳动力管理	Labor Management	提供最新的员工状态信息	M/N
7	质量管理	Quality Management	记录、跟踪和分析产品及过程特性	M/N
8	过程管理	Process Management	监视生产，纠偏或提供决策支持	MESA
9	维护管理	Maintenance Management	跟踪和指导设备及工具的维护活动	M/N
10	产品跟踪和谱系	Product Tracking and Genealogy	提供工件在任意时刻的位置及其状态信息	M/N
11	性能分析	Performance Analysis	提供最新的实际制造过程及对比结果报告	M/N
12	物料管理	Material Management	管理物料的运动、缓冲与储存	NIST

表 1-1 中各模块功能描述如下：

(1) 资源分配与状态管理。该功能模块用于管理各种资源(包括设备、工具、材料和其他辅助设备以及派工单、领料单、工序卡等相关作业指令和文件等确保设备正常开工所必需的实体)，跟踪资源状态并维护一个详细的历史记录，提供资源的实时状态信息。该模块保证下列功能的实现：设备能够实时安装调整，其他资源(如文档)能够及时获取。资源管理包括对资源的保存与分派，目标是支持操作/详细调度功能。

(2) 操作/细节调度，即作业调度。该模块用于生成工序计划(即详细计划)以满足用户定义的生产系统运行目标。它基于订单优先级、对象属性特性以及制造方法与工艺等约束条件进行作业排序，使得设备的调整或准备时间最少，并根据不同的加工路径以及加工路径的重叠与并行情况，通过计算加工时间或设备负荷获得较优的加工顺序或路径。

(3) 分派生产单位，即生产分派。该功能模块根据生产计划和详细排程，管理作业、订单、批次、工作指令等形式的生产单位的分派流程。其目标是以适当的顺序分派上述信息，使其在正确的时间到达正确的地点。该功能还可针对生产过程中出现的突发问题及时修改作业指令，调整加工顺序。它能够变更预定排程/生产计划，通过重新安排生产和补救措施，改变已下达的计划，并通过缓冲管理来控制在制品数量。

(4) 文档控制/规范管理。文档管理负责控制、管理、交付与生产单位相关联的信息包，包括工作指令、制造方法、图纸、标准操作规程、零件加工程序、批次记录、工程更改通知以及交班信息等。它支持编辑和维护文档历史版本，还支持对环境、健康、安全等方面法律法规资料以及 ISO 标准信息文档的管理。

(5) 数据采集/获取。该功能模块可获取和更新用于产品跟踪、维护生产历史记录以及其他生产管理功能的生产信息，如对象、批次、数量、时间、质量、过程参数、设备启停时间、能源消耗等。它可将扫描仪、输入终端与制造控制者的软件界面以及其他软件结合，以手工或自动方式在车间采集最新的数据来实现上述功能。这些数据可从生产单位相关的文档/记录中或底层 DCS、PLC 装置中获取，或采用其他方式获得，它们是性能分析的数据源。

(6) 劳动力管理。该功能模块提供车间最新的人员状态信息，包括入职时间和上下班出勤记录、资质跟踪以及间接活动信息(如领料、备料、准备时间等)，这些信息可作为成本分析和绩效考核的依据。劳动力管理与资源分配进行交互，可确定最优的人员分派。

(7) 质量管理。该功能模块从生产过程中实时采集质量数据，并对质量数据进行分析、跟踪、管理和发布。它运用数理统计方法对质量数据进行相关分析，监控产品质量，同时鉴别出潜在的质量问题。亦可分析造成质量异常的操作、相关现象与原因，提出纠正或校正的措施，或提出质量改进意见和计划。质量管理也可以包括统计过程管理/统计质量管理(SPC/SQC)跟踪、离线检测操作以及在实验室信息管理系统(LIMS)中进行分析。

(8) 过程管理。过程管理用于监视生产过程，自动纠偏或为操作者提供决策支持以纠正和改善在制活动(这种活动既可以是工序内的，也可以是工序间的)，它也包括报警管理。过程管理可以通过数据采集/获取来提供智能设备与 MES 的接口。NIST 认为过程管理活动已在分派生产单位与质量管理中描述；MESA 将其单列，是因为该活动可能由一个单独的系统来执行。

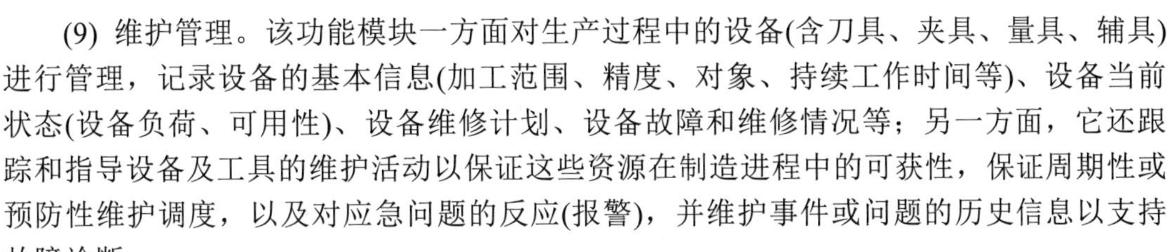

(9) 维护管理。该功能模块一方面对生产过程中的设备(含刀具、夹具、量具、辅具)进行管理，记录设备的基本信息(加工范围、精度、对象、持续工作时间等)、设备当前状态(设备负荷、可用性)、设备维修计划、设备故障和维修情况等；另一方面，它还跟踪和指导设备及工具的维护活动以保证这些资源在制造进程中的可获性，保证周期性或预防性维护调度，以及对应急问题的反应(报警)，并维护事件或问题的历史信息以支持故障诊断。

(10) 产品跟踪和谱系。该功能模块提供整个生产过程中的工作及其处置的可视性。它提供的状态信息包括：谁在进行该工作，供应者提供的零件、物料、批量、序列号，警告、返工或与产品相关的其他例外信息等。其在线跟踪功能也创建一个历史记录，该记录提供零件和每个末端产品使用的详细信息，具有可跟踪性。其功能包括在制品(WIP，Works In Progress)跟踪，以及产品生产的历史数据存储和管理。

(11) 性能分析。该功能模块提供车间实际制造操作活动的最新报告，以及其与历史记录和预期经营结果的比较。车间运行性能结果包括对资源利用率、资源可获取性、产品单位周期、与排程表的一致性、与标准的一致性等指标的度量。

(12) 物料管理。该功能模块管理物料(原料、零件、工具)及消耗品的运动、缓冲与储存。这些运动可能直接支持过程操作或其他功能，如设备维护或安装调整。该功能 MESA 中没有，为 NIST 所追加的内容，它认为物料管理活动与资源分配和跟踪功能的关系并不明确。

1.2　MES 的发展现状和发展趋势

1.2.1　MES 的发展现状

随着制造业整体生产模式的转变及管理能力的提升，结合信息技术的发展，在 MES 的支持平台、数据库、应用技术、系统架构、系统可配置性等方面出现了很多新技术，相较初期，MES 系统有了长足的发展，更适合当下和未来智能制造企业的要求。由于 MES 具有行业属性，同时又具备很强的定制化属性和可配置属性，因此 MES 适用于流程型行业、离散型行业中各种制造企业，在机械精密加工、电子、化工、电力、医药、重工机械等制造领域有广泛的应用。

1. 国内应用情况

在 MES 应用方面，国内长三角、珠三角地区应用程度远远高于其他地区。结合实际情况，中国一大部分制造业还处于行业分工的下游，劳动密集型作业方式造成的问题显著，因此收集完整可靠的、经过过滤和分析的信息非常困难。同时，制造的集成信息系统由许多独立子系统组成，子系统或软件之间互为信息孤岛，互不通信，集成成本高、难度大、周期长。总体来说，MES 软件是加速中国制造业升级、转型、壮大的有力工具，有广阔的发展空间。由于 MES 系统能给企业和社会带来非常大的效益，从 2002 年开始，在国家 863 计划的推动下，CIMS 计算机集成制造系统高新科技研发计划中已将 MES 系统作为重点发展项目，并出台了具体扶持办法，从战略的高度上给予重视，坚持工业化带动信息化、信息化促进工业化的发展战略，实现价值流、信息流、物料流、资金流、工艺流与支持性流程的最佳集成。

2. 国际应用情况

欧美、日韩等国家在 MES 方面起步比较早，有成熟的 MES 产品和应用场景，给相关企业带来了巨额利润。从 20 世纪 80 年代后期至 1994 年(以数字孪生驱动的制造执行系统 T-MES)市场销售以两位数的百分比递增；21 世纪以来，AMR 组织提出了“MES 要重点面向车间生产”的问题，并相继出现了一系列的开发公司和产品。如美国 Concilium 公司面向半导体和电子行业相继开发了 Workstream(MES I)和 FAB 300(MES II)，美国 Honeywell 公司面向制药行业开发了 POMSMES 系统，美国的 Intellection 公司面向多种行业开发了 Fix for Windows，美国 Rockwell 公司开发了 Russel、RS Batch、Arena 等。日本的横河电机公司面向石油相关企业开发了终端自动化系统 Exactas。这些系统在汽车、石油等行业取得巨大成功。

1.2.2 MES 的发展趋势

MES 作为承上启下的车间级综合信息系统，其应用与制造企业所处的行业产品特点、工艺路线、生产模式、设备布局、车间物流规划、生产和物流自动化程度、数据采集终端、车间联网以及精益生产推进等诸多因素息息相关。同时，MES 的应用又与物联网、工业大数据、数字孪生、信息物理系统等诸多新兴技术交叉，且正在不断进化。其中，信息物理系统实际上是自动控制技术(数据采集、伺服驱动)、嵌入式软件技术、机器人技术、无线通信技术、物联网技术融合的系统，其愿景是实现智能制造和智能工厂。数字孪生是对实体产品、生产流程或产品使用的一种智能化和虚拟化的表示(或模型)，通过这项新兴技术，可以将 MES 采集到的数据在虚拟的三维车间模型中实时地展现出来，不仅可以提供车间的虚拟现实 VR(Virtual Reality)环境，还可以显示设备的实际状态，实现虚实融合。总体而言，MES 技术的发展更关注功能与系统的集成拓展、模块和支持业务的重构能力以及核心功能与系统的智能化提升。除此之外，MES 正向精细化、智能化等方向发展，其主要目标是通过 MES 帮助企业构建智能工厂、实现全球范围内的生产协同。

MES 集成范围不断扩大，其不仅包括生产制造车间，还将覆盖整个企业的业务流程。通过建立物流、质量、设备状态统一的工厂数据模型，使数据更能适应企业的业务流程变更和重组的需求，真正实现 MES 软件系统的开放、可配置、易维护。在集成方式上，通过 MES 的设计和开发，使不同供应商的软件和其他的信息化构件实现标准的互联和互操作，同时实现“即插即用”功能。

图 1-3 展示的系统集成具有以下主要功能。

1. 实现自动化生产线场景下的交互

高级计划排程系统(APS，Advanced Planning and Scheduling)创建生产排产计划，通过生产工单接口将结果传输给制造执行系统(MES，Manufacturing Execution System)进行生产作业。MES 系统经过与仓储管理系统(WMS，Warehouse Management System)的信息交互，作出物料信息综合判断。MES 系统通过接口，将结果回传给 APS 系统，APS 进行物料信

息监控、成本分析、订单进度跟踪等工作。当 WMS 系统检测到缺料，会向财务系统发起采购订单，财务系统会通过供应链管理(SRM，Supplier Relationship Management)对供应商供料环节进行全方位跟踪。最终产品供应于客户，工厂通过客户关系管理系统(CRM，Customer Relationship Management)对集群客户信息进行管理。产品生命周期管理(PLM，Product Lifecycle Management)会对整个产品生产环节进行监督管理。

2. 实现离散型作业线场景下的交互

APS 创建生产排产计划(或在 ERP 中直接完成销售订单转工单的操作，进一步生成生产排产计划)，通过 API 接口将结果传输给 MES 系统，MES 系统经过与 WMS、PLM 等系统的信息交互，作出综合判断下达生产指令到具体的产线、机台或者班组，MES 收集生产作业过程中的工艺参数、工序、NC(数控)程序等信息，然后通过 API 接口，将结果回传给 PLM 系统，PLM 系统进行生产计划监控、成本分析、订单进度跟踪等工作。

3. 实现网络化协同制造

互联网技术的发展对制造业的影响越来越大。未来，MES 将会帮助企业实现网络化的协同制造，通过对分布在不同地点甚至全球范围内的工厂进行实时信息互联，并以 MES 为引擎进行实时过程管理，以协同企业所有的生产活动，建立过程化、敏捷化和级别化的管理模式。此外，MES 在协同制造方面将超越目前的个人范畴和组织范畴，扩展至与供应商和客户的连接。

1) 企业内的协同制造纵向集成

对于一个制造企业来说，其内部的信息是以制造为核心的，包括生产管理、物流管理、质量管理、设备管理、人员及工时管理等与生产相关的各个要素。传统的制造管理是以单个车间/工厂为管理单位的，管理的重点是生产，管理的范围是制造业内部。

但是，随着信息技术的进步，很多制造型企业在发展的不同时期，根据不同时期的需求，开发了不同的系统，并在企业内部逐步使用，如库存管理系统、生产管理系统、质量管理系统、产品生命周期管理系统、供应链管理系统等。不同的系统用于实现不同的功能，有些系统系自主开发，有些系统由不同供应商的系统组成。随着企业的发展，要求不同的生产元素管理之间具有协同性，以避免制造过程中的信息孤岛，因此对各个系统之间的接口和兼容性的需求越来越高，即各个系统之间的内部协同越来越重要。

例如，对于采用两套各自独立的系统来管理生产和库存的情况，生产实施之前，生产管理系统需要掌控某项生产计划的实施以及物料资源的供应，而如果库存管理系统和生产管理系统相对独立，就无法实现协同，生产所需要的物料信息不能反馈给库存管理系统，库存管理系统也不能得到生产所需要物料的需求信息。在生产完成之后，生产管理系统汇总生产结果与实际的物料使用信息，但是由于生产管理系统与库存管理系统采用的是不同的独立系统，库存管理系统并不能得到物料使用的实时信息，这致使实际库存情况和系统的结果无法保持一致。为了弥补信息的断层，不得不在库存管理系统和生产管理系统之间进行数据信息的手工导入和导出，经常进行周期性的人工盘点，只有如此，才能做到使用情况与库存信息的匹配。

随着制造业对于制造的敏捷性及精益制造的要求不断提高，靠人工导入导出信息已经不能满足制造业信息化的需求，这就要求在不同系统之间进行网络协同，做到实时信息传递与共享。纵向集成主要体现在工厂内的科学管理上，从侧重于产品的设计和制造过程，走到了产品全生命周期的集成过程，建立了有效的纵向生产体系。

2) 企业间的协同制造横向集成

未来制造业中，每个企业都有独立运行的生产管理系统，或者采用一套生产管理系统来管理工厂的所有操作。但是，随着企业的发展，企业设置不同的生产基地及多个工厂，工厂之间往往需要互相调度，合理地利用人力、设备、物料等资源，企业中每个工厂之间的信息流量越来越大，实时性的要求越来越高，同时每个工厂的数据量和执行的速度要求也越来越高。这就要求不同工厂之间做到网络协同，确保实时的信息传递与共享。

同时，在全球化与互联网时代，协同不仅仅是组织内部的协作，而且往往涉及产业链上下游组织之间的协作。一方面，通过网络协同，消费者和制造业企业共同进行产品设计与研发，满足个性化定制需求；另一方面，通过网络协同，配置原材料、资本、设备等生产资源，组织动态的生产制造，缩短产品研发周期，满足差异化的市场需求。

横向集成代表生产系统的结合，这是一个全产业链的集成。以往的工厂生产中，产品或零部件生产只是一个独立过程，产品和零部件之间没有任何联系，没有进一步的逻辑控制。外部的网络协同制造帮助一个工厂根据自己的生产能力和生产档期只生产某一个产品的一部分，从而使外部的物流、外部工厂的生产销售等整个产业链联系起来，这样一来，就实现了价值链上的横向产业融合。

3) 数据交互实时性加强

随着工业互联网技术的发展，企业将通过制造数据采集(MDC，Manufacturing Data Collection)/分布式数控(DNC，Distributed Numerical Control)等，实现 MES 直接与底层控制设备互联互通，完成信息的交互。例如，MES 直接从机床或设备自动获取状态反馈信息，并向机床或机器人下达执行程序或指令，实时获取数据，促进生产效率的提升。

4) 决策功能日益突出

随着大数据、人工智能、工业互联网等技术的发展，MES 在收集生产层面数据后，通过数据建模、大数据分析、实时状态信息传输，对企业生产经营活动进行实时分析和精准控制，实现智能决策。

5) 与新兴技术融合和进化，拓展 MES 应用的广度和深度

物联网技术引发数据海量增加、设备的智能化及自主化管理，让人机交互的方式更加自然、实时，聚焦要点；通过数字孪生(Digital Twin)、三维可视化技术将所有生产数据整合到工厂虚拟现实系统，让生产数据实时驱动三维场景中的设备；工业互联网、云计算技术使得基于云平台的应用迅速发展，出现了利用软件即服务(SaaS，Software as a Service)的云 MES，云 MES 作为一种成本更低、性能更高的系统部署方式逐渐兴起。基于数字孪生的数字车间模型如图 1-4 所示。图 1-4 中的缩写全称如下：自动导引运输车(AGV，Automated Guided Vehicle)，计算机辅助设计(CAX，Computer Aided Design)，数据采集与监控(SCADA，Supervisory Control And Data Acquisition)，可编程逻辑控制器(PLC，Programmable Logic Controller)，人机接口(HMI，Human Machine Interface)，产品数据管理(PDM，Product Data Management)，供应链管理(SCM，Supply Chain Management)，客户关系管理(CRM，Customer Relationship Management)。

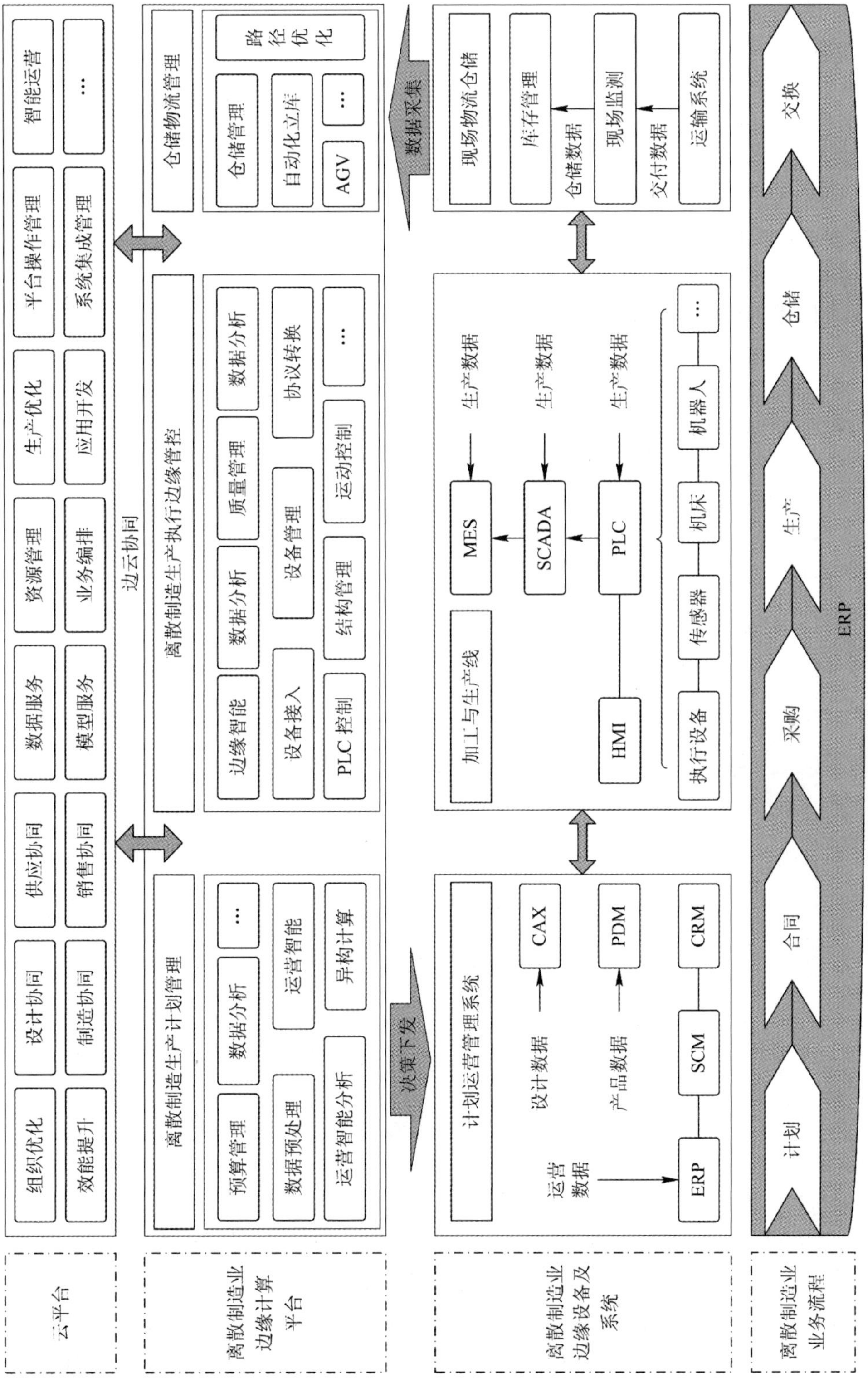

云平台

组织优化 设计协同 供应协同 数据服务 资源管理 生产优化 平台操作管理 智能运营

效能提升 制造协同 销售协同 模型服务 业务编排 应用开发 系统集成管理 …

边云协同

离散制造业边缘计算平台

离散制造生产计划管理：预算管理 数据分析 … 数据预处理 运营智能 运营智能分析 异构计算

离散制造生产执行边缘管控：边缘智能 数据分析 质量管理 数据分析 设备接入 设备管理 协议转换 PLC 控制 结构管理 运动控制 …

仓储物流管理：仓储管理 自动化立库 AGV … 路径优化

决策下发　数据采集

离散制造业边缘设备及系统

计划运营管理系统：运营数据 → ERP；设计数据 → CAX；产品数据 → PDM；ERP — SCM — CRM

加工与生产线：生产数据 → MES；生产数据 → SCADA；生产数据 → PLC；PLC → SCADA → MES；HMI — PLC；执行设备 传感器 机床 机器人 …

现场物流仓储：库存管理 ← 仓储数据 ← 现场监测 ← 交付数据 ← 运输系统

离散制造业业务流程

ERP：计划 合同 采购 生产 仓储 交换

图 1-4　基于数字孪生的数字车间模型图

未来，随着新兴技术的发展和应用，MES 采用创新的工业软件、自动化技术、驱动技术及服务，将深入企业运营过程，并得到创新性的应用，最终为制造企业建设智能工厂及实现智能制造打下坚实的基础。

思　考　题

1. 简要描述 MES 的发展历程。
2. MES 常见的功能模块有哪些?
3. 简要描述 MES 的发展趋势。

第2章

MES的集成与实现架构

2.1 MES集成技术

随着制造业信息化工程的开展，许多企业采用了以制造资源计划(MRPII，Manufacturing Resource Planning II)/企业资源计划(ERP，Enterprise Resource Planning)为代表的企业资源计划管理系统，以产品设计管理为主的产品数据管理系统(PDM，Product Data Management)，以监控和数据采集(SCADA，Supervisory Control And Data Acquisition)为代表的生产过程监控软件等。这些系统虽然在企业中取得了一定成功，产生了一定的经济效益，但也导致了一些新的问题，造成了企业生产管理单元和制造单元控制软件之间的分离，使上层的MRPII/ERP软件系统得不到精确的生产数据的支持，而制造单元又常常不能及时得到指令来调整工作状态，严重影响了制造企业的生产和信息化进程。随着企业信息化应用水平的不断提高，企业逐渐认识到将计划与制造过程统一起来的制造执行系统MES是解决这一问题的有效途径。通过MES来实现企业信息的集成，形成实时化的ERP、MES、SFC(车间层控制，Shop Floor Control)，是提高企业整体管理水平的关键。

MES的三个要点：① MES的优化目标是整个生产过程；② MES需要收集生产过程中的大量实时数据，并且能及时处理实时事件；③ MES需要同时对计划层和控制层保持双向通信能力，从上下层接收相应数据并反馈处理结果和生产指令，其核心为“优化、快速反应、反馈控制”。

在企业信息集成系统中，MES处于ERP和过程控制系统之间，通过控制物料、设备、人员、流程指令和设施在内的所有工厂资源来提高制造竞争力，提供一种在统一平台上集成质量控制、文档管理、生产调度等功能的方式，从而实现实时化的EPR/MES/生产控制系统的一体化集成，即形成一个信息交换的桥梁，使企业管理者能够实时掌握生产信息，进行生产决策。通过建立MES的系统结构，可以提供一个完整的生产管理系统(与工业生产过程控制紧密集成)的解决方案，提高企业的自动化水平和管理水平，提高企业的反应速度和竞争能力。MES作为面向制造的系统必然要与企业其他生产管理系统有密切关系，MES在其中起到了信息集线器的作用，它相当于一个通信工具(为其他应用系统提供生产现场的实时数据)。

MES 使用实时、连续、自动、完整、精确的数据，优化从下订单到产品完成的整个生产活动，通过对变化情况的快速反应，减少无附加值行为，提高工厂运行和处理的有效性。MES 是企业进行生产组织和管理的强有力手段。

2.1.1 MES 集成需求

可集成 MES 的概念于 20 世纪 90 年代由 AME 向韩国科学技术研究院 KIST(Korea Institute of Science and Technology)提供的先进制造研究咨询报告中提出，可集成 MES 功能是在 T-MES(设备监控系统)的基础上发展起来的，具体来讲，将模块化应用组件技术应用到 MES 的系统开发中，具有 P-MES(生产管理系统)的特点，部分功能可作为可重用组件单独存在，又具有集成 MES 的特点，实现三层(现场层、车间层、企业层)的集成。一般采用公共对象请求代理体系结构(Common Object Request Broker Architecture，COBRA)规范的分布式对象技术建立 MES 框架。

T-MES 中，每个系统都有各自的处理逻辑、数据库、数据模型和通信机制。又因为 MES 应用作为要常常满足关键任务的系统，就很难随技术的更新而进行自我升级。为了实现与外部系统的集成，往往采用 API 技术、联机分析处理(OLAP，On-Line Analytical Processing)技术和相应的通信机制，这些技术在某种意义上说，是 MES 系统的核心部分。其中，对于外部应用系统，其调用和插入使用 API 的方式，并应用电子数据交换(EDI，Electronic Data Interchange)技术与外部环境进行数据交换，这使得整个系统重构性能弱，很难随业务过程的变化而进行功能配置和动态改变。为了解决 T-MES 的不足，I-MES(可集成 MES)逐渐成为研究的热点。

可集成 MES 通过将面向对象技术、消息机制和组件技术应用到系统开发中，采用高效的基础框架，这既大大增强了系统的集成性和适应性，又能满足关键事务的处理。NIIIP/SMART 协会为整个 MES 应用领域提出了一个分布式对象和信息交换模型(见图 2-1)，代表了发展中的 MES 的技术模型。

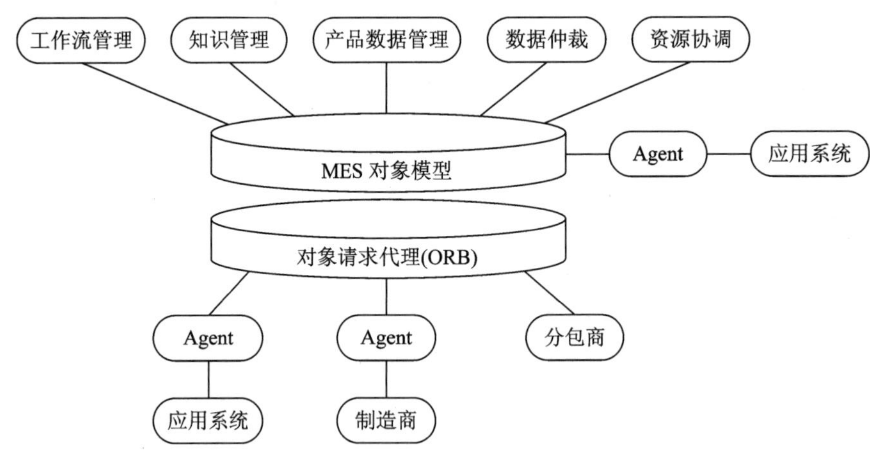

图 2-1 可集成的 MES 系统架构图

从模型中可以看出，在 MES 对象模型中，每个对象都使用自身具有的功能和方法来操

作数据，分别完成系统的各种功能。而其他功能如工作流管理、产品数据管理、知识管理等都从功能逻辑中分离出来。通过对象请求代理(ORB，Object Request Broker)，如CORBA，COM/DCOM(组件对象模型/分布式组件对象模型)可使不同软件商的对象相互交换信息和进行互操作。

2.1.2　MES 与其他系统集成

MES 作为顶层计划系统与底层控制系统之间的纽带，是企业信息系统中消除企业信息孤岛、建立全面企业信息化、实现最大化信息共享的必要组成部分，也是实现智能制造的基础。MES 作为智能制造的“基石”，需要实现三个方面的扩展，即与计划层系统的互联、与控制层系统的互联、MES 自身功能的扩展。

1. 与计划层系统的互联

企业在信息化的过程中，一般会先实现上层计划系统(例如 ERP、PLM 等)及底层控制系统(例如 DCS、设备单元控制系统等)的信息化。企业要实现整体的信息化，就需要使 MES 与计划层系统保持信息互通，这主要通过两种类型的操作来实现：数据下载和数据反馈。数据下载是指将 ERP 系统信息同步到 MES 系统，例如将 ERP 系统中的“物料信息”“工艺基础信息”“人员基础信息”“订单信息”等同步到 MES 系统，不需要再重复新建、维护等操作。数据反馈是指将 MES 系统中采集的数据反馈给上层计划系统，例如将 MES 系统中的“生产数量”“生产进度”“质量数据”等反馈给 ERP 系统，为上层计划系统的决策分析提供数据基础，相比于原来的 ERP 系统自行手工录入数据的方式，数据获得更及时、准确、精细。

2. 与控制层系统的互联

MES 系统作为生产制造过程管理的应用系统，不可或缺的一个功能就是与底层控制系统或设备的信息互通。MES 与底层系统(PCS、DCS、SCADA、PLC、设备直接接口等)的连接以硬接口为主。对于底层控制系统自动化程度较高的企业，MES 可直接与控制系统通过软接口连接；而对于底层控制设备较分散的企业，MES 则需要与各种独立控制的设备进行硬件连接，如 PLC 控制、仪表数据读取、步进电机控制、流量读取等。上下层接口使得生产不再需要过多的人工干预，最大程度地避免了人为失误，也使“无人化工厂”从科幻逐步走向现实。MES 系统集成包括 MES 与 ERP 集成以及 MES 与设备层集成，均通过SCADA(数据采集与监视控制系统)系统实现。

1) 数据采集系统采集的数据内容

MES 系统的数据采集模块主要通过接口与其他软件系统或设备进行通信，来获取并更新与生产管理功能相关的各种数据和参数，包括产品跟踪、维护产品历史记录及其他参数，带有时间标识的生产过程数据、报警消息、生产事件信息，手工实验数据、计量数据、批次信息等。概括起来，数据采集分为连续数据的采集和离散数据的采集。

从人员、设备、物料、方法、环境、检验、能源等角度进行分类，生产现场需要采集的数据如下表 2-1 所示。

表 2-1　采集内容分类表

序号	采集分类	具 体 内 容
1	人员	操作人员，作业数据(所在工序/工位、操作时间、操作数据)
2	设备	设备运行状态信息，工艺参数，故障信息，维修/维护信息
3	物料	物料名称，物料属性(品种、型号、批次)，库存记录(库位、库存量)，消耗记录(工位、消耗量)
4	方法	生产计划，工序过程，产品加工时间，加工数量，加工参数，产品完工率，生产异常信息
5	环境	时间、地点、温度、湿度、光照、污染度
6	检验	设备信息(型号、编号、地点)，检验信息(检验对象、批号、方法、时间、标准、结果)，计量信息(对象、批号，方法、时间、标准、结果)
7	能源	水、电、气等主要能耗数据

2) 数据采集系统的数据采集方式

生产现场数据的采集方式是多种技术的综合应用。目前，生产现场数据的采集主要有两种方式：自动化采集和人工采集。自动化采集依托于通信条件比较好的生产设备及各种传感器的应用；人工采集大多数情况下作为自动化采集的补充方式或替代方式，用于自动化采集难度大、成本高的场景。

常见的数据采集方式如下：

(1) PLC 采集方式：PLC 采集方式包括两种，一种是将 PLC 作为一个网关，利用 PLC 通过 RJ45 或 RS232/485 与机床或设备通信，从 PLC 中直接读取设备加工日志文件，采集各种生产数据，包括程序名称、加工时间、转速等，再通过 PLC 的以太网口，将信息转换并传递给数据库；另一种是利用 PLC 直接采集机床或设备的 I/O 信号，传递给数据库。

(2) 上位机采集方式：目前绝大多数的设备都开发了专用的设备类接口，该接口利用外部计算机进行远程监控和设备管理，可以采集到设备的各类生产过程信息和报警信息。目前成熟的底层控制系统包括 DCS、人机界面(Human Machine Interface，HMI)、SCADA 等。

(3) RFID 采集方式：通过 RFID(射频自动识别技术)来采集人员、物料、设备、工装、模具等的位置、状态、编码等信息，类似于条码扫描方式，需要使用 RFID 芯片，并事先把信息写入芯片。RFID 电子标签扫描系统硬件包含读写器、天线、电子标签。

(4) 移动终端采集方式：利用专用的移动终端输入现场的数据及运行状态等信息，通过有线或无线方式将信息传给数据库。

(5) 条码扫描采集方式：对常用信息进行分类，并赋予对应的条码，现场使用扫描设备就可以直接读取。

(6) 文档读取采集方式：部分设备有自己的操作系统，并不对外提供通信接口，可以通过读取其运行日志文档，解析其生产状态、数量、异常报警等信息。

(7) 手工录入采集方式：包括人工触发、人工记录等方式。操作人员在控制面板上输入特定的触发程序，得到设备端的信息，从而实现对设备的监控；或操作员在系统中手工录入，实现对相关信息的记录与采集。

(8) 其他采集方式：可通过智能传感器、录像监控等方式进行信息采集。通过采集外

置的智能传感器的数据，实时获取生产现场的部分数据。

3) SCADA 系统的组成

从网络架构来看，SCADA 系统一般由下位机、上位机和通信网络组成，如图 2-2 所示。

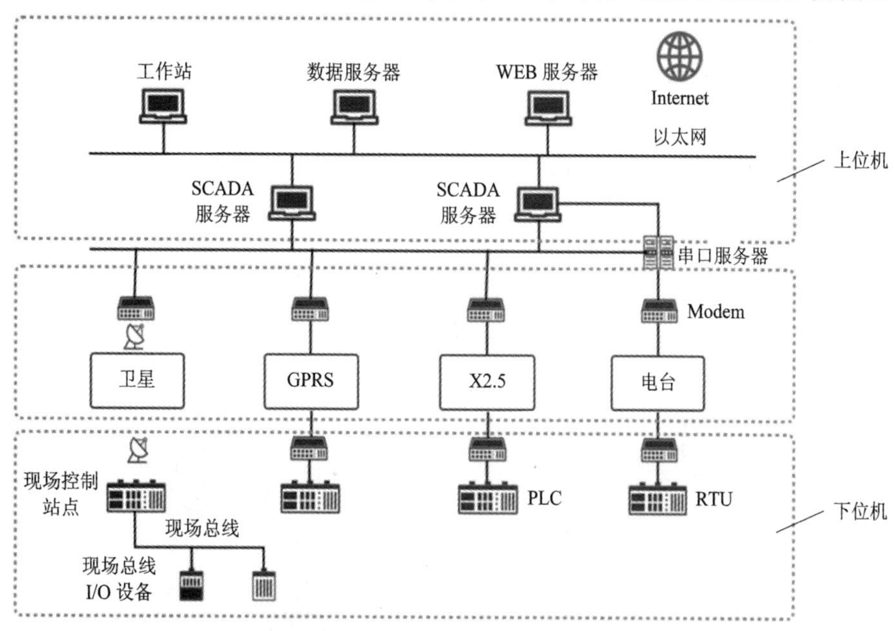

图 2-2　SCADA 系统网络架构图

(1) 下位机：一般由远程终端控制系统 RTU(Remote Terminal Unit)、PLC、底层设备、仪器仪表组成。下位机侧重现场仪表数据的采集和控制，同时具备数据采集、设备或过程控制的功能，并将状态信号转换为数字信号，通过各种通信方式传递到上位机系统，并且接收上位机的监控指令。常见的下位机包括 RTU、PLC、PAC、智能仪表、底层设备等，如图 2-3 所示。

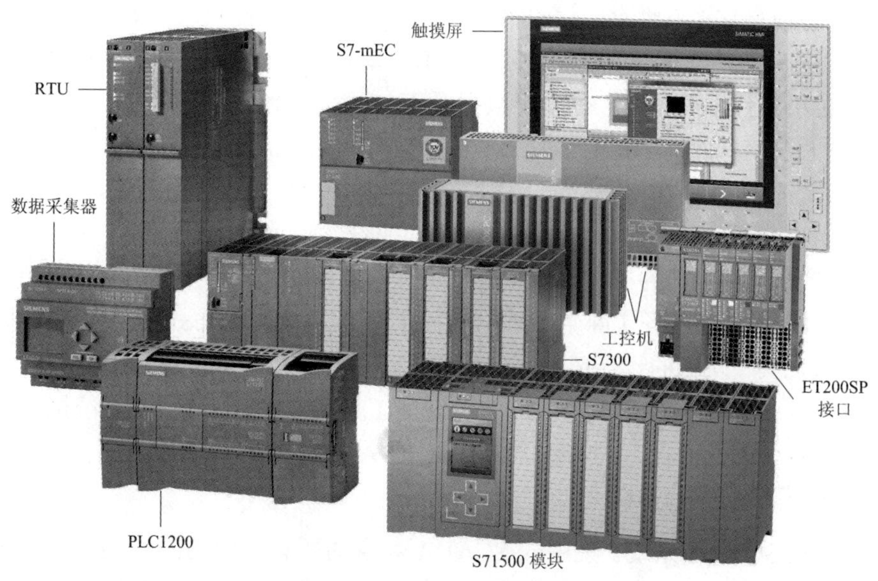

图 2-3　常见的下位机设备

(2) 上位机：一般由人机界面、计算机、组态软件、应用软件、数据库、关联设备(如打印机)组成，侧重监控功能，主要起到远程监控、报警处理、数据存储以及与其他系统集成的作用。

上位机通常具有友好的人机界面，通过网络从各下位机中采集数据，实现远程监视、控制功能。上位机侧重监控功能，可看作一台计算机，在工业控制当中又被称为HMI，只不过它的作用是监控现场设备的运行状态。若现场设备出现问题，上位机就能显示各设备的状态(如正常、报警、故障等)，常见的上位机设备如图2-4所示。

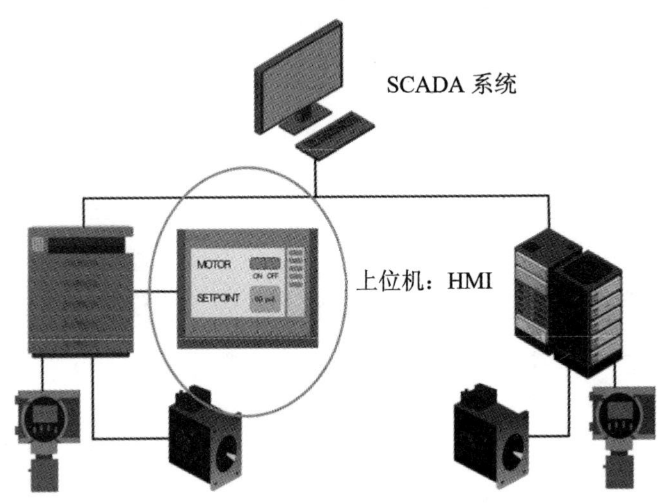

图 2-4　常见的上位机设备

(3) 通信网络：用于实现上位机、下位机之间的数据通信与交互。

4) SCADA 系统的软件

SCADA系统是许多软件、硬件的组合，包括传感器、智能仪表、RTU、PLC、底层设备等，来自这些系统的数据被发送到中央SCADA单元。SCADA系统软件通常也称为组态软件，是上位机软件中的一种，是用于数据采集与过程控制的专用软件，多用于SCADA系统和DCS系统中。国外常见的SCADA组态软件有IFIX、WinCC、InTouch。国内常见的SCADA组态软件有三维力控、北京亚控、紫金桥、巨控王、昆仑通态等。

目前国内也有新一代的基于Web的SCADA系统软件，如：佰思杰公司的nebular IOT enabler系统软件产品，其拥有独立自主产权、灵活的系统架构(可进行自由设计)、层次化的测点结构(可轻松生成现场实际生产结构的抽象模型)，采用分布式实时/历史数据库的数据源管理模式，其模块化的设计环境可支持多人协作、一机多屏配置，强大的数据采集能力支持300多种PLC、DCS、仪表和20多种智能工具、量具，开放性的系统接口可与第三方平台对接，是一款性能稳定、功能优越的SCADA系统软件。

5) SCADA 系统典型架构

(1) 集中式SCADA系统。集中式SCADA系统的所有监控功能依赖于一台主机，采用广域网连接现场RTU和主机，网络协议比较简单，功能弱且系统不具有开放性，因而

系统维护、升级以及与其他设备联网存在很大困难。集中式 SCADA 系统架构图如图 2-5 所示。

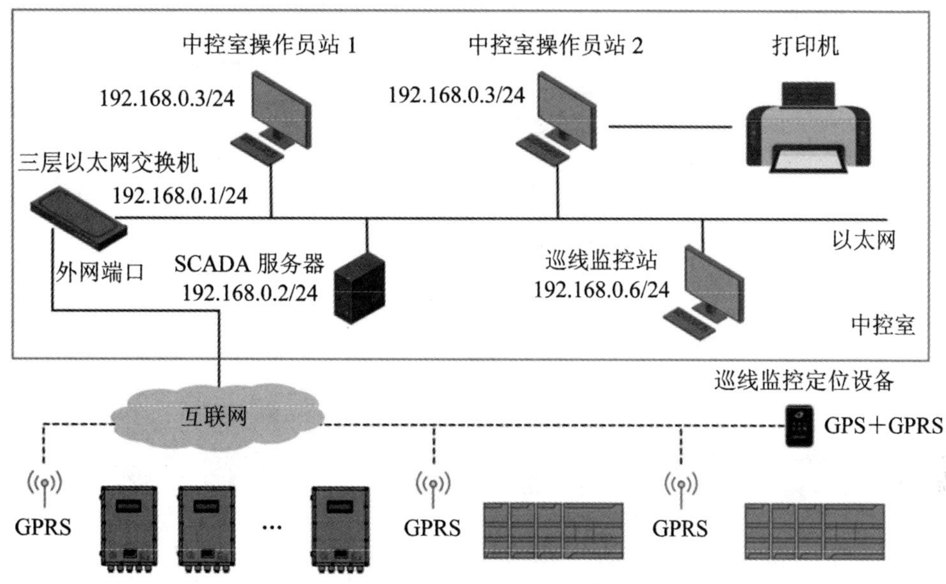

图 2-5　集中式 SCADA 系统架构图

(2) 分布式 SCADA 系统。分布式 SCADA 系统使用多台计算机和工作站作为上位机，通过局域网相互连接实时共享数据，每个站点只需要处理特定的工作。有的站点可作为操作站，为操作人员提供操作界面；有的站点作为计算处理器或数据服务器，相当于将 SCADA 系统功能分散到多个站点中，与单个处理器相比，其数据处理能力更强。分布式 SCADA 系统架构如图 2-6 所示。

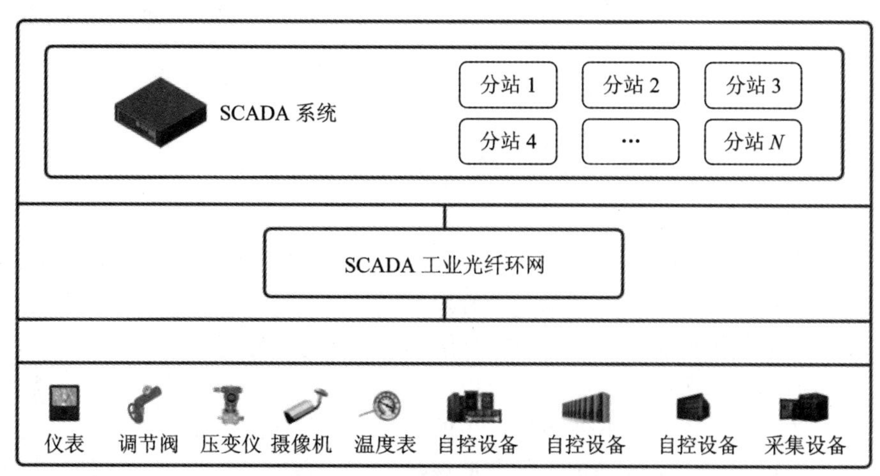

图 2-6　分布式 SCADA 系统架构图

(3) 网络式 SCADA 系统。网络式 SCADA 系统以各种网络技术为基础，具备统一开放的系统架构，可集成广泛的第三方软件，实现网络化分布式的混合控制。相对于集中式和分布式的 SCADA 系统，网络式 SCADA 系统在结构上更加开放，兼容性也更好，可以无缝集成到综合自动化信息化系统中。网络式 SCADA 系统架构如图 2-7 所示。

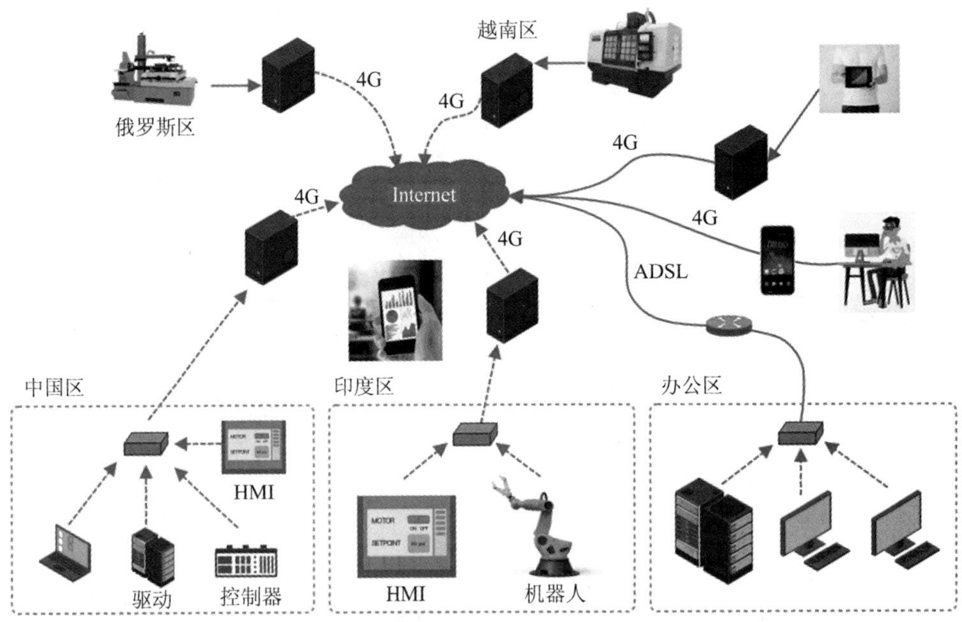

图 2-7　网络式 SCADA 系统架构图

网络式 SCADA 系统通常有以下两种结构：

① 客户机/服务器结构(Client/Server 结构，简称 C/S 结构)。C/S 结构中的服务器通常采用高性能的 PC 或工作站，并配备大型数据库系统。客户机需要安装客户端软件。C/S 结构中客户机和服务器之间的通信以“请求-响应”的方式进行，即客户机向服务器发出请求，服务器再响应这个请求。C/S 结构最重要的特点在于它不是一个主从环境，而是一个平等的环境，即 C/S 系统中的各计算机既可能是客户机也可能是服务器，此种结构可以充分利用两端硬件环境优势，将任务合理分配到客户端和服务端来实现，降低了系统通信开销。C/S 结构图如图 2-8 所示。

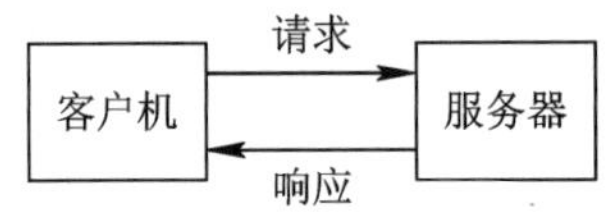

图 2-8　C/S 结构

② 浏览器/服务器结构(Browser/Server 结构，简称 B/S 结构)。B/S 结构是 Web 兴起之后的一种网络结构模式，Web 浏览器是 B/S 结构的客户机上最主要的软件。这种模式统一了客户端，将用于系统功能实现的核心部分集中到 Web 服务器上，简化了系统的开发、维护和使用。B/S 结构最大的特点是用户可以通过浏览器访问互联网上的文本、数据、图像等信息，这些信息是由多个 Web 服务器产生的，而每一个 Web 服务器又可以通过各种方式与数据库服务器连接，大量的数据实际存放在数据库服务器上，这样不仅使用起来更加方便，而且不存在客户端维护问题。B/S 结构如图 2-9 所示。

图 2-9　B/S 结构

3. MES 自身功能的扩展

MES 系统是与生产过程紧密结合的，所以 MES 系统需要有一定的扩展功能。MES 系统在使用过程中要扩展比较多的定制功能，这属于比较正常的情况，也是必须要做的。企业不能期望直接得到一套“开箱即用”的 MES 系统，必须结合自身企业生产管理的实际需求进行打造，也就是说，系统的定制必不可少，企业本身和实施方必须投入相应的精力和费用才能得到实际可行的 MES 系统。MES 系统有方便快捷的功能扩展属性，这是企业选型 MES 系统时看重的关键因素。另外，MES 系统的实施也并非“一蹴而就”的，随着企业管理的精细化，需要不断完善及改变 MES 系统的功能。综上所述，MES 自身功能的扩展属性是必不可少的。

2.2　MES 的功能模型与系统架构

2.2.1　MES 功能模型

构建 MES 模型时，应注重从生产计划下达到成品产出的生产优化信息，即对上层计划管理来说，MES 模型的功能是执行；对下层控制系统来说，MES 模型的功能是指挥。将 MES 划分为 10 个子系统，具体内容包括：生产查询子系统、生产调度子系统、生产监控子系统、质量控制子系统、设备维护子系统、物料跟踪子系统、原辅料消耗与成本管理子系统、能源管理子系统、生产人员管理子系统、安全消防监控子系统，如图 2-10 所示。

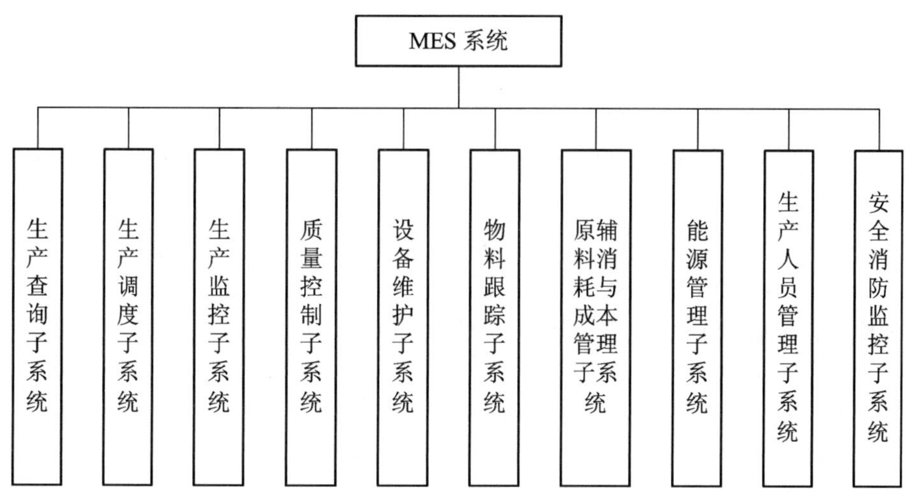

图 2-10　MES 功能模型图

2.2.2　MES 相关数据流分析

MES 与上层生产计划层(ERP 系统)、底层设备控制层的相互关系如图 2-11 所示。

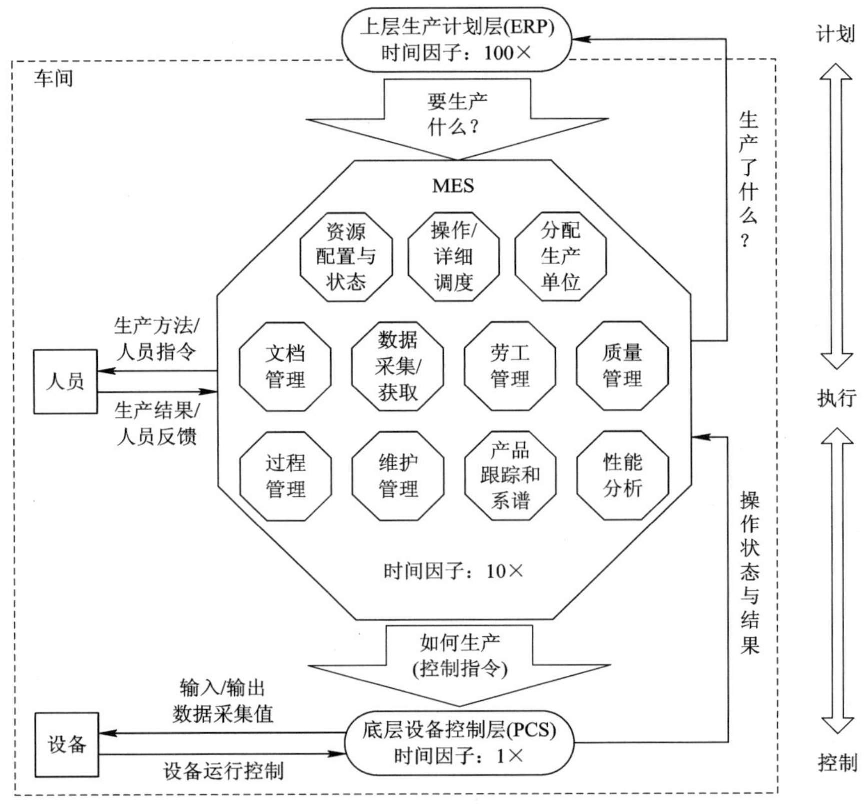

图 2-11　MES 与 ERP 系统、底层设备控制层的相互关系

MES 使用当前的精确数据来响应、指导、触发、报告生产现场发生的事件，MES 对设备状态、自动导向车 AGV(Automated Guided Vehicle)、库存(原辅材料、半成品、成品等)、能源动力等实时数据进行分析处理，在此基础上进行生产调度，指挥生产，必要时，将现场情况报告给厂级领导，为企业决策提供直接的支持。

生产调度功能模块从 ERP 下载产品月度生产主计划，分解计划，进行排产和生产调度。

生产监控功能通过分析数据采集系统提供的数据，合理地组织生产，优化调度，对底层设备控制系统发送指令，指导车间的生产活动。

MES 通过原材料与库存控制、设备维护、能源动力管理、生产人力资源管理等功能对生产过程中的人、财、物等资源进行实时管理。

质量检测与控制功能对生产过程中的产品质量进行实时检测与控制，同时进行质量分析和质量汇总，将汇总结果传送到 ERP 系统，供管理层使用。

物料跟踪功能对物料使用和库存情况提供历史数据，同时提供一个完整的产品谱系，为 ERP 系统提供实际的 BOM，也为生产管理者或某类客户提供关于订单生产状况的查询，与 ERP 系统实现有效的集成。

生产查询功能可供在 B/S 或 C/S 结构方式下对 MES 的各种数据进行查询。

2.2.3　基于 C/S 结构与组件技术的三层系统架构

所谓 MES 系统架构，是指 MES 系统的基础组织，包含各个构件、构件相互之间的关

系、构件与环境的关系，以及指导其设计和演化的原则。MES 系统架构主要指 MES 的软件架构或 IT 架构。MES 作为大型软件系统，其系统架构对于 MES 系统的设计开发、应用部署以及升级维护等均具有十分重要的影响。基于先进架构的 MES 系统具有开放式、客户化、可配置、可伸缩、易集成等特性，可针对企业业务流程的变更或重组进行系统重构和快速配置，以适应现代制造环境的变化。B/S 与 C/S 开发架构有以下几点区别。

1. 硬件环境不同

C/S 一般建立在专用网络上，在小范围的网络环境下，在局域网之间通过专用服务器提供连接和数据交换服务。B/S 构建在广域网上，不一定需要专用的网络硬件环境，比如电话上网设备、出租设备、信息管理设备等，B/S 比 C/S 具有更强的适应性，一般只要有操作系统和浏览器即可实现构建。

2. 信息流不同

C/S 程序一般是典型的中央集权的机械式处理，交互性相对低。B/S 信息流向可变化，如变化为 B-B、B-C、B-G(G 代表 Group，这里是各种模式的系统的一个集群)等信息流向，更像信息交易中心。

3. 对安全要求不同

C/S 一般面向相对固定的用户群体，具有较强的信息安全控制能力。一般来说，高度机密的信息系统采用合适的 C/S 结构，可以通过 B/S 发布部分公开信息。B/S 构建在广域网上，具有相对较弱的安全控制和未知的用户基础。

4. 用户接口不同

C/S 大多建立在 Windows 平台上，表现方法有限，对程序的要求普遍较高。B/S 建立在浏览器上，利用更加丰富和生动的表现方式来与用户交流，并且大部分方式难度较低，可降低开发成本。

5. 对程序架构的考虑不同

C/S 程序可以多注意流程，可以有多级验证权限，对系统的运行速度可以少考虑。基于更多优化的需要，B/S 还需要考虑安全性和访问速度，从这一角度看，B/S 比 C/S 有更高的要求。

6. 系统维护不同

系统维护在软件生存周期中开销大。对于重要 C/S 程序，由于其整体性，必须整体移植，处理出现的问题以及进行系统升级，若升级较难，可能选择再做一个全新的系统。B/S 程序由构件组成，方便个别构件的更换，实现系统的无缝升级，系统维护开销减到最小，用户自己从网上下载安装就可以实现系统升级。

7. 处理问题不同

C/S 程序可以处理在相同区域固定的用户面，安全要求高，需求与操作系统相关。B/S 建立在广域网上，面向地域分散的不同的用户群，与操作系统平台关系小。

8. 程序构件重用性不同

C/S 程序不可避免地要考虑整体性，其构件的重用性不如在 B/S 要求下的构件的重用性。B/S 的多重结构，要求构件具有相对独立的功能，能够具有相对较好的重用性。

MES 软件系统一般由三大部分组成，即用户界面部分(表示层)、业务逻辑部分(业务逻辑层)和数据存储部分(数据存储层)。对于早期的专用 MES 系统而言，上述三大部分是紧密结合、密不可分的。对于集成化的 MES 系统，为了保障系统各功能之间的数据集成性，将数据集中到服务器上，实现数据共享，形成了具有两层结构的 C/S 架构；发展到可集成 MES 阶段，为了实现系统的可集成性与可重用性，让三大部分独立开来，并进一步与组件技术相结合，形成了基于改进的 C/S 结构与组件技术的 MES 三层系统架构，如图 2-12 所示。其中，表示层用于界面引导，接收用户输入，并向应用服务器发送服务请求，显示处理结果；业务逻辑层用于执行业务逻辑，向数据库发送请求；数据存储层用于执行数据逻辑，运行 SQL 数据库或存储过程。

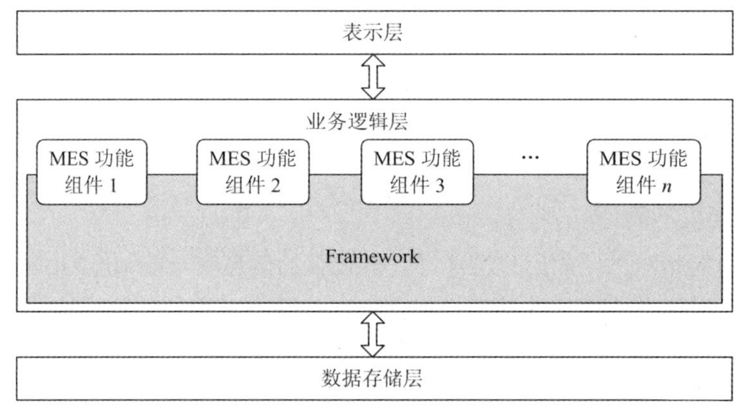

图 2-12　基于改进的 C/S 结构与组件技术的 MES 三层系统架构

上述基于改进的 C/S 结构与组件技术的 MES 三层系统架构的最显著优点是实现了 MES 业务逻辑层与表示层的分离，并可实现功能组件的重用，从而大大提高了 MES 系统的开发效率。基于组件技术开发的 MES 具有良好的可配置性、可重用性、可扩展性和可集成性，可以较好满足现代制造企业对 MES 的需求。但上述 C/S 架构也有其明显的局限性。首先，该系统架构下的 MES 组件是面向功能的，粒度较小，不能实现系统与制造业务的良好对应。其次，MES 系统客户端与服务器端的实现必须采用相同的构件体系，且组件须采用同构技术，从而制约了系统自由扩充的实现。第三，基于该系统架构的 MES 系统往往只能部署在局域网中，无法跨网运行，限制了异地制造协同的实现。最后，基于该架构的 MES(系统)虽然更容易更新业务逻辑或数据，不需要在客户端机器上重新安装新版本的用户界面，但是客户端跟业务逻辑的关系仍较紧密，如果表示层软件发生变动，仍需要重新安装客户端。基于上述不足，出现了基于 B/S 结构的 MES 分布式系统架构。

2.2.4　基于 B/S 结构的 MES 系统架构

B/S(Browser/Server，浏览器/服务器)结构或架构，是 Web 兴起后的一种网络结构模式，Web 浏览器是客户端最主要的应用软件。在某些制造业的生产车间，生产现场条件相对比较恶劣，如果采用 C/S 结构的 MES 系统，对系统硬件的配置要求较高，成本会大幅度增加。因为相比 C/S 结构，采用 B/S 结构的 MES 不用像 C/S 结构的 MES 那样，在安装和升级时

到每一台客户端进行客户端的配置，只需在服务器上进行一次安装升级即可。在客户端只需要配备浏览器，无须额外的配置，对客户端计算机配置要求低，客户无须再投入资金购买配置高的计算机。这样使得软件的维护和升级较为方便，可实现系统的无缝升级，大大降低了系统的维护成本。此外，由于 B/S 结构操作性强，用户可以在任何一台装有浏览器的主机上使用系统，而不需要专门的客户端软件，克服了传统 C/S 结构安装和维护困难的不足。而且，B/S 结构实现了 C/S 结构无法实现的很多功能，如远程操作和分布式操作等。如此，用户可在外网访问 MES 系统而不局限于只在内网，从而大大提高办公效率。

基于 B/S 结构与组件技术的 MES 分布式系统架构如图 2-13 所示。该架构亦由三层组成：第一层是表示层，由基于 Web 浏览器的标准客户端和基于专用软件的专业客户端组成，用于实现用户请求与人机对话；第二层是应用逻辑层，由 Web 服务器采用 HTTP 协议来处理表示层发送过来的用户请求，由相应的功能组件来实现客户的具体应用要求。在应用逻辑层，MES 的功能组件以软构件的形式集成在系统框架(软总线)中，并通过应用服务器对外提供 MES 应用服务；第三层是数据库层，包括存储历史数据的关系数据库和存储实时数据的实时数据库。该层也可以是一个抽象的数据层，包括各种数据资源、数据库文件、XML 文件以及图标程序文件等。应用逻辑层在执行业务逻辑的过程中，向数据库层发送数据请求，由数据库层执行数据逻辑，运行 SQL 数据库或存储过程。

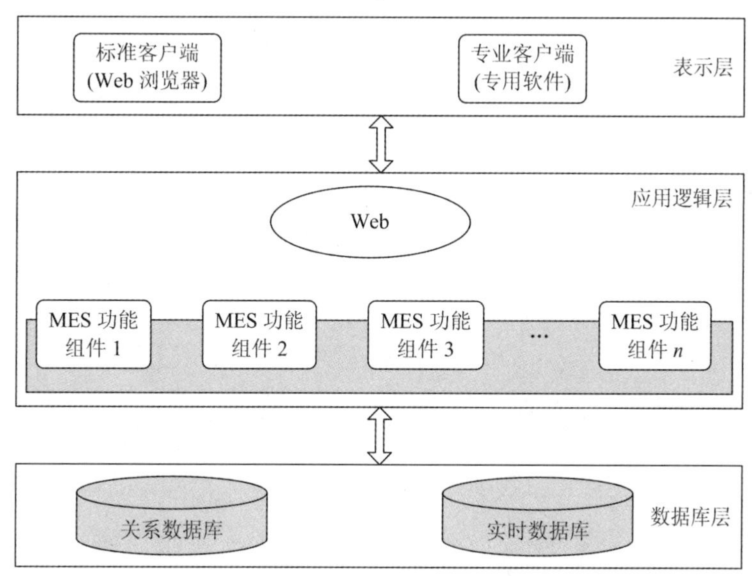

图 2-13　基于 B/S 结构与组件技术的 MES 分布式系统架构

上述基于 B/S 结构与组件技术的 MES 分布式系统架构具有如下特点：

(1) 基于 Web 技术，采用 HTTP 与 HTML，使得表示层得以被集中控制，并使用客户端来显示数据、与用户互动。软件变更时只需要在服务器上进行一次升级安装即可，而不需要重新安装整个客户端应用软件。

(2) 允许更灵活地部署表示层、业务逻辑层与数据库层。允许业务逻辑跨分布于不同服务器，将表示层与业务逻辑层混合在一起，或将业务逻辑层与数据库层相结合。

(3) 系统可扩展性好。

(4) 系统硬件成本低。

(5) 支持外网访问、远程操作、分布式操作。

但 B/S 架构存在通信开销较大、安全性差和响应速度慢等不足。随着互联网的高速发展和服务器性能的显著提高，B/S 结构的性能速度有了很大改善，从而这种 MES 架构的应用也越来越广泛。

思　考　题

1. 简要说明 MES 与 ERP 系统、底层设备控制系统的相互关系。
2. MES 功能模型中常见的子模块有哪些，它们相互之间的关系是什么样的？
3. 从 IT 视角如何区分 C/S 结构与 B/S 结构。

第 3 章

MES的项目规划与实施

3.1 MES 的项目规划

1. 项目规划要点

企业 MES 管理软件的系统建设是一项复杂的综合性工程，绝非一个仅仅以技术为主导的软件项目，涉及项目相关方众多，影响面广，时效长，涵盖对企业生产管理理念、作业方法与生产工艺等重要内容的梳理、优化甚至改变。因此，从整体上认识 MES 项目规划显得十分重要。在众多的实际项目操作过程中，总结出来以下几个项目规划要点：

(1) 在企业信息化整体规划的基础上规划 MES。要把 MES 的规划与企业的经营目标、发展规划、企业的经营策略、信息化建设的基本纲领与总体战略、质量控制与制造能力等结合起来。如图 3-1 所示，MES 活动范围态势分析法可更好地展示各模块的集成。

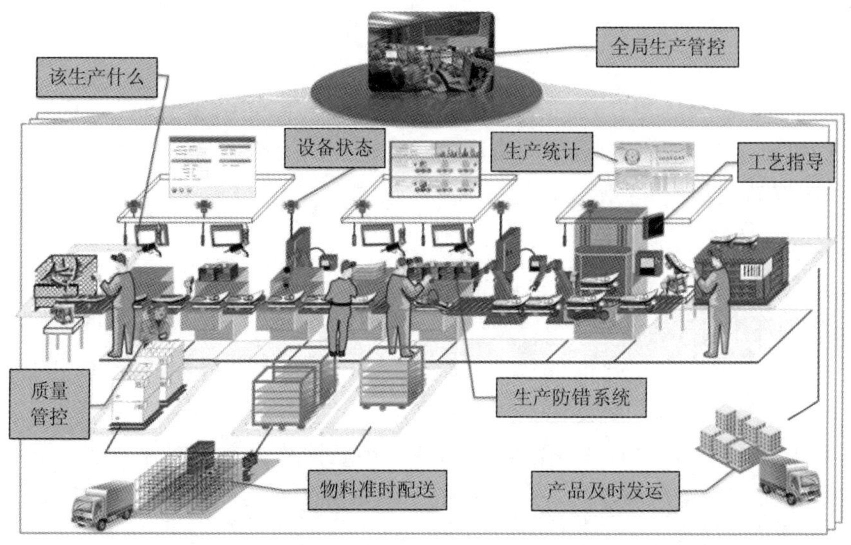

图 3-1　MES 活动范围态势分析法示意图

(2) 结合自身实际情况来确定对 MES 的需求。必要的前期管理能力诊断和流程梳理是必不可少的环节。推荐的工具有态势分析法 SWOT(Strengths Weaknesses Opportunities

Threats)、价值流程图 VSM(Value Stream Mapping)等。

(3) 在企业内部正确认识 MES 是项目边界划定和成功实施的关键。很多企业内部对 MES 的认识不足，部分企业管理人员不具备对 MES 的基本了解，甚至有错误的理解。MES 是制造执行系统，绝对不是大而全的所在，不能覆盖生产管理的方方面面，不能希望通过 MES 解决所有涉及生产管理的问题，偏颇的认识容易导致项目在后期推进过程中陷入困境。

(4) 坚持原则。必须坚持“整体规划、效益优先、分步实施、重点突破”的原则，利用先进的计算机技术、网络技术、通信技术、企业建模及优化技术来实施项目，保证系统的开放性和可扩展性。

(5) 尽可能区分系统边界。MES 与 ERP、QMS、TPM 等系统在部分功能上存在交叉重叠，例如 ERP 与 MES 都有对计划排单的管控，MES 与 QMS 均会涉及质量。因此从经济性和系统健壮性方面考虑，明确系统功能边界就显得十分重要。

(6) 明确系统需求。在结合了企业战略总体规划、明确了系统功能边界之后，明确系统的需求就变得紧迫而重要。系统模块使用方应该结合当下作业状态、未来需要以及所存在的需要解决的痛点，尽可能准确、清晰地明确 MES 系统的功能需求，切忌大而全。

(7) 成立多方协作的项目推进组织。MES 的实施需要 IT 部门、生产部门、质量部门、设备部门、服务商等相关方的紧密协作，同时需要其他部门的大力支持。只有协调多方、沟通协作，才能使系统顺利实施。

(8) 复合型人才的培养与准备。目前企业实施 MES 由两类知识结构不同的人进行，一类是传统的 IT 人员，一类是设备管理人员。由于 MES 是一个专业交叉很强的综合项目，无论是哪一类人员主导 MES 项目，都会存在一定的知识盲区和心理障碍，因此企业培养复合型人才就显得十分必要。

(9) 功能模块规划。MES 建设必须以“工厂建模”为依托，以全流程物料移动与跟踪为主线，以设备生命周期管理为中心，以安全优化生产为目标，保障系统的实用性和时效性。

(10) 系统集成。考虑与企业已有管理系统的交互、集成问题时，要避免出现更大或更多的“信息孤岛”，提高企业的信息共享程度，为企业的战略运营提供支持，提高企业产品对市场的敏感度、灵活度和响应速度。

2. 企业面临的问题与挑战

企业面临以下几个方面的问题与挑战：

(1) 集成性还没有完全解决。因为缺少统一的数据模型，MES 各功能子系统之间以及 MES 系统与企业其余相关信息间的集成较为不足，MES 作为企业制造协同的引擎功能无法得到充分的发挥。

(2) 智能化程度不高。MES 中涉及的信息处理过程及决策过程都非常复杂，因为缺少相关的智能机制，现有的 MES 大多只提供了一个系统平台，因此需要大量的人工参与，难以保证生产过程的高效。

(3) MES 体系还不完整。MES 的基本功能还不够完善，缺乏对核心模块的流程管理和优化。对于离散制造业，还没有完整、系统的解决方案及成熟的软件产品，特别是优化模块，国内几乎是一块空白。

(4) 通用性和可配置性较差。现有系统针对的只是某些特定的需求，难以应对企业业务流程的重组和变更。针对基于数据集成技术的工厂数据模型不足的问题，系统的可配置性、可重构性、可扩展性差，限制了推广和应用 MES 的范围。

(5) 实时性不强。制造车间的实时信息系统的实时性是 MES 功能的基础。现有的数据收集与信息反馈机制的准确性、实时性、完整性不高，底层数据的实时收集、多源信息的融合、复杂信息的处理和决策是非常弱的。

(6) 新流程的执行问题。首先，业务部门是否充分理解新的业务流程是流程能否得到执行的首要因素。在职能制的管理模式下，业务部门关注的是部门的产出和部门的最优化；而在面向流程的管理模式下，业务部门需要关注整体流程的产出，这种观念转变的难度是比较大的。其次，业务部门对新流程的抵触会在上线后暴露出来。最后，在实施阶段，设计新的业务流程时，可能没有考虑到某些不常见的业务场景，或者在设计某些流程的时候，思路过于理想化。上线之后，如何对这些新增加的业务流程进行设计和调整，也是一个需要重视的问题。

(7) 系统的调整问题。实施 MES 管理软件后，对计划模式及业务流程进行调整，这个时候系统中设定的某些参数和基础数据不一定准确；上线之后，随着系统的使用，这些参数的问题会暴露出来；实施阶段，这些参数和基础数据的设定应由顾问协助来完成；系统运维阶段，如何对这些参数进行调整从而使其符合企业的实际是一个非常重要的问题。

(8) 数据准确性问题。实施 MES 后，数据的来源基本上就唯一了，数据源头的错误会导致后续一连串的错误。因此控制数据源头的准确性非常关键。

(9) 维护团队问题。MES 上线后，实施顾问退出，这时企业自己的团队需要面对所有可能出现的问题。因此，企业自己的团队是否已经具备让系统正常运行的能力，就变得十分关键。

(10) 资金问题。很多企业的高层觉得，MES 上线了，项目完成了，该花的钱已经花了，后面不会再发生费用了。其实不然，MES 的后续维护成本并不低，比如人员的培训、系统的维护与优化、硬件的维护等。

3. 方案设计时要考虑的因素

MES 管理软件的实施和其他信息系统的实施一样，需要按照信息系统项目管理的要求来进行，工作重点包含：明确项目范围、形成项目团队、确定项目需求、合理选择服务商、组织实施以及上线后的定期评估和持续优化等环节。根据项目经验，把 MES 系统项目大概划分为 5 个阶段：项目准备、方案设计、配置实现、系统试运行、上线推广。

方案设计阶段主要完成客户现场调研、需求分析沟通、流程梳理、方案编制、方案评审等工作。客户现场调研需要结合企业需求有目的、有重点、有计划和有步骤地展开。由于不同的客户对自己的需求明确程度不一样，因此在制订调研计划时，应分类整理出不同的侧重点，每个侧重点要有针对性。

现场调研需要了解目前企业内使用的系统(ERP、WMS、PLM 等)、数据库，确定其与 MES 之间的关系，了解企业业务部门的需求。在初步调研的基础上，作好 IT 规划，尽可能地解决企业提出的问题，同时结合具体应用场景，给出建设性的建议，实现 IT 与 OT 的有效融合。

MES 需要与众多的 IT 系统互联，其实施具有复杂性，所以进行企业需求分析时，要充分考量企业的综合情况，从而确定企业对 MES 的需求。需求分析分为 5 个步骤：

① 结合企业的生产工艺特点，重点阐述生产中需要监管的核心环节和主要要求；

② 明确项目的实施范围、现阶段想要实现的内容以及将来想要实现的功能，在方案设计时要预留这一部分内容；

③ 明确项目范围之后，就要对 MES 的整体性能提出要求，如可集成性、可配置性、可适应性、可扩展性和可靠性等；

④ 分层级地明确并细化相关业务要求；

⑤ 解决集成问题，主要处理两个方面的内容，一方面是与其他系统(例如 ERP 软件等)的集成；另一个方面是与设备(例如 CNC 等加工设备和检验仪器)的集成。

国内比较成熟的需求调研方法是 E-works 公司总结并提出的，该方法总共分为 7 大步骤：

① 基础数据分析；

② 流程梳理与分析；

③ 生产工艺建模与分析；

④ 数据采集分析；

⑤ 现状评估与 MES 集成；

⑥ 系统需求与架构设计；

⑦ 编制实施方案。

需求分析工作完成后，可根据实际需求来设计对应的系统整体解决方案和功能模块。由于 MES 具有很强的行业属性，在实现功能的前提下，方案的编写也要符合行业特性和行业法规要求。方案要满足模板合适、目标明确、结构清晰、逻辑严谨、内容翔实、功能合理等几个基本要素。详细设计方案完成后，提交客户组织评审。

3.2 MES 的软硬件选型

3.2.1 软件选型

MES 需求确定后，接下来是选择合适的服务商和软件产品，此处企业需要决定服务商和软件产品的选择方式，是走正规的招标流程，还是选择小范围供应商进行系统演示和竞争性谈判，这两种方式各有利弊。无论选择哪种方式进行服务商和软件选择，都建议企业从服务商的实力及发展前景、产品技术实现、项目实施管理能力、售后服务能力、咨询顾问的实施能力及典型客户的应用情况等角度进行综合考察，并且按照“先考察技术，后考察商务能力”的步骤进行。

MES 选型是一个综合性很强的工作，涉及多部门的协作，例如：运营中心、IT 部门、生产部门、采购部门以及其他支持性部门。根据诸多项目经验，推荐在 MES 选型时注意以下几个要点。

(1) 建立良好的 MES 选型小组。

① 高层参与并给予足够重视：在决定配置 MES 系统、开始 MES 选型工作之前，首先要打通管理管道，最好是由上层直抵下层。MES 选型小组中，应该由管理企业制造相关工作的高层担任组长和副组长。较低职位的管理人员担任选型任务组长，需要逐级汇报，沟通极其不顺畅，无法及时拍板关键需求，工作存在反复。上面领导的想法一发生变化，下面 MES 需求、实施范围跟着变，会造成选型工作的拖延，甚至最终无疾而终。所以，MES 选型一定要得到相关高层的支持，自上而下地推动选型工作的展开。

② 业务各部分(计划、仓库、生产、工艺、质量、设备等)相关负责人全程跟踪：MES 选型小组成员除了上述领导层外，还应包括主要用户，如生产、计划、工艺、质量、设备等部门负责人。主要用户这个角色最好由部门的中层领导或技术骨干来担任，一方面这些人了解生产实情，能与部门主管和底层员工沟通，掌握一线需求；另一方面也保证了参与的时间和推进速度。整个选型过程需要业务部门大量投入和支持，光靠一两个部门来推进是不可行的。

③ 寻求行业资深顾问支持：顾问可在以下几个方面提供重要帮助，比如向选型小组普及 MES 知识，建立正确的 MES 认知；梳理、固化业务流程，理顺各业务相关部门关系；制订 MES 规划；整理、凝练 MES 需求；评估供应商和产品，对项目经理、项目组主要成员给出评价；评估项目整体执行情况，防范风险。

(2) 明确 MES 实施目标和需求。

① 理业务，构建智能化的制造流程：MES 是行业、制造流程的沉淀，制造型企业需要构建一个标准、高效的制造流程。不是每家制造企业都具备配置 MES 的能力，最忌讳在制造流程无梳理、无优化的情况下，盲目实施 MES 选型。

② 提认知，理解 MES 作用：搞清楚、弄明白 MES 是什么、做什么、能达到什么目的是做好 MES 项目的前提。企业内部一定要对 MES 有一个清楚而明确的认知。搞清楚自己需要什么，MES 能做什么？再启动 MES 项目。

③ 明需求，知道自己想要什么：需求的整理，一般有两种方式：一种是以业务部门为主，IT 部门为辅。此时，业务部门各自整理自身需求，然后在 MES 选型小组工作会议上讨论确定；另一种是以 IT 部门为主，业务部门为辅。此时由 IT 部门发出统一的 MES 需求调研问卷，各用户部门填写后返回 IT 部门，由 IT 部门汇总整理，再提交 MES 选型小组工作会议讨论确定。

(3) 制订合理的 MES 实施规划。大部分企业的不同车间管理水平不一、员工素质不同，面临的客观问题也不同，想要一步到位配置好 MES 是不可能的。所以 MES 选型小组要对自身企业情况有清楚的认识，统一思想，明确 MES 实施目的和目标，制订合理的 MES 实施规划。

(4) 了解 MES 服务商和软件产品。市场上 MES 的产品和服务商众多，不乏一些国际大公司，同时也有很多本土小而专的服务商。如何了解你的服务商，选到一个最合适的 MES 系统？这可以从以下四个角度分析：

① 看行业：MES 产品对行业十分敏感。企业要根据自己的需求，选择最擅长企业所在行业的 MES 厂商的产品。

② 看产品：从 MES 产品特点出发，可将 MES 产品分为两类，一类是平台型，另一类是产品型。选择平台型 MES 还是产品型 MES，要取决于制造企业的 IT 团队。如果 IT 开

发维护人员少，则可选择快速迭代、快速上线的产品型 MES，这种 MES 采用模块化设计，功能可叠加；而若 IT 开发维护人员多，能承担起 MES 二次开发任务的，则需要选择平台型的产品，方便企业未来的扩展。此外，还应关注 MES 的二次开发能力。MES 实施过程中不可能没有二次开发，只不过产品型 MES 聚焦行业和实际产品，功能精细化，二次开发少；而平台型 MES 侧重于流程的规范化，二次开发多，但更贴近实际需求。二次开发文档齐全、开发接口/API 设计完善的 MES 产品，二次开发起来省时省事，反而能降低 MES 的实施成本和风险。

③ 看标准流程概念验证(Proof of Concept，POC)：POC 在 MES 选型中很重要。因为一些企业的业务流程比较复杂，单一的功能性演示并不能覆盖现实的业务需求，这时候需要事先划定一个小范围的实验对象(可以是一两个典型产品或典型工艺路线，但是业务逻辑的复杂性要有代表性，能反映生产过程中的痛点)，通过这一两个典型产品的数据导入、操作演示，从真实业务场景的实践到企业信息化建设的实现，来验证供应商提供的 MES 产品到底能实现哪些功能，是否满足自身的规划和需求，从而作出客观、准确的判断。而且，通过 POC 也能看出供应商对需求的应对能力和快速部署、二次开发能力，进一步考察供应商。

④ 看人员：人员包括服务商的 MES 实施团队、管理团队和顾问团队，注意考察实施团队的经验和背景、管理团队的沟通和风险控制能力以及顾问团队的资质。真正做 MES 的公司一般规模都不大，关键是看核心人员。

3.2.2 硬件选型

MES 系统项目自身就是一个软件与硬件在人的意志下相互交互的有机整体。在实施过程中进行合适的硬件配置，可以更好地发挥 MES 软件系统的性能，促使整个项目的效果推向更高的层次。从以下几个方面进行硬件选型的介绍：

主要使用的硬件种类：系统服务器、工控机、个人数字助理(Personal Digital Assistant，PDA)、PC、网关、转换器、数字显示看板、水墨屏、RFID 读写器、标签打印机、扫描枪、便携式打印机等硬件。

选型的原则：

① 稳定可靠原则：工业环境比一般办公环境要恶劣一些，推荐选择符合工业级三方标准的硬件；

② 性价比高原则：硬件产品的费用在整个 MES 项目中举足轻重，甚至在一些项目中远远超过软件的费用和实施人员的费用；

③ 普遍性原则：硬件产品的选择符合 2/8 原则，在经济范围内选择市场存量高、反馈较好的产品，不选择冷门甚至实验品；

④ 选新不选旧原则：硬件产品也属于电子产品，电子产品更新速度符合摩尔定律，因此在预算范围内尽量选择最新规格的产品；

⑤ 通用性原则：选择具有良好的通用性、可以适合大部分的移动端系统和作业场景的硬件产品；

⑥ 可扩展原则：对于一些有特殊需求的场景或功能，要求硬件具有一定的可扩展性，例如：增加内存或者进行封装等。

3.3 MES 的实施

1. 准备工作和需求调研

在企业启动 MES 项目之前，需要做以下的准备工作：① 定义项目组织，甲乙双方经协商后定义本次项目双方的人员架构；② 项目实施计划，制订项目实施的方案计划，举办正式的会议，会上由甲乙双方正式宣布项目开始，并由高层在会议上做项目动员和政令宣导；③ 环境准备，准备程序开发和测试所需的软、硬件资源及 IT 基础设施。

MES 与生产是紧密结合的，系统功能会随着生产管理需求的变化不断变化，以此达到柔性生产的目的，所以每个工厂的 MES 都有其定制的功能。MES 实施初期，需要项目实施顾问与甲方各个相关部门人员做详细的需求调研，并根据详细调研的结果编订出需求规格书。双方项目成员在认可需求规格书后，应签字确认。后续以签字确认的需求规格书为蓝本进行 MES 系统的设计及开发。

2. 方案设计、开发和配置

在详细调研完成后，MES 实施方依据需求规格书，并作出以下工作：① 整理出符合甲方实际需求的 MES 的详细设计及解决方案；② 技术方案设计(含定制化组件、系统接口、报表方案等)，结合客户需求和系统平台的标准功能，设计整个项目的程序实现技术方案；③ 软、硬件技术架构方案，结合实际需求和当前的 IT 基础设施情况，对服务器硬件、网络、域控、时间同步及负载平衡情况进行方案确定，重点是确定生产执行系统对基础设施的要求。

在开发之前，依据软、硬件技术架构方案，请客户提前准备和购买正式环境所需的软、硬件资源，准备网络、域控等 IT 基础设施。同时，实施方针对开发人员进行教育训练，重点是在培训之前确认系统解决方案，技术实现方案，软、硬件架构方案，就一些重难点进行提前讨论，确定攻克方案，并合理分配任务。在开发过程中，开发人员定期与甲乙双方项目经理进行进度交流及问题沟通，以便双方项目经理及时了解项目进度情况并解决开发中的一些细节问题。在开发完成后，实施方人员结合客户的实际需求和已开发完成的程序功能，进行相关配置和基本数据的导入工作，为后续测试工作作准备。

3. 系统测试

MES 的系统测试一般由三种形式的测试组成：

① 单元测试，一般由开发人员在开发完成一个功能或一个模组功能后，依据详细设计及测试样例自行测试，确认自己开发的功能是否达到设计要求；

② 整合测试，一般由实施人员在开发完成 MES 一个业务需求模块的功能(例如车间派工、生产作业等)或者完成整个 MES 功能后，使用测试样例来整体测试开发出来的系统功能，检测其是否符合、满足之前的设计方案要求。当有不满意的地方或系统漏洞时，及时反馈给开发人员进行修订；

③ 并行测试，在实施人员测试完成后，由甲方的关键用户(Key User)使用甲方工厂的

实际数据进行系统模拟操作，同时与目前的人工作业结果或原有系统作业结果对比，以此验证系统的实际功能是否已经满足之前的设计要求，并可以实际运行。

从系统测试工作展开的进程来看，系统测试分为5个阶段：内部测试、项目文档准备、用户教育训练、最终测试准备、最终测试。

① 内部测试：结合已开发完成的功能，进行程序内部的测试和验证工作，包括单元测试、系统整合测试。

② 项目文档准备：整理编订所有前期准备的文件，例如教育训练计划、教育训练教材等。

③ 用户教育训练：针对已开发完成的功能和内部测试结果，对关键用户进行教育训练。

④ 最终测试准备：制订系统的最终测试计划及所有相关的准备工作，并提前进行宣导和资源协调，制订一些必要的测试脚本。

⑤ 最终测试：依据最终测试计划进行程序功能测试，验证系统的功能是否满足设计要求。

4. 系统上线运行

在并行测试完成后，甲乙双方开始准备系统上线，甲乙双方项目经理在协商沟通并获得一致意见后，确定正式上线时间点，并报备给公司领导。同时由甲方在公司发布正式公告，通知全体员工系统正式上线时间点及注意事项。在上线之前，做好以下准备工作：

① 软件和硬件的安装；

② 针对正式环境导入建模基础数据和系统配置设定；

③ 对后续使用正式系统的相关用户设定系统权限；

④ 正式环境中发布最终版本程序并确认。

5. 上线后的运行与维护

当MES正式上线并稳定运行后，可以考虑该项目的结案事宜，准备结案报告等资料，双方协商结案会议的地点、时间。结案会议建议最好邀请双方的高层领导莅临，见证MES的成功上线。成功上线后，后续系统转入运行维护阶段，MES的运行维护一般有三种方式：工厂自行运维、软件厂商运维、集团统一运维。

(1) 工厂自行运维。工厂有自己的IT人员，由专门的IT人员负责MES的日常运维。业务部门遇到MES相关问题时，由负责运维的IT人员与业务部门对接沟通，并解决遇到的问题(程序漏洞、需求变更、添加新需求等)。这种模式的优点是问题处理比较及时，但需要工厂有较强的IT技术实力及相关的人员配备，每年都需要一定的IT经费。

(2) 软件厂商运维。这种模式是大多数企业选择的一种方式。当工厂遇到MES问题后，直接联系负责运维的软件厂商，软件厂商会做远程协助或到场服务，并根据甲方的要求解决问题。相比于前一种模式，运维成本会低一些，每年只要支付给软件厂商一定的维护费用，不需要自己再培养专门的IT团队。但这种模式的弊端是，当遇到比较复杂的问题或比较紧急问题(例如夜班时段系统出问题)，若得不到软件厂商及时的应对和解决，就会造成现场用户的不满甚至抵制使用MES。这种模式必须要求负责MES运维的软件厂商有一定的服务水平及配合度。

(3) 集团统一运维。有些大型集团公司有自己的IT中心，企业有多家工厂，多的达几

百家，企业的软件应用系统都由 IT 中心统一负责运维。因为有多家工厂分摊成本，所以可以有一个比较专业且人数较多的团队负责运维，但要运维好系统，需要满足以下 3 个前提：① 规范问题解决流程；② 提出标准化的解决方案；③ 良好的网络支撑。

3.4　流程型制造和离散型制造

流程型行业根据自身的特点，将制造过程中的各种不同的自动化控制系统联网，自动采集生产过程的数据，实现企业的生产信息集成，建立全企业范围的实时数据库和历史数据库，这是流程型行业的企业实现 MES 应用时最关键的核心，也是最基础的任务。

离散型行业有其自身的特性，其 MES 更关注生产计划的制订和生产过程的快速响应。离散型行业 MES 与流程型行业 MES 的区别可以从以下几个方面说明：

(1) 需求差异方面。流程生产行业主要通过对原材料进行混合、分离、粉碎、加热等物理或化学方式，使原材料增值。通常，他们以批量或连续的方式进行生产。离散制造业主要通过对原材料物理形状的改变、组装，使其成为产品，使其增值。在 MES 需求、应用环境等诸多方面，两者都有较大的差异。

(2) 产品结构方面。流程生产行业中，一般采用配方的概念来描述产品结构关系。其次，在流程生产行业的每个工艺过程中，流程企业的产品结构，往往不是很固定——上级物料和下级物料之间的数量关系，可能随温度、压力、湿度、季节、人员技术水平、工艺条件等的不同而不同。伴随产出的不只是产品或中间产品，还可能细分为主产品、副产品、协产品、回流物和废物。MES 在描述这种动态的产品结构的内容时，还应满足批量、有效期等方面的要求。离散(型)制造企业的产品结构，可以用“树”的概念进行描述——其最终产品一定由固定个数的零件或部件组成，这些关系非常明确并且固定。

(3) 工艺流程方面。流程生产行业的产品特点是品种固定、批量大、生产设备投资高，而且按照产品进行系统规划。通常，流程生产行业的企业设备是专用的，很难改作其他用途。进行 MES 系统规划的时候，要考虑不同行业生产设备布置的特点，作好配置。离散制造业的特点是多品种和小批量。因此，生产设备不是按产品而是按照工艺进行布置的。例如，离散制造业往往要按照车、磨、刨、铣等工艺过程来安排机床的位置。因为每个产品的工艺过程都可能不一样，而且可以进行同一种加工工艺的机床有多台。因此，离散制造业需要对所加工的物料进行调度，并且需要对中间品进行搬运。

(4) 自动化水平方面。流程生产行业中，企业大多采用大规模生产方式，生产工艺技术成熟，广泛采用过程控制系统(Process Control System，PCS)，控制生产工艺条件的自动化设备比较成熟。因此，流程生产行业中，企业的生产过程多数是自动化的，生产车间人员的主要工作是管理、检视和检修设备。离散制造业中，企业采用离散加工，产品的质量和生产效率很大程度依赖于工人的技术水平。离散制造业的企业自动化主要在单元级，例如数控机床、柔性制造系统。因此，离散制造企业一般是人员密集型，自动化水平相对较低。

(5) 生产计划方式方面。流程企业根据市场需求进行生产观念的逐步加深。但在一般情况下，特别是生产市场需求量大的产品，采用“以产促销”的方式——通过大批量生产来降低成本，提高竞争力。因此，流程(型)企业制订生产计划的主要依据是市场预测。离散企业一方面可以根据订单进行生产，另一方面，可以将市场预测作为生产计划制订的依据。离散企业的 MRPII/ERP 系统向 MES 下达作业计划指令主要以“工作令”(Job Order 或 Work Order)的方式，而流程企业的作业计划下达主要以指令计划的方式。

(6) 成本核算方式方面。流程企业的成本核算方式一般是平行结转法，生产成本中占比例最大的是原材料。通常，原材料占产品成本的 70%～80%，人工成本所占比例较小，约为 2%～5%，其他为分摊成本。离散企业的产品成本计算是按照产品物料清单(BOM)所描述的加工装配过程，从低层向高层逐层累计得出的。这种按照成本发生的实际过程计算成本的方法称为逐层累计法，或称成本滚加计算法(Cost Roll-up)，它反映了产品增值的实际过程。

(7) 设备管理方面。流程生产行业的产品比较固定，而且一旦生产就有可能十几年不变；机械制造等行业产品的寿命相对较短。流程企业的设备是一条固定的生产线，设备投资比较大、工艺流程固定。其生产能力有一定的限制，生产线上的设备维护特别重要，不能发生故障，一台设备的故障会导致整个工艺流程的中止。离散加工企业则不同，可以让单台设备停下来检修，这并不会影响整个系统生产。离散加工企业的生产设备的布置，不是按产品而是按照工艺进行的。可以进行同一种加工工艺的机床一般有多台。单台设备的故障不会对整个产品的工艺过程产生严重的影响，一般需要重点管理关键、瓶颈设备。

(8) 批号管理和生产流程跟踪方面。流程企业的生产工艺过程中，会产生各种协产品、副产品、废品、回流物等，对物资需要有严格的批号管理。例如，制药业中，对药品生产过程有十分严格的批号记录和跟踪要求，原材料、供应商、中间品以及销售给用户的产品，都需要记录。一旦出现问题，企业要能通过批号反查出原料来源、涉及哪个部门、生产时间，直到查出问题所在。离散制造业一般对这种要求并不十分强调，虽然现在很多离散制造业企业也在逐渐完善批号跟踪管理。

(9) 作业计划调度方面。流程企业的产品，是以流水线方式组织生产的，只存在连续的工艺流程，不存在与离散企业对应的严格的工艺路线。因此，在作业计划调度方面，不需要也无法精确到工序级别，而是以整个流水线为单元进行调度的。从作业计划的作用和实现上，其比离散企业简单。离散企业的生产作业计划调度，需要根据优先级、工作中心能力、设备能力、均衡生产等方面对工序级、设备级的作业计划进行调度。这种调度，是基于有限能力的调度，通过考虑生产中的交错、重叠和并行操作来准确地计算工序的开工时间、完工时间、准备时间、排队时间以及移动时间。通过良好的作业顺序，可以明显地提高生产效率。

(10) 数据采集方面。MES 的数据采集功能，可以实现对生产现场各种数据的收集、整理工作，是进行物料跟踪、生产计划、产品历史记录维护以及其他生产管理的基础。对于流程生产企业，其自动化程度较高，在设备控制级，其大量采用 DCS、PLC。在检测驱动方面，各种智能仪表、数字传感器已普遍应用；过程控制则广泛采用以小型机为主的自动控制系统。传统的“计、电、仪”分工界限已不再明显，计算机技术的应用已深入各个领域。这些自动化设备，能自动准确记录各种生产现场信息。离散企业的数据采集以手工上报为主，并可以结合条形码采集等半自动信息采集技术进行工时、设备、物料、质量等信息的采集。这种数据采集方式时间间隔较大，容易受到人为因素的影响，要特别注意

保障数据的准确性。

(11) 作业指令的下达方面。流程生产行业的 MES 中，不仅要下达作业指令以及面板数据接口(Panel Data Interface，PDI)，而且要将作业指令转化为各个机组及设备的操作指令和各种基础自动化设备的控制参数，并下达给相应的过程控制系统。在离散行业中，将作业计划调度结果下达给操作人员一般采用派工单、施工单等书面方式，或采用电子看板方式让操作人员及时掌握相关工序的生产任务。作业计划的内容包括该工序的开工时间、完工时间、生产数据等方面。

(12) 反冲处理方面。流程生产行业的生产完工上报，广泛采用反冲处理。一般在工艺流程的最后设置完工上报点，而对前面工序流程实行反冲处理，如人工工时反冲、设备工时反冲、物料反冲，从而对在制品和成本进行跟踪。离散制造中，一般对每道工序都要进行上报，或在关键工序设置反冲点，对前面工序进行反冲处理。MES 系统在配置相应模块的时候，要注意这些差异，以符合企业的需求。

(13) 物料管理方面。流程生产行业中，对连续生产方式，一般不设半成品库房，配方原料的库位一般设置在工序旁边。配方领料时，不是根据工序分别领料，而是根据生产计划一次性领料放在工序库位中。离散行业中，一般对半成品库也设有相应的库房，各工序根据生产作业计划以及配套清单分别进行领料。

(14) 质量检验和管理方面。无论是离散行业还是流程生产行业，对其进行质量检验和管理都相当重要，但在 MES 中对两者进行质量检验和管理的方式有所区别。流程生产行业中，一般在各道工序上对生产批号产品进行抽样检验。离散行业中，对单件小批生产，一般需要检验每个零件、每道工序的加工质量；对批量生产，一般采用首检、抽检、SPC 分析结合的方式。

思　考　题

1. MES 在项目规划时要注意哪些要点？
2. MES 在方案设计中要考虑哪些要点？
3. 区别流程型制造和离散型制造。

第 4 章

MES的生产建模与重构技术

生产建模，即生产模型构建，是 MES 运行管控的基础，也是实现 MES 平台化、可配置、可重构的关键核心技术。本章首先概述 MES 生产模型与平台运行机制，然后重点介绍基于事件驱动的 MES 生产过程建模技术。在 MES 可重构平台技术方面，首先分析 MES 重构要素，然后介绍几种可重构 MES 体系结构，最后介绍 MES 配置平台技术以及基于配置平台的可重构 MES 应用系统解决方案。

4.1 MES 生产建模

数字化生产模型是支撑 MES 运行与可视化生产管控的基础，MES 主要业务功能的实现都是基于 MES 生产模型的驱动。MES 生产模型正确与否，直接影响执行层功能的实现。基于生产模型，MES 从工厂生产设备等资源中收集信息，建成一个随时随地可以访问的“虚拟工厂”，并根据一些关键性的指标，实现对每个生产工序的跟踪、对生产绩效的实时评估和监测。

1. MES 生产模型的内容

MES 生产模型包括产品模型、工厂模型、(生产)事件模型和(生产)执行模型，其中事件模型和执行模型统称为过程模型。

① 产品模型用于定义产品材料，规范配方和工艺过程。对离散装配制造而言，产品模型构建(建模)主要是构建装配 BOM。装配 BOM 包含产品的零部件组成结构和工序信息，为物料配送及在制品跟踪提供基础信息。产品模型中的装配 BOM 反映出产品在某一工序的装配信息、料位料架及特殊零部件厂家信息等，并描述装配零部件与料位料架的对应关系。

② 工厂建模中，完成对工厂、生产线的设备和相应的组织模式的定义后，建立 MES 工厂模型。工厂模型定义完成后，可在模型的基础上定义生产过程中的生产事件。

③ (生产)事件模型是控制生产活动的基础单元，生产事件模型的构建可以用来描述 MES 控制生产活动的过程。

④ (生产)执行模型定义生产运作规则，以此控制生产过程的物料流和信息流。MES 生产建模可参照 ISA-95 标准中的相关规范。MES 生产模型之间的关系如图 4-1 所示。

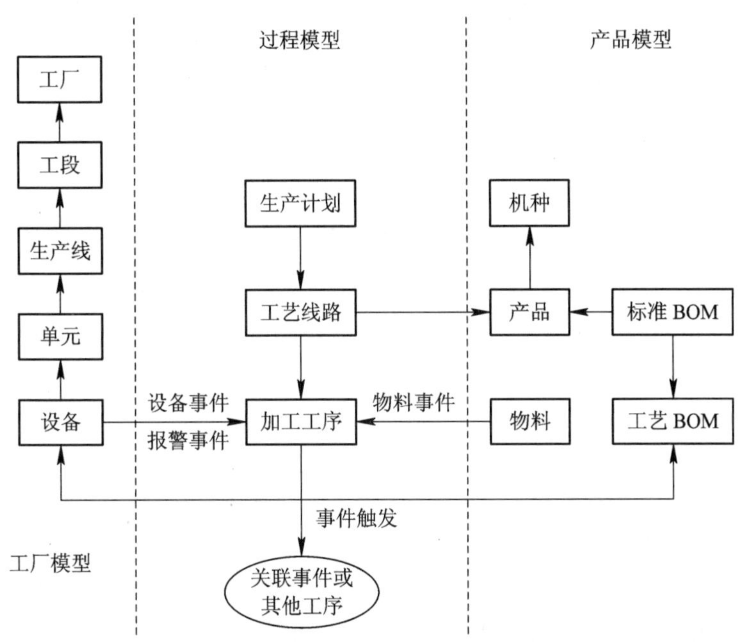

图 4-1　MES 生产模型之间的关系流程图

2. MES 生产模型构建的方法

在 MES 生产模型构建中，一般采用面向对象的分析与设计方法(Object-Oriented Analysis and Design，OOA& D)对工厂模型、产品模型、过程模型进行建模，其建模过程主要是指对工厂的资源、企业生产活动及车间业务进行抽象和分类，将其描述为一系列具有一定特性的基本语义元对象，并最终将相关模型抽象为由若干语义元对象组成的复合对象。在上述生产建模技术的基础上，开发出可视化建模工具，最终将工厂资源建模为工厂模型，将生产活动建模为事件模型，将制造业务建模为执行模型。

3. MES 平台运行机制

MES 生产建模完成后，由各种事件触发来完成相应的后台业务处理模块，最终完成生产制造流程。以装配制造为例，基于生产模型驱动的 MES 平台运行机制处理流程为：

① 建立企业的产品模型、工厂模型、事件模型和执行模型；

② MES 接收装配计划，下达装配生产指令；

③ 触发相应的生产开始事件，将系统控制交给后台处理；

④ MES 执行相应的业务处理程序，完成事件发生后的业务功能；

⑤ MES 平台继续监测生产事件的发生；

⑥ 循环③～⑤的过程。

事件模型是对生产过程中的生产活动的一种抽象描述。生产事件可以有多种表现形式，可以表示为具体的生产流程，如将物料配送到现场料架时产生的物料配送事件；也可以表现为抽象的实体，如生产过程中的计划更改会产生计划变更事件；还可以基于事件对产品的生产过程进行跟踪，如流事件模型。实际生产中事件的发生一般以某一个或一系列数据标签的变化为触发条件。执行模型以事件模型为基础，是对事件响应业务逻辑的封装。当系统侦测到事件发生后，系统服务会调用执行模型，对产生的事件进行处理。在生产单元中配置事件模型时，可根据实际需要配置不同的事件，例如计划变更事件、报警事件、停机事件等，并将事件同触发标签相关联。执行模型主要针对在生产单元中配置好的事件，用于编写业务流程处理脚本，并将其与事件模型相关联。

4.2 基于事件驱动的MES生产过程建模

MES生产过程建模就是用一种描述方式为一个特定的生产过程构造系统蓝图。生产过程模型是对生产过程进行系统化、结构化的描述，采用结构化的建模方法，要能够反映生产流程以及各个流程之间的关系。根据用户生产管控的需要，该模型不仅能够反映生产过程各个部分的细节，还能够展示各个部分之间的联系。生产过程模型本质上可看作反映工艺流程的模型。生产过程建模的目的一方面是对系统调度策略进行仿真、验证和优化，另一方面是对生产过程进行管理和控制以实现生产过程的可视化。

事件是对生产过程中的生产活动的一种抽象，是描述生产过程的最基本元素。生产系统的动态过程是基于事件驱动的，生产过程中事件的发生一般以某一个或某一系列数据标签的变化为触发条件。因为实际生产过程中的很多事件都与时间有关(只与时间有关的事件称为必然事件)，因此时间也是触发条件之一。生产过程事件之间存在一定的触发规则，事件和触发规则的集合就组成了生产过程模型，亦即生产过程事件的执行模型。例如，在装配生产事件中，工件在工位上的装配操作可以定义为一类生产过程事件；在流程工业中，需要按照配方定时送料，时间就是重要的事件属性。

4.2.1 生产过程事件模型

1. 生产过程事件的分类

在制造行业中，一般有离散型、流程型、混合型 3 种生产类型，相应的生产过程可分为离散生产过程、连续生产过程、混合生产过程。归纳起来，可以将上述 3 类生产过程中的事件分为 6 大类：计划事件、加工事件、物料事件、设备事件、工艺事件、报警事件。

(1) 计划事件(EP)。计划事件是外部输入事件，指详细的生产计划事件。这里的生产计划是指到达每一个加工单元或工位的生产安排，是加工单元或者工位的工序级生产计划。而 MES 计划事件是指按照产品的工艺要求和生产调度，将主生产计划分解成详细的生产计划，并将生产计划分派到相应的生产单元。

(2) 加工事件(EW)。当生产计划下达到生产单元后，原料已送达并开始进行产品生产的事件称为加工事件。对于加工事件，需要记录相关的生产信息，包括产品名称、所属计划、所需事件、生产数量、使用的材料和人力、开始运行的时间和结束的时间等。加工事件是生产过程中的关键事件，因为生产过程中的事件大部分都是加工事件。

(3) 物料事件(EM)。在生产过程中，当生产计划下达到生产单元，或者生产单元有物料需求的时候，需要将原材料送达生产单元，这类事件叫作物料事件。物料事件可能在加工事件之前发生，这时需要将原材料送达后才可以开工；物料事件也可以在加工事件之后发生，此时若在生产过程中出现废料、缺料等报警事件，就需要根据情况重新送达物料。

(4) 设备事件(EE)。生产过程中，设备需要根据生产计划进行开、停机，或者为处理紧急情况而进行停、开机，这就是设备事件。设备事件也包括设备自身的属性，如生产能力和运行情况等。在流程工业中，生产过程对设备的依赖性很高，其设备事件除了开、停机之外，还包括其他事件，如设备监测等。

(5) 工艺事件(ET)。MES 中生产不同的产品往往需要对应不同的生产过程、不同的物料、不同的设备以及不同的加工工序，在部分流程工业，还需要对应不同的生产条件和生产环境。工艺事件就是将这一类约束集合在一起，进行统一管理，将生产计划分解为子生产计划，其中子生产计划的分解粒度原则上具体到加工工序和加工设备。

(6) 报警事件(EA)。在生产过程中可能会出现一些突发事件(如缺料、废料、废品等，以及其他影响生产完成或产品质量的异常事件)，需要打断或者介入生产过程，这一类事件叫作报警事件。

2. 生产过程事件模型建立

建立生产过程事件模型前，我们先了解一下相关定义。

1) 生产过程事件和生产过程事件模型的定义

所谓生产过程事件，是由一系列按照一定规则联系在一起的生产过程事件组成的，它反映了一道工序或者一个工段的生产流程。将生产过程事件按照一定的事件触发规则建立连接，据此所形成的模型就是生产过程事件模型。

2) 事件属性的定义

事件属性是对实际生产过程中的特定事件特性所进行的抽象描述。事件通常具有多个属性，这些属性构成了事件的属性集。事件属性的作用在于标记事件状态，确定事件之间的关系，从而完善模型表达。生产过程事件的重要属性有事件 ID、事件状态、事件等级、生产计划号、产品信息(如产品编号、生产序号)、设备信息(如工位 ID、生产线 ID)、时间信息(如生产时间、时间戳)、物料信息、生产优先级等。将这些重要属性进行扩展，就可以较完整地描述生产过程事件了，其中事件状态用于控制事件的生命周期。

3) 事件触发规则的定义

事件触发规则可描述为事件之间的触发机制。当生产过程中进行某一加工时会产生生产事件，如果该事件能成功开启另一个生产过程，则说明在满足一定的触发规则的情况下，前一生产事件是后一生产事件的前驱事件，并且它们之间存在一定的触发规则，使得后一生产事件被触发。

实际的生产过程事件模型中往往含有前驱事件和后继事件，如图 4-2 所示。设有生产事件集合 $E=\{e_1, e_2, \cdots, e_i, \cdots, e_j, \cdots, e_n, \}$，若有生产事件 e_i 必定在生产事件 e_j 之前发生，则称生产事件 e_i 是生产事件 e_j 的前驱事件，e_j 是 e_i 的后继事件。事件集合是有序的，e_i 及其前驱事件的集合构成了 e_j 的前驱事件集，e_j 及其后继事件的集合构成了 e_i 的后继事件集。

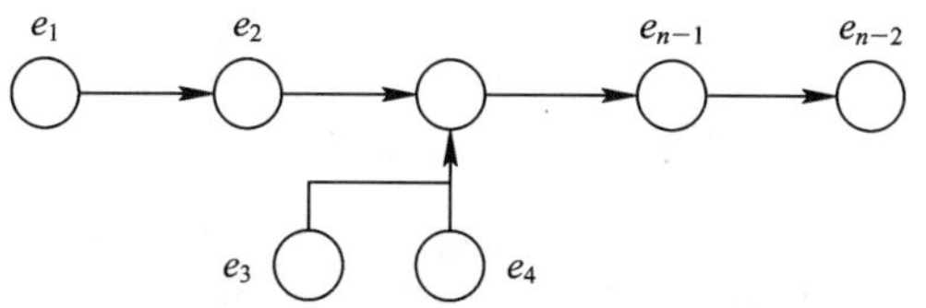

图 4-2　前驱事件和后继事件的生产过程事件模型

在图 4-2 中，e_1 是 e_2 的前驱事件，e_2 是 e_1 的后继事件，e_2、e_3、e_4 同时是 e_5 的前驱事件，e_5 是 e_2、e_3、e_4 的后继事件。

e_i 的前驱事件集为

$$E_{\text{pre}}(e_i) = \{e_m, e_{m+1}, e_{m+2}, \cdots, e_{i-1}, e_i\}$$

e_i 的后继事件集

$$E_{\text{nxt}}(e_i) = \{e_{i+1}, e_{i+2}, e_{i+3}, \cdots, e_{n-1}, e_{n-2}\}$$

生产过程表示为

$$\text{OP}(e_i) = \{E_{\text{pre}}, \text{Details}, E_{\text{nxt}}\}$$

其中，Details 表示事件 e_i 的具体细节。

根据事件中一些关键属性之间的关联，可以顺利找到任何一个事件的前驱事件和后继事件，将其连接起来就可以得到生产追踪和产品回溯模型。事件的关键属性包括生产计划号、生产序号、产品编号、设备工位号、生产事件以及时间戳等。

4.2.2 生产过程执行模型

生产过程事件模型需要通过配置才能实现对实际生产过程的映射，配置通过对生产过程事件的触发规则进行定义来实现。在任何类型的生产过程中，每一个生产过程事件都是通过前驱事件触发的。按照触发规则建立起来的事件模型称为生产过程执行模型，它反映了实际的生产执行流程。

通过生产过程执行模型，我们可以将产品的生产加工过程完整地描述出来。图 4-3 是一个典型的生产过程事件的执行流程。

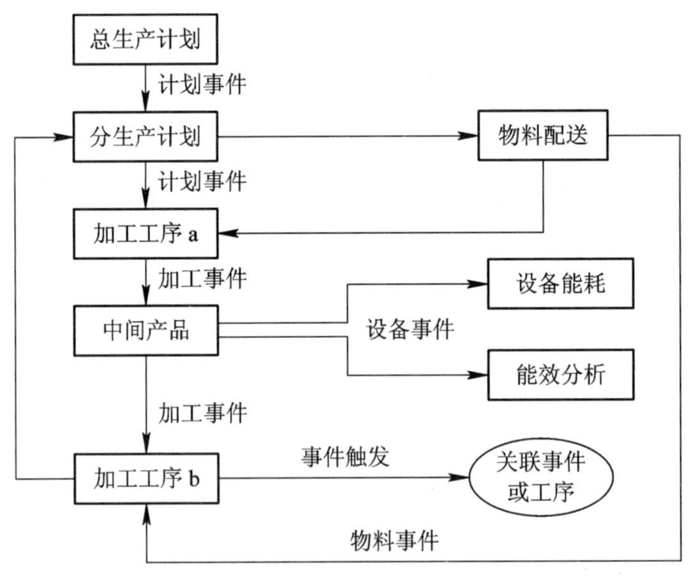

图 4-3　生产过程事件执行流程图

生产过程事件执行流程具体描述如下：

当生产计划下达到加工设备或者工位时，便产生相应的计划事件。在生产过程中，首先要将物料送达设备或工位，同时产生相应的物料事件。在生产进行时，产生加工事件记录生产过程的状态。在生产过程中，还可能会出现异常情况而产生报警事件，需要系统或人

工进行干预，这时根据具体情况，设备可能会中止或暂停，从而产生设备事件。在有些行业或产品的生产过程中，还需要记录设备能耗、能源使用效率等数据，还可能会按照生产工艺对应的业务逻辑关系触发其他事件。

生产过程事件执行流程示例中将所有的生产过程事件按照产品的业务逻辑连接起来，从而对产品的整个生产过程建立模型。在执行流程中，所有的事件通过触发规则连接到一起。在实际生产过程中，各种各样的生产活动产生了大量不同类型的生产事件，这些生产事件相互影响、互相关联，形成了一个复杂的生产系统事件网络。按照生产事件之间的触发规则，该网络中的事件联系在一起。最后会发现产品的所有生产事件形成了一张网状有向图，这就是基于生产过程事件的生产过程执行模型。

如前所述，触发规则是构成 MES 生产过程执行模型的重要组成部分。为了实现生产过程事件模型的可配置，需要对不同行业的生产过程事件的触发规则进行定义，因为不同的触发规则可以满足不同行业的不同配置需求。在所有的触发规则中，我们可以对它们进行总结和分类，建立一个规则库进行统一管理。有些触发规则适用于相同或者类似的行业，有些甚至适用于所有的生产过程事件，所以，我们可以根据规则的适用程度对触发规则分类，以提高事件处理的效率。一般将生产过程事件触发规则库中的规则分为通用规则、行业规则、企业规则 3 类。其中，通用规则是指适用于所有生产过程的规则，行业规则是指适用于离散行业、流程行业或者混合行业中的某一种生产类型的生产过程的规则，企业规则是指根据企业的生产特点单独建立的企业特有的生产过程规则。针对实际应用对象的要求，可以调用或者更改规则库中的触发规则。

当一个生产过程事件被触发时，需要在规则库中寻找对应的规则，并调用解析方法，触发要执行的后续事件或者操作。生产过程事件触发规则库在接收模型发送过来的事件触发消息后，首先对事件类型进行判断，并从规则库中获得该类型事件的触发规则；然后进行解析，建立规则树单元，通过事件触发执行器来执行规则，生成新的生产过程事件。在规则的执行过程中，需要判断前驱事件和后继事件的有效性，以及它们之间规则的有效性，防止触发错误事件或者无效事件。

4.2.3　建模实例

在对实际生产过程建模时，需要对模型进行配置以满足实际生产的工艺流程和使用需要。模型配置的最终目的是使模型执行流程符合实际生产的工艺流程，从而使模型更真实地反映实际生产过程。模型的配置主要包括两个方面：事件属性的配置和触发规则的配置。事件属性的配置主要是对事件实例化后对属性的调整。例如，在 3C(信息家电)装配生产中，途程(工艺流程)尤为重要，因此需要在工单下发事件的属性中添加途程作为关键监测数据。事件触发规则的配置主要是根据工艺流程调整规则，使事件的触发顺序符合实际生产的工艺流程。例如，在采用 SMT(表面组装技术)的生产中需要加入新的触发规则，以判断PCBA(印制电路板装配)这一制作流程中是否跳站，如果跳站则需要触发报警事件，进行人工介入，同时触发设备事件，在后续的设备管理中进行分析。

在模型的配置过程中必须重点考虑产品的工艺属性，工艺属性为生产过程事件提供约束条件。不同行业、不同产品的生产工艺不同，生产过程也就不同。工艺属性记录了每一件产品的工艺信息，包括生产顺序、生产设备、生产环境等。这些关键属性为触发规则的确定提供了硬性规定，所有的触发规则必须严格按照这些属性所确定的范围和标准来制定。

我们将某电子厂的生产过程报警流程作为生产过程事件模型实例，对其进行建模。在产品生产过程中，报警处理主要体现在设备异常处理机制管理，可快速解决各种存在的异常情况，并将没有及时处理的异常情况逐级汇报。其报警处理流程如图 4-4 所示。

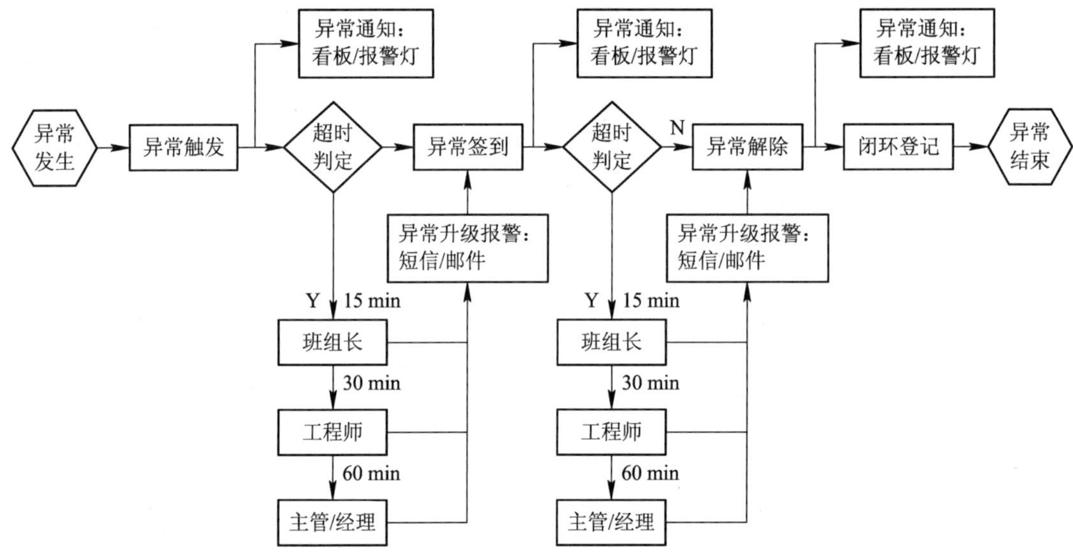

图 4-4　生产过程报警处理流程图

针对图 4-4 的生产过程报警处理流程(也称为异常处理过程)图，我们对生产过程事件进行抽取和分类，分别定义了以下生产过程事件。

(1) 下游触发事件：下游触发事件包括异常通知事件和超时判定事件，其中异常通知事件是由异常触发事件分解得到的。

(2) 异常超时判定事件：根据异常处理时长完成逐级上报，直至异常处理得以解决。

(3) 异常签到事件：异常签到事件由异常升级报警的短信/邮件触发，异常签到后，工程师以及相关人员开始异常处理。

(4) 异常解除事件：异常处理完成后，生产单元恢复正常生产，设备层反馈实时数据，MES 完成记录，从而异常解除。

(5) 闭环登记事件：异常处理人员完成异常处理后，要在 MES 相关模块完成异常原因记录，方便工厂后续进行工艺改善。

上面介绍了一种基于事件驱动的异常处理过程建模方法。该建模方法涉及对生产过程事件的定义与分类、事件属性的定义以及事件间触发规则的定义，实现了对生产过程的异常处理过程的建模。通过对事件的相关属性和触发规则进行配置，我们也可得到生产过程事件建模流程，其可以针对不同行业、不同产品的生产工艺过程，满足 MES 可配置性和可适应性的要求。

4.3　MES 可重构平台

市场需求的动态多变引起现代制造环境的不断变化，包括企业业务流程的变化、车间组织机构的变化、车间制造资源的变化等。这就要求 MES 能够根据制造环境的变化快速进行系统配置和调整。MES 体系结构从集成化朝可集成/可配置/可重构方向发展，这正是为了适应制造环境变化的需求。国际主流 MES 的产品形态已由 MES 专用产品过渡到由“MES 基础平台＋行业通用构件＋企业定制化构件”构成的 MES 应用解决方案的 MES 平台化产品。

4.3.1　MES 重构要素

企业业务流程、业务目标的变更和车间环境的变化始终是实施 MES 重构的原动力。在实施 MES 重构的过程中，会不同程度上涉及车间生产组织结构、车间制造资源及车间生产流程三大要素。

1. 车间生产组织结构的重构

为了加强各生产部门之间的协作，提高车间的管理运行效率和车间生产的柔性，需要不断调整或精简车间的各生产职能部门，重构原有的车间组织结构。如车间典型的 3 层管理模式为车间主任—工段长—班组长，为满足生产能力升级和管理效率提升的需要，可增强车间主任的向下管理职能和班组长的向上管理职能，取消工段长。组织结构的重构在 MES 里的最直接反映是系统用户和用户权限的变更，这在目前的 MES 里比较容易实现。

2. 车间制造资源的重构

车间制造资源包括设备、工具、人员等物理制造资源，在制品信息、质量等制造过程信息资源，以及订单计划、工艺、图纸、库存信息等外部集成信息制造资源。这些制造资源在实际生产中都能发生动态变化，具体表现为：增加或减少设备、工具、人员，设备制造能力增强，增添质量跟踪信息，添加或取消与外部系统的集成等。MES 必须具备对车间制造资源进行重构的能力，及时反映车间制造资源的变化。

3. 车间生产流程的重构

车间生产流程就是将车间各种功能性生产活动有机地组织起来的生产制造过程。各功能性生产活动涉及相应的车间制造资源。企业业务目标的变更和车间环境的变化使先前运行良好的生产流程变得过时，不再适应环境的变化，MES 必须对其重构。车间生产流程的重构必然在一段时间内带来适应性和生产平稳性问题，如果对关键生产流程进行重构的频度过高，则容易使车间生产动荡，因此应适时、适度地对生产流程进行重构。要实现这一点，就需要在 MES 里建立相应的流程评价机制，通过对生产流程的评价，找到需要重构的关键点，提高流程重构的水平和效率。

4.3.2　可重构 MES 体系结构

建立可重构 MES 体系结构的主要支撑技术有组件技术、工作流技术、多智能体系统、业务流程管理(Business Process Management，BPM)技术等。此外，先进的 IT 架构也是实现可重构 MES 体系结构的重要基础。可重构 MES 体系结构具有开放式、客户化、可配置、可伸缩、易集成等特性，可针对企业制造资源和业务流程的变更或重组进行系统重构和快速配置，为可重构 MES 体系结构的实现奠定坚实的基础。

1. 基于组件技术的可重构 MES 体系结构

MES 最终要通过软件技术和软件体系来实现。从软件系统开发的角度看，MES 体系结构的重构主要运用软件复用和软件重构技术来实现，而组件技术是实现软件复用与软件重构的重要技术手段。

组件是指通过抽象、封装，以统一规范接口定义和访问的独立功能单元。基于组件的软件开发方法把软件开发分为领域工程和应用工程两类，二者既相互独立又相互促进，通过领域工程开发出可复用的领域组件，然后应用工程从中选取所需的领域组件来将其装配成用户需要的软件系统。通过对 MES 的各逻辑功能单元进行分类、抽象、提取，可开发出 MES 的业务组件库。目前可以参考 COM、EJB、CORBA 等标准组件模型来实现 MES 的各种组件，如计划调度组件、设备管理组件、人员管理组件、系统管理组件等，让组件达到真正意义上的“即插即用”。

基于组件技术实现 MES 体系结构的重构，就是创建一个集成、通用和可动态配置的组件化对象模型，为制造领域开发和实施 MES 体系结构提供共享、柔性和易于扩展的开放环境，通过“搭积木”和软件重用来实现不同企业的各种要求，避免对每个企业重复进行需求分析、详细设计、编码、测试和运行维护等涉及整个软件生命周期的工作。

图 4-5 所示的是基于组件技术的可重构 MES 体系结构。基于组件技术的 MES 体系结构具有良好的可配置性、可重用性、可扩展性和可集成性，可以较好地满足现代制造企业对 MES 的需求。

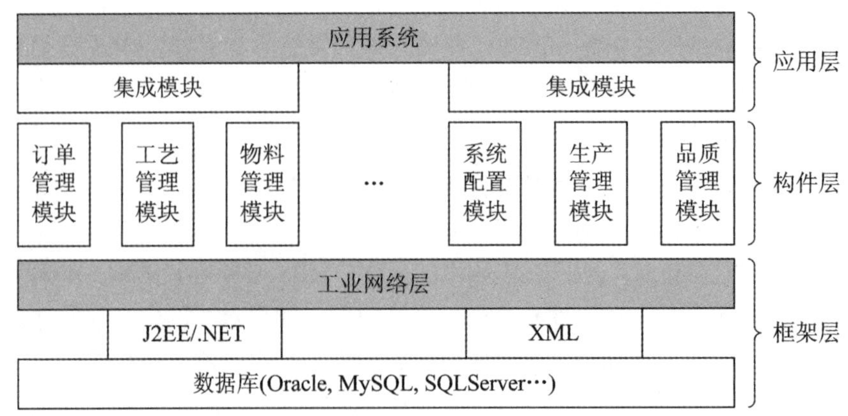

图 4-5　基于组件技术的可重构 MES 体系结构

2. 基于工作流技术的可重构 MES 体系结构

工作流技术是一种通过有效地控制和协调复杂活动的执行来实现人与应用软件之间交互的技术手段。采用工作流技术，可以把 MES 业务逻辑从具体的业务实现中分离出来。这种方法在进行企业实际应用时具有显著的优点，它可以在不修改具体功能模块(硬件环境、操作系统、数据库系统、编程语言、应用开发工具、用户界面)实现方法的情况下，通过修改(重新定义)过程模型来完成系统功能的改变或系统性能的改进。通过工作流技术，可以有效地把企业的各种资源(人、信息、应用工具和业务流程)合理组织在一起，提高软件的重用率，发挥系统的最大效能。基于工作流的 MES 可以通过流程的再定义，将应用系统的功能以灵活的方式连接在一起，快速完成企业应用系统的搭建，其体系结构如图 4-6 所示。

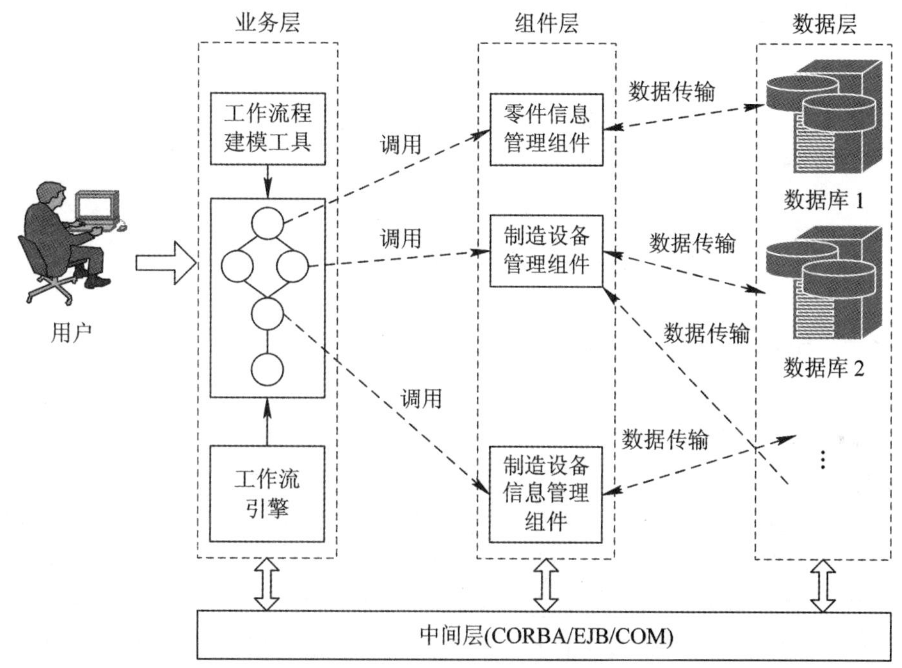

图 4-6　基于工作流技术的可重构 MES 体系结构

3. 基于多智能体系统的可重构 MES 体系结构

多智能体系统(Multi-Agent System，MAS)被认为是未来生产系统中实现生产费用削减、生产分散化控制、自适应及复杂过程处理的关键技术之一。同时它又是一种新的方法论，贯穿先进制造的各个领域，从企业动态联盟、ERP、规划与调度到现场控制都有 MAS 思想与技术的应用。MES 的生产过程和控制结构本身所固有的局部控制和分布式决策特性为 MAS 技术提供了广阔的应用空间。在 MES 中，智能体(Agent)主要指能实现某种特殊功能的分布式计算机程序，它具备如下关键属性：持续性、通信能力、自主性、可移动性、反应性、适应性和进化性、推理和规划能力等。基于 MAS 技术框架，可以在 MES 中建立多种 Agent 类型，如管理 Agent、加工任务 Agent、资源 Agent、监控 Agent 等，每个 Agent 可以对应一个具有分布式自主决策能力的业务功能模块，它们在分布式环境下实现信息共享和互操作，协同实现对 MES 车间生产过程的管控功能。

基于 MAS 的可重构 MES 体系结构如图 4-7 所示。基于 MAS 的可重构 MES 体系结构具有良好的可重构性与可扩展性，在该系统中，既可以注册业务功能组件，也可以注销业务功能组件，并且也可以随之对 Agent 中各业务功能组件的相互关系作出相应的调整，从而达到系统重构的目的。

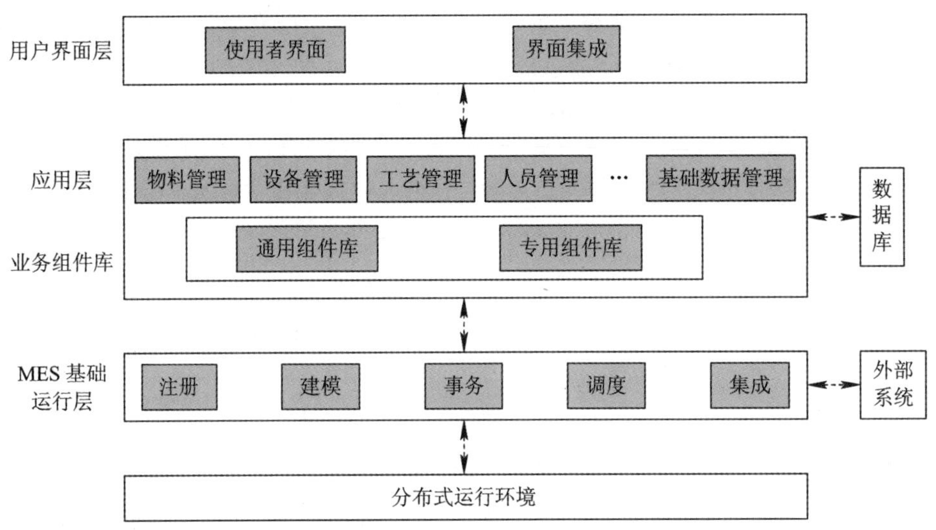

图 4-7 基于 MAS 的可重构 MES 体系结构

4. 基于 BPM 技术的可重构 MES 体系结构

BPM(业务流程管理)是一种可以实现流程建模、流程自动化、管理优化的软件技术，代表了一种新的、可以满足企业“随需应变”需求的流程应用方式。该技术的核心是通过软件来管理企业的业务流程生命周期。首先建立一个流程模式，然后实施这个流程模式，产生流程应用，使工作得以在系统和员工之间流转，最终通过这一模式来管理运转中的流程应用和在使用时对流程应用进行优化——既可以改善企业的核心流程，还可以根据业务条件变化作出调整。在流程生命周期的不同阶段，大部分 BPM 解决方案都需要业务部门的参与，业务人员先开发出一个最初的流程模式，然后由 IT 开发人员来实施。以车间流程应用 BPM 技术为例，利用 BPM 的流程管理思想，将 MES 的核心流程模式化，产生具体的车间流程应用，这个过程往往是由 IT 人员与车间业务人员共同完成的，可全面把握车间的核心流程。同时通过对车间流程的全生命周期进行管理，监控流程的执行状况，以及真实评价流程水平与效率，最终形成行之有效的流程优化解决方案。

4.3.3 MES 配置平台

MES 配置平台是实现 MES 可配置与可重构的重要手段与工具。只有通过 MES 配置平台，才能够将 MES 可用资源库中的各种资源根据用户需求情况有效地整合在一起，生成符合用户需求的 MES 应用系统解决方案。

MES 配置平台采用 Java 跨平台技术，通过 Web 服务的 4 层结构，即表示层/用户界面层(UI：User Interface Layer)、业务逻辑层(Business Logic Layer)、数据访问层(Data Access Layer)、数据实体层(Data Entity Layer)来实现。表示层是 MES 系统的用户接口部分，是用

户与 MES 交互信息的窗口，并能够通过内部的通信机制向请求接收层中的 Web 服务器发出请求。请求接收层负责接收表示层传来的消息，并将消息转换成调用应用服务器上的相应服务指令，同时将应用服务器的处理结果以网页或控件形式传给表示层。业务逻辑层是可配置 MES 的核心，由基础平台层和 MES 配置平台层两部分组成。业务逻辑层通过对数据存储层中所定义的各个数据对象的访问实现对数据库层的各种操作。数据存储层负责向业务逻辑层提供所要求的任何数据的持久性存储服务。

业务逻辑层中的基础平台层主要由工作流引擎、系统集成引擎等组成，构成工作流管理与资源信息集成等基础性平台。MES 配置平台层则封装了 MES 的相关业务逻辑，包括 MES 系统功能配置工具、MES 生产业务流程配置工具、MES 车间组织机构配置工具、MES 车间资源配置工具、MES 应用系统生成工具、MES 可用资源管理工具、MES 配置模型管理工具等。下面对其具体内容展开说明。

(1) MES 系统功能配置工具：能够通过功能概要与特点描述、智能匹配等方法对 MES 通用功能模块与 MES 可选功能模块进行配置，实现不同用户千差万别的需求，构建满足用户需求的系统框架与功能模块。

(2) MES 生产业务流程配置工具：通过对各个生产活动的属性与整体制造流程的描述，配置用户所需的生产业务流程，包括计划制定流程、计划审核流程、生产准备流程、零件生产流程、检验流程、信息反馈流程、任务到期预警流程等，配置是基于 MES 生产模型的。通过工作流技术，对流程中的各个活动进行配置。

(3) MES 车间组织机构配置工具：对不同车间的各种层次结构及不同职能部门的组织机构进行配置，并实现不同职能部门不同角色的权限配置。

(4) MES 车间资源配置工具：对生产车间内的生产所需要的资源进行配置(主要是生产设备与加工工人等资源)，使系统及时准确地获取车间资源的实时信息，并对车间资源实现统一管理。

(5) MES 应用系统生成工具：以 MES 配置模型为基础，对 MES 可用资源集合进行重构整合，从而构建出满足用户需求的 MES 应用系统。

(6) MES 可用资源管理工具：对 MES 的可用资源进行分类分层管理，包括 MES 通用功能、MES 可选功能与 MES 业务流程等。该工具对每种资源的关键特性通过语言或者图形等方式进行描述，以便 MES 应用系统生成工具对其整合。

(7) MES 配置模型管理工具：通过该工具对功能模块、业务流程、车间资源等方面的描述，实现对可配置 MES 体系结构生成的配置模型的管理。

4.3.4　基于配置平台的可重构 MES 应用系统解决方案

基于配置平台的可重构 MES 应用系统解决方案包括“MES 配置平台＋MES 可用资源集合＋MES 用户定制功能”。该解决方案以用户需求为核心，借助在 MES 配置平台中生成的 MES 配置模型，应用 MES 可用资源来配置构建 MES 应用系统，并添加 MES 用户定制功能。

基于配置平台的可重构 MES 应用系统解决方案如图 4-8 所示，下面对其主要内容展开论述。

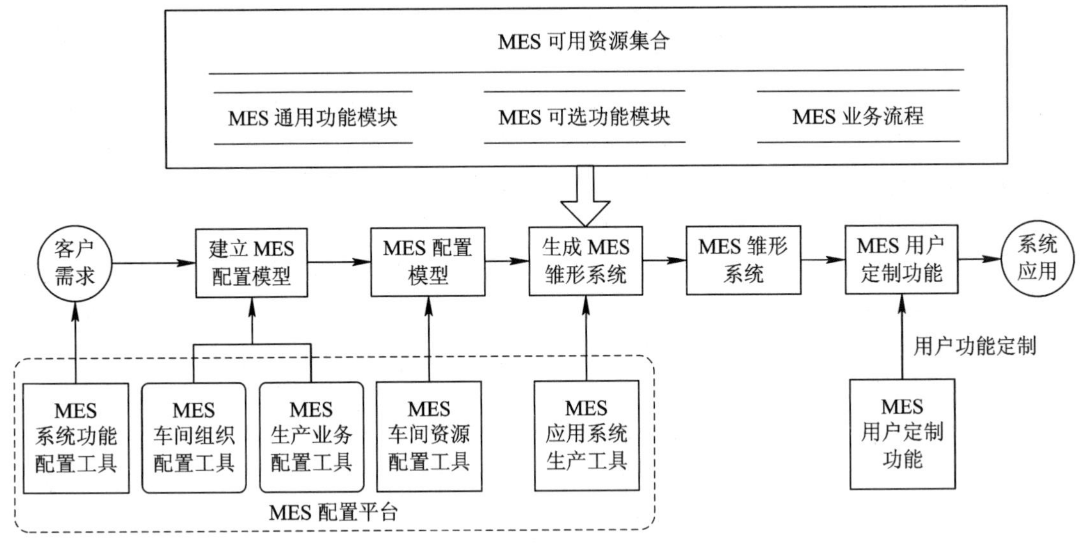

图 4-8　基于配置平台的可重构 MES 应用系统解决方案

(1) MES 配置平台：根据用户需求，建立 MES 配置模型并生成 MES 应用系统的一个平台系统，它是整个 MES 可配置框架的核心。在 MES 配置平台中，将用户对 MES 应用系统的需求转换为 MES 配置模型。之后，在 MES 配置模型的基础上建立 MES 应用系统。此外，MES 配置平台负责提供一个可靠的运行环境，保证系统中所有的功能组件在同一环境下工作状况良好，并以一个统一的运行机制管理所有的功能模块。

(2) MES 可用资源集合：满足用户需求的 MES 功能模块与业务流程的资源集合。MES 配置平台以 MES 配置模型为基础，通过调用 MES 可用资源集合中的功能模块与业务流程建立用户所需要的 MES 应用系统。

(3) MES 用户定制功能：用户定制功能可以根据用户实际的运行环境定制开发适合企业实际情况的功能模块，使企业具有特色的生产制造流程得以保留，让企业用户在自己熟悉的环境中自然而然地改变正在使用的信息化工具。

图 4-8 中的“MES 配置平台+MES 可用资源集合”构成了一个在离散制造领域具有较强通用性的解决方案。以此作为构建 MES 应用系统的基础，再配以为企业定制开发的“MES 用户定制功能”，就可以圆满地满足企业的实际需求，实现 MES 的快速配置与对车间生产制造环境变化的快速响应。

根据上述基于配置平台的面向离散制造业的 MES 应用系统解决方案，应用系统的开发员甚至可以是用户，依据 MES 应用系统的具体需求，包括系统功能、业务流程、信息对象等，通过应用 MES 配置平台，首先建立 MES 配置模型，然后生成 MES 雏形系统，之后进行 MES 用户功能定制，最终生成 MES 应用系统。具体步骤如下：

第一步，建立 MES 配置模型。以用户的具体需求为基础，通过 MES 配置平台中的系统功能配置工具、车间组织配置工具、生产业务配置工具、车间资源配置工具等，建立包括车间的组织机构模型、功能模型、业务流程模型、资源模型、信息模型等信息的 MES 配置模型。

第二步，生成 MES 雏形系统。以 MES 配置模型为基础，根据配置模型中的组织机构

模型、功能模型、业务流程模型、资源模型、信息模型等信息，应用 MES 可用资源集合中的通用功能模块、可选功能模块与业务流程，生成 MES 雏形系统。该系统包括 MES 系统运行环境、MES 雏形数据库、MES 通用功能与 MES 配置模型中所包括的功能与业务流程。

第三步，进行 MES 用户功能定制。由于 MES 雏形系统中所包括的功能是以 MES 可用资源集合中的功能与业务流程为基础的，如果用户的需求比较特殊，并不包含在 MES 可用资源集合中，则这些特殊的功能就需要另外定制开发了。根据用户的需求，对 MES 雏形系统中无法满足的要求，可通过 MES 用户定制功能进行个性化定制，最终生成满足用户需求的 MES 应用系统。

由此可见，基于 MES 配置平台可以快速构建出一个用户所需的 MES 应用系统解决方案，上述方法称为 MES 平台化技术。与传统的软件开发方法不同，MES 平台化技术是通过将构建 MES 应用系统所需要的各种信息(包括功能模型、业务流程模型、组织机构模型、信息模型等)整合在一起，由 MES 配置平台依据这些信息，调用 MES 可用资源集合中的资源，自动构建出 MES 雏形系统的一种技术，此部分为 MES 平台化技术的核心。如有需要，再针对性地进行定制开发，此部分与传统开发过程类似。应用 MES 平台化技术构建 MES 应用系统的整个过程是半自动化的，大大降低了 MES 应用系统的开发成本。

思　考　题

1. 智能制造生产过程中的事件分为几大类，分别是什么？

2. 在实施MES重构过程中，会不同程度地涉及车间生产组织结构、车间制造资源及车间生产流程三大要素，简要描述三大要素内涵。

第5章

MES的数据采集与生产监控技术

数据采集与生产监控是实现 MES 实时生产管控的基础技术手段。本章首先分析车间制造信息的主要内容，主要介绍基于条码、RFID 与 OPC 的三种数据采集技术，论述 MES 生产监控系统的架构及生产监控系统网络技术，介绍车间物联网技术及其在 MES 生产监控中的应用。

5.1 车间制造信息及其采集方式

MES 系统中涉及的车间制造信息主要包括关键设备及工装信息、物料信息、生产过程信息、产品质量信息、人员信息以及能源信息等。

(1) 关键设备及工装信息。关键设备及工装信息由设备及工装的静态信息和动态信息组成。其中，静态信息主要指设备编号、设备型号、工艺能力、厂商等基本属性信息；动态信息主要指设备及工装在加工过程中不断变化的状态信息，例如设备及工装的运行状态信息、维修状态信息和其他状态信息。

(2) 物料信息。物料信息由两部分组成，一部分是物料的基本信息，这类信息属于静态信息，一般在生产过程中不会发生变化；另一部分是物料的状态信息，这类信息属于动态信息，在生产加工中会不断变化。静态物料信息主要由物料编号、型号规格、物料种类、工艺路线、加工数量等组成。动态物料信息包括物料在加工各个环节的实际损耗和装配齐全性等信息。

(3) 生产过程信息。生产过程信息直接反映车间生产计划及其实际生产加工状况，如所加工的物料、零部件、半成品所处的具体加工位置，以及实际生产任务的完工情况等状态信息，如应完成数量、未完成数量、不良品数量等。

(4) 产品质量信息。产品质量信息主要指在车间制造加工过程的各个环节，涉及产品质量的各种信息。它包括在生产准备时的物料质检信息、加工过程中的零部件自检信息、完工后的成品质检信息等。产品质量信息的采集能够改进车间生产过程的管理方式，能对产品的工艺路线进行完善，同时产品质量信息的获取能够为提高车间生产效率提供重要

依据。

(5) 人员信息。制造车间的人员组织结构复杂，主要包括实际生产操作人员、车间计划人员、车间调度员以及车间质量管理员等，而每位人员的信息结构又包括人员的基本信息、人员状态信息和人员的绩效信息。

(6) 能源信息。能源信息包括各种能源资源，如电量、水量、气量、温度、压力等。MES 通过与现场的仪表、传感器、控制器等设备进行数据交换，实时地采集各个工序、设备、产品等的能源信息。

对于上述车间制造信息，可以进一步将其归纳为基础类、资源类、运行类、绩效类 4 个类别的数据。表 5-1 归纳总结了制造车间的数据类别、信息内容、实时性要求及采集方法。

表 5-1　制造车间数据相关内容

数据类别	信息内容	实时性要求	采集方法
基础类数据	包括物料信息、产品配方、产品规范、工艺路线、工艺文件、作业指导书、三维设计/工艺模型、质量体系要求、安全标准、设备维护要求、员工档案等	一次性录入，为静态信息	终端输入、条码扫描、系统集成等
资源类数据	来自“人、机、料、法、环、测、能”的各类资源的实时数据，如设备数据、仪表数据、物料采集数据、库存数据等	实时采集，为动态信息	条码扫描、RFID、OPC(接口)、PLC(通信)、DNC(网卡)、SCADA、物联网、传感器、机器视觉、刷卡等
运行类数据	计划调度类信息，如生产计划、库存计划、维修计划、生产进度等信息	按管理要求间歇性采集	条码扫描、终端输入、接口集成等
绩效类数据	实际制程结果，维修记录、成本统计、KPI 关键绩效数据等	按管理要求间歇性采集	OA 数据采集、手动输入、接口集成等

针对不同的车间信息采集需求，目前常用的技术手段大致分为以下几种。

(1) 利用传统的手工录入方式进行信息采集。当前，虽然很多企业都在进行信息化建设与改造，但传统的手工录入信息采集方式仍有相当广泛的应用，通过这种方式不但可以对加工工况信息进行采集，还能够将设备运行状态等信息录入指定的系统。通常，传统的手工录入有两种方式：一种是车间的操作人员通过加工流转单和质检单的形式手工记录，然后由车间统计人员汇总后统一进行处理，最后导入具体的信息管理系统中；另一种是车间现场生产人员通过工位上的工位控制器或工位上的电脑直接将信息录入。

(2) 利用现代数字化信息采集设备进行信息采集。该设备综合光、电、视觉、温度等相关技术，通过使用 RFID 读写器、条码读写器以及各类手持式终端，对车间制造过程中的信息载体进行自动识别。使用 RFID 读写器对 RFID 标签进行识别，然后采集系统内部软、硬件对其进行处理和解析，并将最终得到的信息反馈给用户。因为 RFID 标签具有存储容量较大、存储内容可变的特点，RFID 读写器不仅可以用来读写动态数据，还可以用来采集静态数据。RFID 读写器还具备读写速度快、可批量读写等优点，因此 RFID 读写器在 MES 数据采集中的应用越来越广泛。通过条码扫描进行数据采集则具有操作灵活、成本低等优点，但存在条码一旦确定其内容就固定不变的问题，对于制造过程中动态数据的采集能力较弱，因此其主要用于成品管理。例如，将条码贴在待追踪产品的包装上，可用来自动识别其物料组成及相关信息。在某些固定的应用场合，则适合采用嵌入式终端进行数据采集，其优点是稳定性好，但也存在功能单一的不足，一般用来采集某些要满足特定需求的数据。

(3) 利用自动化生产设备进行信息采集。随着车间自动化水平的提升，制造系统采用大量的自动化设备，如数控机床、工业机器人、AGV、PLC 等。大部分自动化设备具备独立的控制系统终端，很多生产数据存储在该系统中，通过自动化设备终端提供的接口，MES 能够获取很多需要的数据。另外，自动化设备上的控制系统本身大多集成了通信接口或配套的通信模块。根据配套的通信协议，MES 服务器端可以通过与自动化设备控制系统的便捷通信而获取所需要的数据。

5.2 数据采集技术

数据采集是整个 MES 运行管理的基础，针对生产车间不同的数据采集对象，MES 需要采用适当的、有针对性的数据采集方法。常用的数据采集方法主要有条码技术、RFID 技术、OPC 技术等。对应的，MES 系统中常见的数据采集设备有条码系统、RFID 系统、工业级触摸屏、专用工位机(智能终端机)、移动平板电脑以及智能手机等。

5.2.1 条码技术

1. 条码技术原理

条形码自动识别技术(简称条码技术)是在计算机技术与信息技术基础上发展起来的一门集编码、印刷、识别、数据采集和处理于一体的新兴技术。其核心内容是利用光电扫描设备识读条码符号，从而实现机器的自动识别，并快速准确地将信息录入计算机以进行数据处理，达到自动化管理的目的。

条码技术是为实现对信息的自动扫描而设计的，它是实现快速、准确而可靠的数据采集的有效手段。条码技术的应用解决了数据录入和数据采集的瓶颈问题，为物流和供应链管理提供了有力的技术支持。

条码由一组排列规则的条、空和相应的字符组成，其分为一维条码和二维条码。一维条码主要有 EAN 码、39 码、库德巴码(Codeabar)等。其中，EAN 码是国际物品编码协会制定的一种商品用条码，全世界通用。我们日常购买的商品包装上所印的条码一般都是 EAN 码。一维条码所携带的信息量有限，如商品上的一维条码仅能容纳 13 位阿拉伯数字(EAN-13 码)，更多的信息只能依赖商品数据库的支持，离开了预先建立的数据库，这种条码就没有意义了，因此在一定程度上限制了条码的应用范围。图 5-1(a)所示是 EAN 码(一维条码)示例。20 世纪 90 年代，人们发明了二维条码。它具有信息量大、可靠性高、保密性好、防伪性强等优点，主要有 PDF417 码、Code49 码、MaxiCode 码等。二维条码作为一种新的

信息存储和传递技术，现已应用在国防、公共安全、交通运输、医疗保健、工业、商业、金融、海关及政府管理等多个领域。图 5-1(b)为 PDF417 码(二维条码)示例。

(a) EAN 条码

(b) PDF417 条码

图 5-1　条码示例

条码系统是一种集成式的数据存储系统。条码实际上是有唯一性的一串字符，真正的信息写在数据库里。条码技术的优点是成本较低、简单方便，其缺点是对通信的要求很高，因为每个信息读写点数据必须从主机获取，而且所有的信息都存储在数据库里，要求有大容量的数据库和高速率的主机，此外通信线路的错误将会导致生产停止。

2. 条码技术应用

条码技术能有效地解决 MES 中数据录入和数据采集的瓶颈问题，可以帮助企业极大地提高生产作业效率和管理水平。条码在在制品跟踪与管理上的应用主要有以下优势：

(1) 实时、精确地统计和查询生产数据，为生产调度等提供依据。

(2) 快速、准确地跟踪和管理在制品的生产过程，并将其在计算机上显示出来，使我们能够找到生产中的瓶颈。

(3) 减轻了生产数据统计人员繁重的数据收集与统计工作。

(4) 提供完整的品质跟踪手段，准确记录导致不合格产品的原因(人为问题或其他问题)，提供实用的分析报告。

条码标签作为物料(外购件，自制零件、部件，成品)在生产过程中的唯一识别标识，用于生产过程中的生产报工、质量检测、在制品跟踪、信息查询等。物料条码标签作为库存物料识别标识，用于物料收发和防错等。图 5-2 列举了三种常见的条码应用场景。

(a) 粘贴条码标签

(b) 条码标签放置于容器上

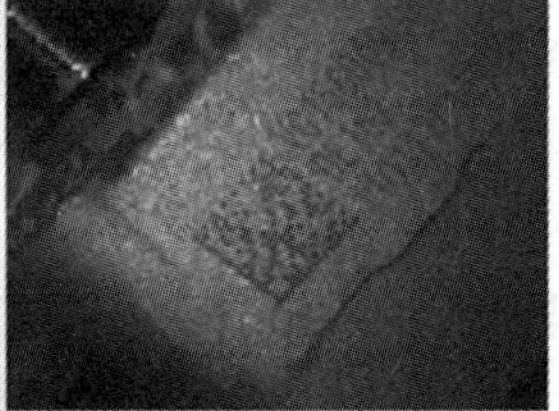

(c) 打标机直接在零件上标识

图 5-2　几种常见的条码应用场景

MES 系统可以根据不同用途的条码设置不同的条码规则，系统会根据不同的规则生成各式各样的条码。系统可将常量、日期、系统变量、流水号灵活组合形成条码，如“常量”+“-”+“日期”+“-”+“流水号”，即 SER-20140429-0000882。将系统所涉及的关键信息条码化，可实现快速扫码报工，跟踪物料流转。同时，系统数据集成传输方式可减少手工输入带来的错误和更新不及时的问题。

5.2.2 RFID 技术

1. RFID 技术原理

无线射频识别(RFID，Radio Frequency Identification)常被称为感应式电子晶片或接近卡、感应卡、非接触卡、电子标签、电子条码等。RFID 技术是一种非接触式的自动识别射频技术，它通过射频信号自动识别目标对象并获取相关数据，识别工作无须人工干预，可工作于各种恶劣环境。RFID 技术可识别高速运动的物体，也可同时识别多个电子标签，操作快捷方便。作为一种非接触式信息采集技术，RFID 技术的信息采集过程不受油渍、灰尘污染等恶劣环境的影响，因此 RFID 可替代条码，用于在危险品仓库或车间生产流水线上跟踪物体。RFID 系统的组成和工作原理如图 5-3 所示。

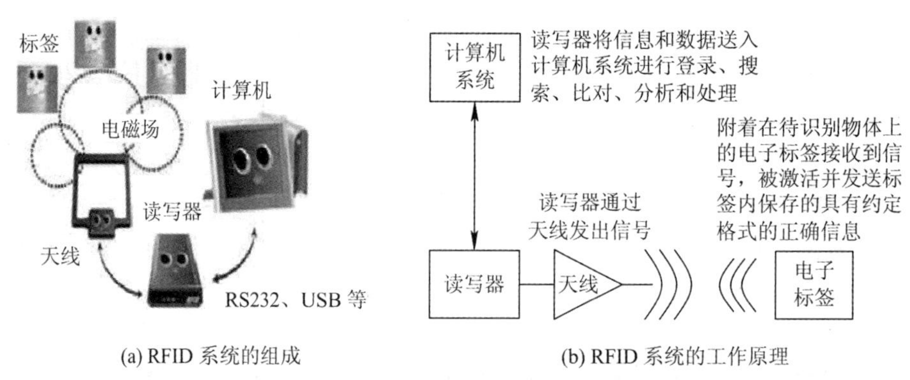

(a) RFID 系统的组成　　(b) RFID 系统的工作原理

图 5-3　RFID 系统的组成与工作原理

如图 5-3(a)所示，一套完整的 RFID 系统由以下四个部分组成。

(1) 标签(Tag)，由耦合元件及芯片组成，每个 RFID 标签具有唯一的电子编码，附着在物体上标识目标对象，俗称电子标签或智能标签。根据自身是否带有电源、是否能够主动发射某一频率的信号，将标签分为有源标签(主动标签)和无源标签(被动标签)两种。

(2) 读取器/读写器(Reader/Writer)，用于读取(有时还可以写入)标签信息的设备，可设计为手持式或固定式。

(3) 天线(Antenna)，用于 RFID 标签和读取器间传递射频信号。

(4) 数据传输和处理系统。

如图 5-3(b)所示，RFID 系统的工作原理为：电子标签进入接收天线的磁场射频范围后，自动接收 RFID 天线发射的电磁波信号，则标签内部生成感应电流，激活标签内置天线的工作状态，反馈标签芯片中的产品身份信息；RFID 读写器进行相关数据的储存和处理，读取反馈数据信息并对其进行解码操作后，将整理好的信息传送给信息管理系统。

2. RFID 技术应用

RFID 技术在制造业中得到了广泛应用。基于 RFID 技术的系统可提供不断更新的实时数据流，保证正确使用劳动力、机器、工具和部件，从而实现无纸化生产和减少停机时间，以保证可靠性和高质量；搜集产品标识符、物理属性、订货号等信息，自动建立质量保证体系所要求的质量跟踪文档和工作历史文档，实现复杂的批次跟踪；特别是在混合装配线生产中，能准确无误地将装配零部件送达指定区域，从而减少出错率。

RFID 在制造车间数据采集、制造过程实时跟踪与产品质量回溯等方面应用的优势日趋显著，被认为是最具潜力且在制造信息化中发挥巨大作用的技术革新。在车间生产制造过程中，RFID 主要应用于工件自动识别管理、生产过程控制、智能跟踪定位等。

(1) 工件自动识别管理是指对于按订单生产的制造过程，须及时准确地识别生产线上的工件信息，以保证在正确的工位装配正确的零部件。

(2) 生产过程控制可以细分为生产状态监控及可视化、闭环生产计划及控制、车间物流控制优化等几个方面。

(3) 智能跟踪定位是指通过 RFID 技术跟踪绑定 RFID 标签的智能物件的过去、现在和未来的潜在状态信息，并对这些信息加以利用和处理。

应用 RFID 技术能够实现产品从原材料到最终成品的全面跟踪。例如，基于 RFID 实现对发动机装配过程的数据采集与监控。在汽车发动机装配线上，每一个发动机托盘上配有 RFID 存储器，每个工位配有 RFID 读写头，存储器用于记录在各工位获取的装配信息：发动机的唯一序列号(发动机号)、发动机加工生产过程中的事件及其时间、发动机各关键零部件的批次编号、发动机装配过程中的测试数据和拧紧力矩等。在发动机总成的下料工位，由读写头读出存储器中保存的信息，送入中央控制室数据管理服务器进行存储和管理。这样，RFID 系统建立的生产过程记录将为今后的查询和检索提供可靠的数据，同时也建立了每台发动机的生产过程及其零部件的追溯体系。

汽车总装生产中的车身识别与跟踪系统(AVI)是 RFID 技术的另一个典型应用。该系统能够自动识别每台车所包含的客户要求，以便组织生产。比如白车身来到涂装车间时，控制系统应能够基于 RFID 进行车辆识别，确定车身被要求喷涂的颜色，自动转换喷头；当车身从涂装车间进入总装车间时，车辆识别系统应能够根据车身信息打印装车清单，提示操作工根据不同的车辆安装不同的选件；当车辆下线时，车辆识别系统将读取车辆实际被加工的信息，将其制作成报表并汇报给管理层。

根据 RFID 在 MES 中的应用模式，可以归纳出以下 4 种普适的应用场景。

(1) 基于固定 RFID 读写器/天线的固定探测空间控制模式：在固定 RFID 探测空间内，安装于固定工位处的固定 RFID 读写器/天线探测 RFID 贴标物体的“进入/离开”事件。

(2) 基于固定 RFID 读写器/天线的移动探测空间控制模式：在移动 RFID 探测空间内，安装于运输小车、库存叉车等的车载 RFID 读写器/天线探测 RFID 贴标物体的“进入/离开”事件。

(3) 基于固定 RFID 读写器/天线的门禁控制模式：在进出门禁或固定探测点，固定 RFID 读写器/天线探测 RFID 贴标物体的“进入/离开门禁”事件。考虑到这两个事件发生的瞬时性，可将其融合成一个“经过门禁”事件。

(4) 基于移动 RFID 读写器/天线的随机探测空间控制模式：利用手持式 RFID 读写器(含

天线)对 RFID 贴标物体进行随机的状态跟踪，既可以在固定 RFID 探测空间(如在固定工位)通过手持式 RFID 读写器扫描获取物体的状态信息，也可以在移动 RFID 探测空间(如在仓库中)通过手持式 RFID 读写器扫描定位目标物体并读取其状态信息。

图 5-4 给出了制造车间中的 RFID 应用。

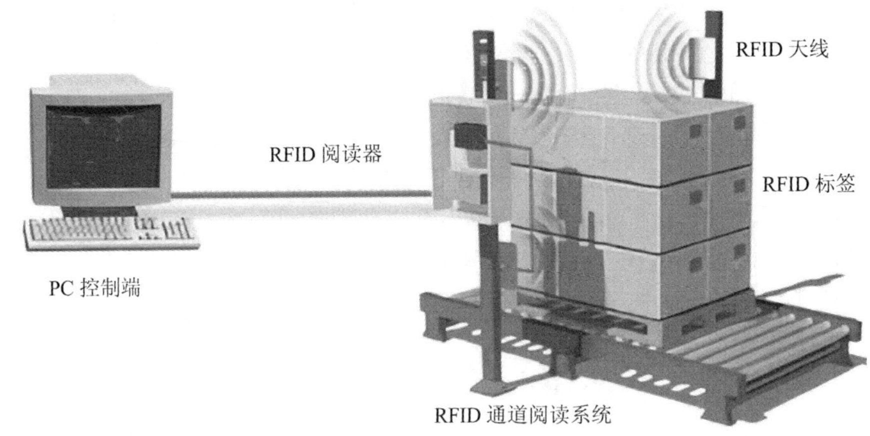

图 5-4　制造车间中的 RFID 应用

5.2.3　OPC 技术

以上介绍的数据采集方式都是针对车间生产信息方面的。MES 还有一类数据采集是针对生产现场设备装置的，即针对设备控制系统(DCS，Device Control System)的数据采集。特别是在流程工业中，针对 DCS 的数据采集是 MES 系统运行的重要基础。而在离散工业中，一般通过 DNC/MDC(Meta Data Controller，元数据控制器)技术实现数控设备集成与数据采集。

面向过程控制的 OLE(对象连接与嵌入，Object Linking and Embedding)是实现 DCS 数据采集的标准接口与重要技术手段。OPC(用于过程控制的对象连接与嵌入，OLE for Process Control)技术是指为了给工业控制系统的应用程序之间的通信建立一个接口标准，而在工业控制设备与控制软件之间建立的统一的数据存取规范。它给工业控制领域提供了一种标准数据访问机制，将硬件与应用软件有效地分离开来，是一套与厂商无关的软件数据交换标准接口和规程，主要解决过程控制系统与其数据源的数据交换问题，可以在各个应用之间提供透明的数据访问。OPC 诞生之前，硬件的驱动器和与其连接的应用程序之间的接口没有统一的标准，软件开发商需要开发大量的驱动程序来连接这些设备。即使硬件供应商在硬件上只做了一些小改动，应用程序也可能需要重写。在 OPC 提出以后，这个问题终于得到解决，它实现了不同供应厂商的设备和应用程序之间的软件接口标准化。数据用户不用再为不同厂家的设备数据源开发驱动或服务程序，OPC 会将不同来源的数据以标准方式传输至任何客户机的应用程序。

图 5-5 展示了基于 OPC 技术的 DCS 设备数据访问方式。在该方式中，任何一种设备只需要提供一种驱动程序就可以供任何软件系统使用。系统构建完成后的结果是：① M 个软件要使用 N 类硬件设备，只需要开发 N 个驱动程序；② 每增加 1 个新的应用软件不

需要另外开发硬件设备的驱动程序；③ 每增加 1 个新的硬件设备只需要开发 1 个新设备的驱动程序。例如针对 4 种控制设备所完成的 3 个应用系统，一共需要开发 4 种驱动程序。对于新增应用软件或者硬件设备的情况，可灵活地扩展系统。

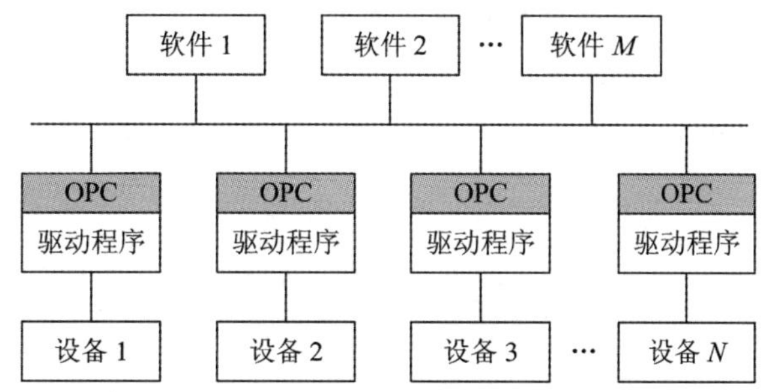

图 5-5　基于 OPC 技术的 DCS 设备数据访问方式

另外，基于 OPC 的数据访问方式还具有如下优点：

(1) 高速数据传送性能。

(2) 基于分布式 COM 的安全性管理机制。

(3) 较低的开发成本。

(4) 高可靠性。

图 5-6 是一个基于 OPC 技术的数据交互与信息集成框架。在该框架中，由 OPC 服务器向 COM 对象提供标准接口，允许 OPC 客户端应用以一致的方式交换数据和控制命令，以相同的方式访问 OPC 服务器，无论这些服务器是连接到 PLC、工业网络，还是连接到其他应用程序。在这个体系结构中，作为核心的 OPC 相当于一块“软件主板”，它能够直接连接现场的 PLC、工业网络、数据采集设备和 Windows CE(嵌入式操作系统)，通过快速有效的方式从现场获取实时数据。而 MES 等软件之间按照 OPC 协议进行通信，它们可以通过 OPC 获取现场的实时数据，也可以通过 OPC 彼此交换信息。所以 OPC 为企业内部的信息交换提供了一个开放平台。这种基于 OPC 技术的信息交互不再受设备生产厂家的限制，现场设备中的实时测量控制信息经 MES 实现共享，经处理后传送至 ERP；而存放于 ERP 的产品工艺和生产计划信息则由 MES 处理后写入现场设备，实现管理与控制一体化。

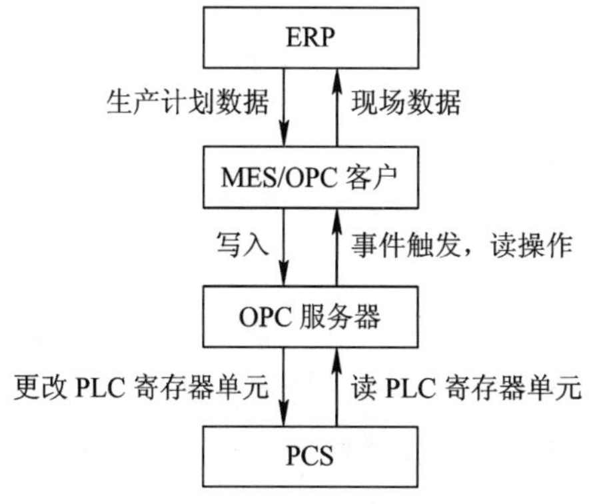

图 5-6　基于 OPC 技术的数据交互与信息集成框架

为了更好地应对标准化和跨平台的数据接口与信息集成趋势，近年来，OPC 基金会在 OPC 成功应用的基础上推出了一个新的 OPC 标准——OPC UA，即 OPC 统一架构，让数据采集、信息模型化以及工厂底层与企业层面之间的通信更加安全、可靠。我国已于 2021 年开始实施国家标准《基于 OPC UA 的数字化车间互联网络架构》(GB/T 38869—2020)，该标准适用于数字化车间设备层、控制层和车间层互联网络的架构设计与系统集成，为数字化车间网络的互联互通与互操作提供基于 OPC UA 的统一解决方案。

5.3 生产监控系统

以离散制造为例，MES 生产监控系统的主要目的是通过实时采集生产车间各个工序和机台的实时生产数据及状态，对产品生产过程进行监控，图形化分析和汇总生产计划达成情况，并统计分析机台的开工效率(即设备开机率)；通过对生产数据的实时分析处理，了解车间生产的实时状态，提高生产系统的可控性，改善和优化企业的生产过程管理，从而实现对车间生产系统的优化控制。

5.3.1 生产监控系统架构

MES 生产监控系统通过对车间生产现场数据进行采集、处理及分析，实时监测和检查生产计划执行情况，发现和及时纠正生产过程中出现的偏差，达到对生产进行有效控制的目的。MES 生产监控系统由底层数据采集子系统、通信网络子系统、数据存储子系统和数据分析处理子系统组成。

MES 生产监控系统的基本功能包括：

(1) 数据采集功能。提供常见信号的输入接口，能够对生产过程数据及机台状态进行实时采集，并进行初步处理。

(2) 现场交互功能。生产机台现场应具有人机交互功能，以便操作人员进行机台故障报告，接收并选择生产任务。

(3) 图形化监测功能。采用图形化界面，向车间管理人员提供直观方便的监测手段。

(4) 现场组网功能。现场数据采集器应具备组网接口，通过其组网功能，可将车间的所有设备组成一个网络化的设备监控系统。通过适配卡连接的上位机 PC 对网络中的设备进行集中监控和管理。

MES 生产监控系统架构如图 5-7 所示。该系统架构在结构上分为三层：底层数据采集层、现场通信网络层、车间生产管理层。

(1) 底层数据采集层主要通过安装在设备上的现场数据采集器实现对设备的自动化监测，属于整个系统的最底层。现场数据采集器节点对各种输入信号进行处理，根据程序的设定，对各种输出执行机构进行控制，以此完成该节点的监控任务。

(2) 现场通信网络层负责系统的现场数据通信，实现设备节点间以及上位机和下位机节点间的数据通信。

(3) 车间生产管理层将企业内部网与企业 ERP 系统相连，实现其与 ERP 系统的无缝连

接。同时，车间生产管理层负责对设备的运行状况进行实时监控和数据处理，并可根据生产需求生成各种生产报表。生产现场电子看板可采用多屏显示卡或以太网扩展。

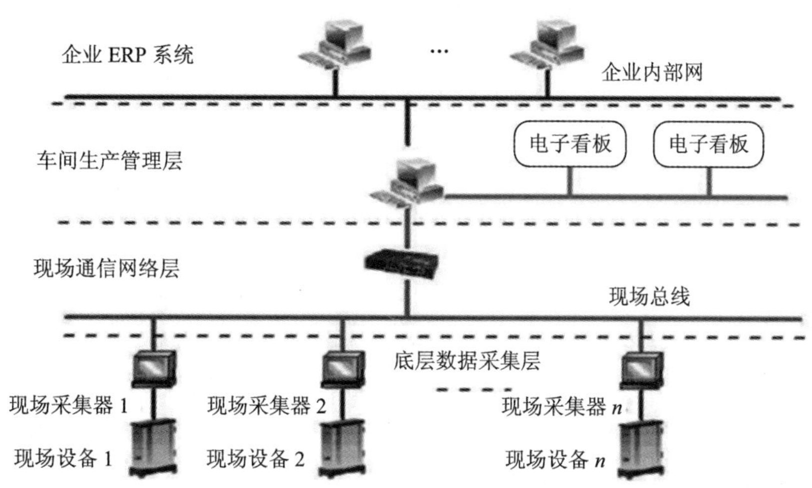

图 5-7　MES 生产监控系统架构

5.3.2　生产监控系统网络技术

1. MES 生产监控系统网络的类型

MES 生产监控系统网络是将企业计划层和车间执行层以及设备层有机联系在一起的通信网络，MES 通过该网络实时采集生产现场的各类生产数据。为保障车间生产监控系统内部、车间生产监控系统与企业管理层之间具有良好的通信，MES 通信网络应具有满足系统要求的带宽，并能实现双向通信。每一个网络节点均能获得其需要的信息，同时也能将节点采集的生产信息发布出去。

MES 生产监控系统网络应具备以下功能：

(1) 双向性。应支持节点间的双向通信，即每一个节点在工作需要时都可以接收和发送信息。

(2) 多节点。应能挂载一定数量的节点。车间的特点就是机台多、人员流动大以及物料转移频繁等，这些都要求现场通信网络能够挂载足够的节点。

(3) 优先级。在现场通信网络中流通着不同类别的信息，网络结构应该具有裁定各信息的优先级的功能，以保证重要的信息优先处理。

(4) 可靠性和实时性。由于信息的错误或者延时都有可能带来不必要的损失，因此应保证网络安全可靠、及时快速，并且一旦某一节点发生故障，网络还能正常工作。

(5) 可维护性。根据企业的需要，车间的机台或生产的产品有可能发生变化，当减少节点或者向网络加入新的节点时，网络应不需要或者只需要做很小的改动。

应用于工业现场的 MES 生产监控系统网络分为有线网络和无线网络两大类。有线网络主要包括现场总线网络(Fieldbus)、工业以太网络和 RS485 网络等。现场总线网络是基于现场总线技术组建的现场测控网络。现场总线是一种应用于工业现场的数字通信技术。现场总线有 40 余种，常用的现场总线有基金会现场总线(Foundation Fieldbus，FF)、LonWorks、PROFIBUS、CAN 等。工业以太网络是以太网技术在工业领域的应用，由于其低成本和高传输速率等特性，在工业现场常与现场总线结合使用。工业以太网标准与以太网 IEEE 802.3 标准兼容，但根据工业网络的应用需求，工业以太网应满足实时性、环境耐受性、可靠性、抗干扰性和数据安全性等要求。由于大多数仪器仪表的接口方式采用 RS485 或 RS232，又因其价格低廉、实施方便，因此 RS485 网络也是工业现场应用较为广泛的网络系统之一。RS485 是一个物理层的标准协议，可以承载多种现场总线协议，它采用平衡发送和差分接收，最大的通信距离约为 1200 m(在 100 kb/s 传输速率下)，极限传输速率为 10 Mb/s。RS485 网络的数据通信能力相对于现场总线或工业以太网较弱，但因其具有较强的抗干扰性能，且系统价格低廉、布线操作简单，因此也广泛应用于工业现场的数据采集组网中。无线通信网络则由于有效避免了有线网络的布线难题，为布网复杂区域实施网络控制提供了解决方案。应用较为广泛的无线通信技术包括 Bluetooth(蓝牙)、WLAN(无线局域网)移动通信技术等，UWB(超宽带)和 ZigBee 等短距离无线通信技术，以及 4G/5G 网络移动通信技术。

2. 基于 ZigBee 的无线传感器网络

ZigBee 技术是一种应用于短距离的低速率无线通信技术，其特点是小范围、低能耗，适用于各类智能化控制或者远程控制。又因为其低复杂度和低成本，在小型无线联网且需要控制成本的控制系统中大受欢迎。使用 ZigBee 技术组网的两个节点之间的传输距离虽然较近(只有 70 m 左右)，但是在一个网络中可布置几千个节点，各个节点间可以互相传递数据，类似一个蜂窝系统，这样信息在节点间相互传递，使得节点间的通信距离可以无限扩展。

ZigBee 网络以其较低的功耗、较大的网络容量以及可靠的安全性著称，将其与 RFID 结合非常适用于 MES 车间环境。ZigBee 网络可采用星形(star)、树形(cluster-tree)、网状(mesh)等多种拓扑结构，如图 5-8 所示。

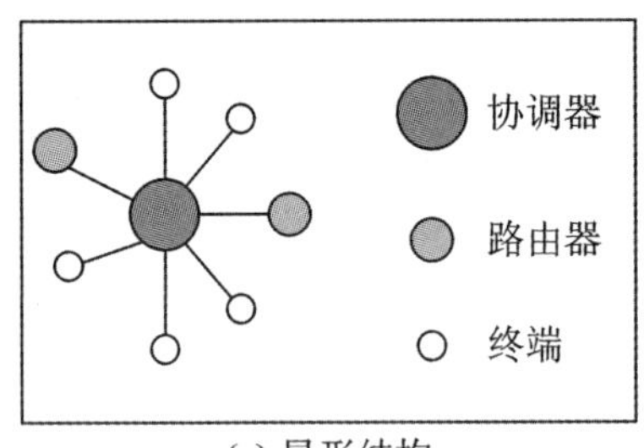

(a) 星形结构

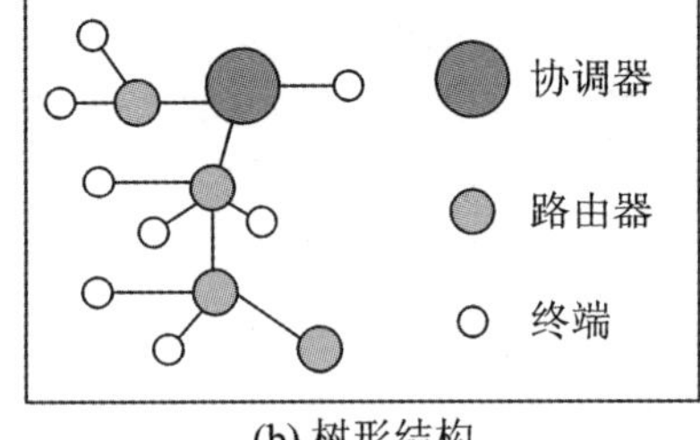

(b) 树形结构

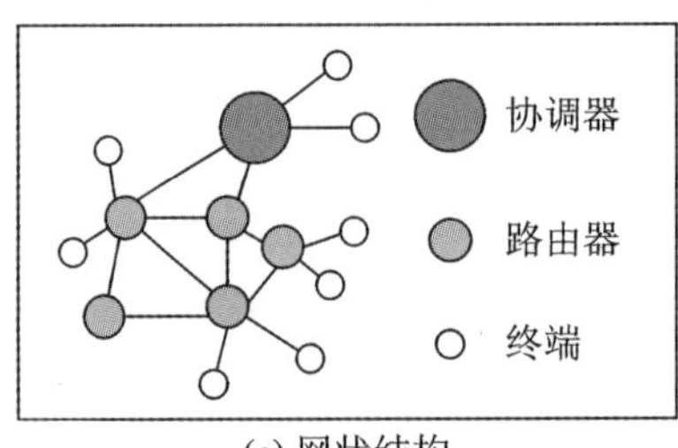

(c) 网状结构

图 5-8　ZigBee 网络的三种拓扑结构

(1) 星形拓扑结构。星形拓扑结构呈发散状，由一个节点向外发散，子节点全部围绕在该节点周围。中间的父节点是协调器，周围的子节点通信都要通过中间的父节点(中心节点)。周边的子节点可以只作为接收和发送信息的终端设备，也可以作为功能较为完备的路由器。星形网络的优缺点很明显，其优点是构造简单，布点容易，维护也非常方便；缺点则是通信都要通过中心节点，中心节点压力较大，信息交流性不强。

(2) 树形拓扑结构。将多个简单的星形网络呈树状连接起来，最上面的中心节点被用作整个网络的协调器，其余中心节点用作路由器，这样就构成了树形(拓扑)网络。树形网络的特点是易于拓展、寻点便宜。

(3) 网状拓扑结构。网状拓扑结构较上述 2 种拓扑结构有着更加丰富的选择和变化，路由器之间可以自由通信。任意节点间需要通信时可以寻找一条最优路径，减少了通信时间，缺点是该结构需要配备足够大的存储空间。

ZigBee 网络由 ZigBee 协调器、ZigBee 路由器和 ZigBee 终端组成，协调器和路由器必须为全功能设备，网络由协调器发起，并由协调器分配 64 位网络地址。在 MES 生产监控系统中，将 ZigBee 与 RFID 技术相结合，大大扩展了 RFID 的工作范围与目标对象的读取距离。与 RFID 技术结合的车间 ZigBee 无线网络结构如图 5-9 所示。

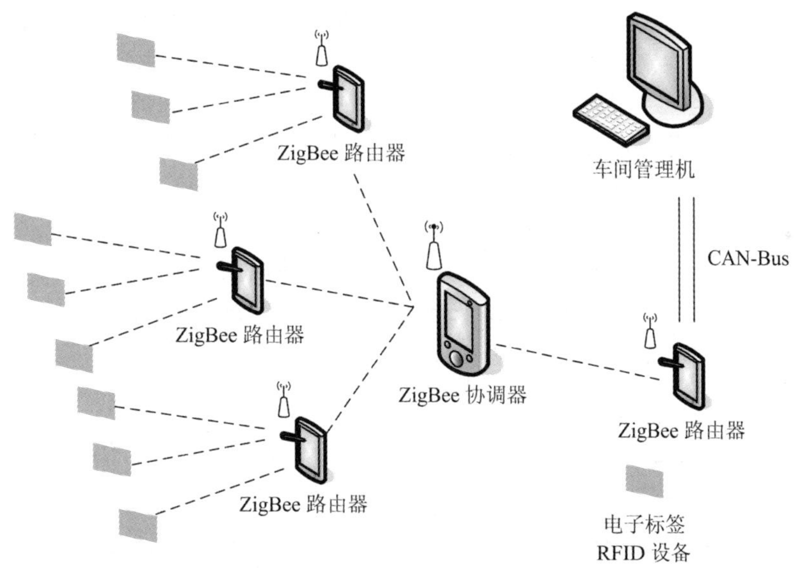

图 5-9　与 RFID 技术结合的车间 ZigBee 无线网络结构图

与 4G/5G 无线网络相比，ZigBee 的最大优势在于其信号传递不需要通过通信基站，ZigBee 的每一个网络节点(不包括功能简单的设备终端节点)具有数据转发和连接网络的功能，这在 ZigBee 网络中起到了与基站类似的作用。因此，相较于 4G/5G 无线网络，基于 ZigBee 的无线网络更适用于 MES 生产监控系统。4G/5G 无线网络主要用于大型网络，造价较高，在工业领域中常用于设备异地的远程监控系统或地域分布广泛的监控系统。而 ZigBee 网络可以根据使用者的实际需求，在监控车间区域灵活布点，适合用来进行一定范围的网络设计，并且 ZigBee 具有可靠、实时、维护简单等优势。在运行成本方面，现有的 4G/5G 网络需要持续支付使用费，其终端成本也不低。而 ZigBee 设备，特别是网络中的终端设备节点(只作接收和发送数据用)成本低廉。此外，ZigBee 开发技术成熟，维护更简单。

ZigBee 无线网络与传感器技术结合就形成了基于 ZigBee 的无线传感器网络(WSN，Wireless Sensor Networks)。无线传感器网络是一项通过无线通信技术把大量传感器节点自由结合而形成的网络形式。它实现了数据的采集、处理和传输 3 种功能，能够协作地感知、采集、处理和传输网络覆盖区域内被感知对象的信息，并最终把这些信息发送给网络的所有者。无线传感器网络支持众多类型的传感器，ZigBee 无线网络与制造车间中的各类传感器结合形成的无线传感器网络可以自动采集和监测车间生产环境信息，如温度、湿度、噪声、光照、电磁、机床状态、物料位置、人员状态等，为 MES 车间生产管理与实时过程管控提供有效支持。

5.4 车间物联网技术及其应用

5.4.1 物联网技术简介

物联网(IoT，Internet of Things)是指通过信息传感设备，如 RFID、红外感应器、GPS、激光扫描器等，按照约定的协议，把任何物品与互联网连接起来进行信息交换和通信，以实现智能化识别、定位、跟踪、监控和管理的一种网络。物联网是在互联网基础上的延伸和扩展，作为物与物相连的网络，物联网是物体之间交换数据的平台。物联网不是互联网，但其基本理念还是来源于互联网。互联网是人与人之间的进行信息交换和通信的网络，而物联网则是延伸到任何物品之间的通信和信息交换。

如图 5-10 所示，车间物联网由感知层、网络层、应用层构成。

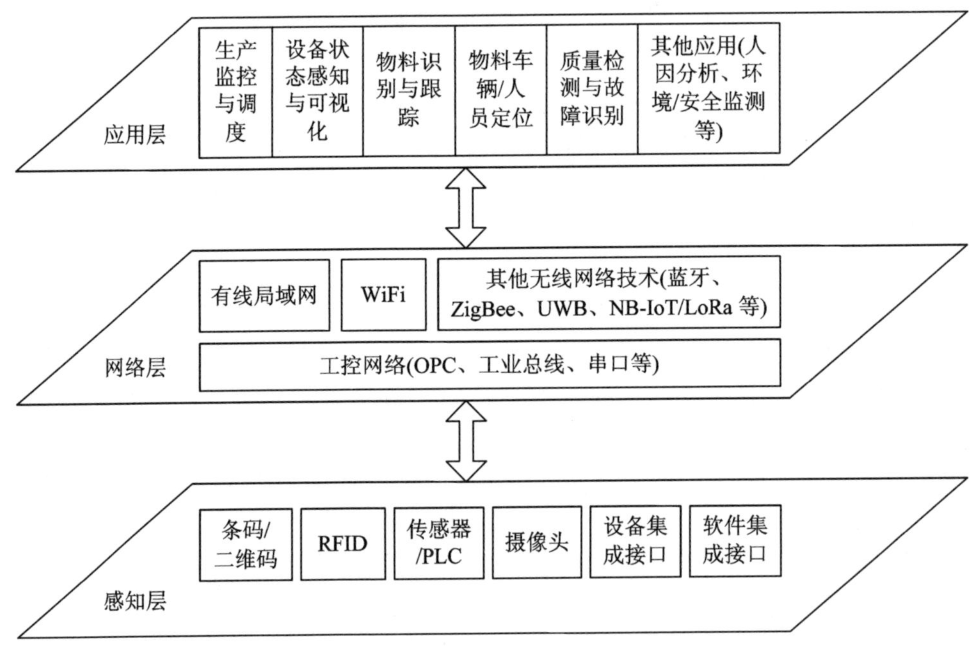

图 5-10　车间物联网的三层结构图

(1) 感知层用于获取网络工作所需要的信息，类似于人的五官和皮肤。在 MES 中实际应用的传感设备很多，如条形码读写器、RFID、摄像头、机床振动传感器、温度传感器等。

(2) 网络层是物联网中的处理器，类似于人的神经中枢和大脑。网络层接收采集系统送来的数据之后，它的工作就是信息转发或处理。

(3) 应用层是网络与使用者之间沟通的渠道，网络设计者根据分析的实际需要，设计满足用户需求的智能系统。

车间物联网的关键技术有自动识别技术、设备集成技术、室内定位技术、网络通信技术、边缘计算技术等，下面分别加以介绍。

(1) 自动识别技术。机器自动识别物体的技术对于自动化车间非常重要，此类物体通常包括在制品、零配件、刀辅具、人员等。条码(包括二维码)、RFID、机器视觉是最常见的 3 种识别方式。

(2) 设备集成技术。常见的设备集成技术有 DNC 技术、OPC 接口技术、设备集成平台等。

(3) 室内定位技术。位置服务是车间物联网的重要应用场景，车间内部有许多物体有定位需求，比如物料小车、在制品和零配件、刀辅具、人员等，常见的定位方式包括 WSN、RFID、超宽带(Ultra Wide Band，UWB)等。

(4) 网络通信技术。车间的数据传输通常有 2 种形式：一是有线局域网，二是无线网络。常用的无线网络形式包括 Wi-Fi、蓝牙、ZigBee 等。5G 技术具有更高的速率、更宽的带宽、更高的可靠性以及更低的延时，未来能够在一些特定应用场景下满足数字化智能车间的需求。

(5) 边缘计算技术。边缘计算就是靠近物联网边缘的计算、处理、优化和存储。基于边缘计算技术，物联网中的许多控制将通过本地设备实现而无须交由云端，处理过程将在本地边缘计算层完成，这无疑将大大提升处理效率，减轻云端的负荷，为用户提供更快的响应服务。

5.4.2　基于车间物联网的 MES 生产监控系统

一种基于车间物联网的 MES 生产监控系统框架如图 5-11 所示。该框架由数据采集层、现场操作层、数据管理层组成。

(1) 数据采集层。数据采集系统实现数据的采集，初始化之后可通过 ZigBee 路由器对外置式电子标签的数据进行读写操作。在目标对象(如物料、人员等)进入网络时，该层有指示功能，告知标签的载体已进入网络。操作人员在接近需要操作的机台时，该层可提示信息。非工作状态时，可将电子标签置于休眠状态，以减小功耗。

(2) 现场操作层。MES 现场操作层，即现场操作平台，具有参数配置、故障上报以及任务请求等功能，具体如下：

① 操作界面，可操作机台的运作，查看机台的当前工作状态及历史信息。

② 故障上传，如将机台停转、产速异常等状况及时反映至上位机。

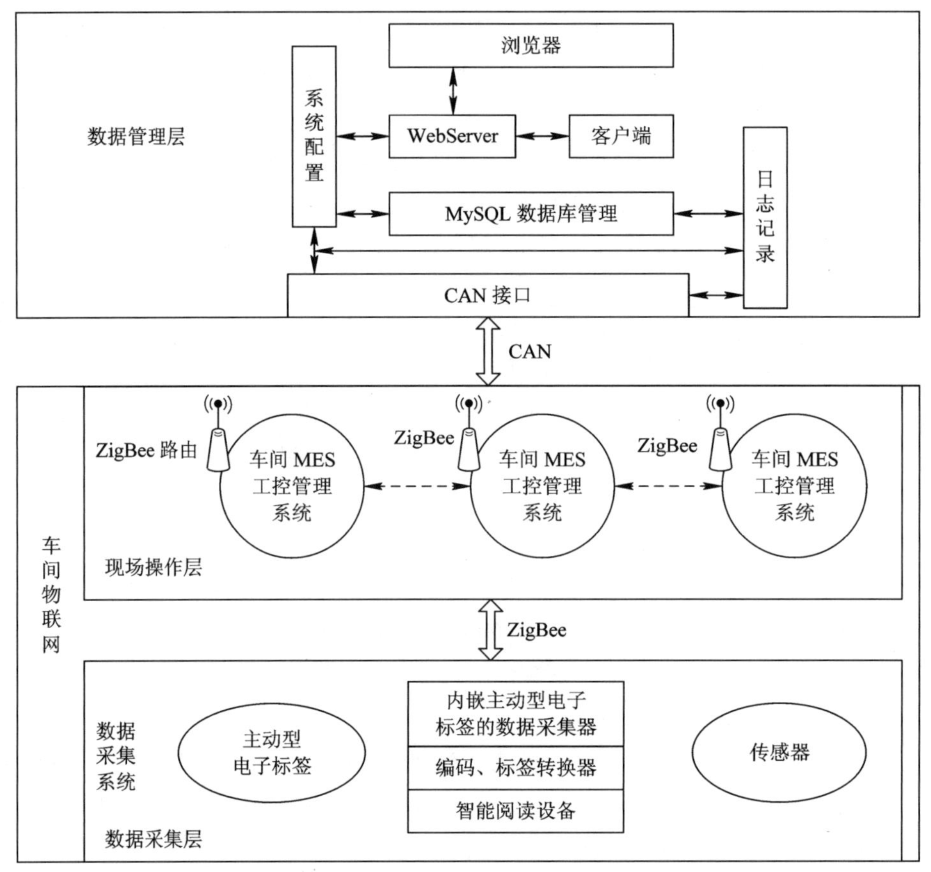

图 5-11　一种基于车间物联网的 MES 生产监控系统框架

③ 任务请求，机台闲置时可申请下一步任务。

④ 信息比对，当物料或人员接近时，可读取其外置式电子标签信息，并判断其是否为该机台的物料或操作人员。

⑤ 数据写入，物料经该机台加工成半成品后，可对该半成品的外置式电子标签进行读写，如物料为铜丝，加工后写为双绞线。

⑥ 参数配置，当现场生产环境发生变化时，只需要进行相应的参数更改和配置即可。

(3) 数据管理层。上位机 MES 数据管理层通过数据库实现生产数据的集中管理，以及生产管理的分析统计。具体如下：

① 状态监控，结合图形和数据，实时显示车间的工作状态。

② 计划管理，可观察车间机台的任务完成状况并分配新的任务。

③ 通信管理，对网络进行配置，如配置 CAN 网络的波特率等。

④ 数据库管理，保存历史数据，支持查询功能。

⑤ 故障处理，观察机台的实时和历史故障信息，发送故障处理指令。

⑥ 统计分析，根据历史记录，对产品和机器等信息作出统计分析，并以图表的形式显示，供管理者参考查询。

⑦ 日志记录，记录车间及系统的每日工作状态，生成日志。应用上述基于车间物联网

的 MES 生产监控系统，可以进行现场数据采集、产品质量追溯等工作。

1. 现场数据采集

在人员数据采集方面，可通过数据采集系统将每个工作人员的各种信息、当天任务、所要操作的机台等数据存放在车间管理数据库中。具体可采取两种采集方法：一是在人员的衣服上挂载 ZigBee 外置式电子标签，当其接近机台时，可与机台的智能现场采集器互相感知。外置式电子标签发送该人员的工号至采集器，采集器作为 ZigBee 网络的路由器发送人员工号给协调器，协调器通过 CAN 总线访问车间管理系统，询问该工号人员今天的工作任务。如果该工作人员需要操作该机台，机台实时显示当前生产任务、机台的计划产量和任务预计完成时间等数据。二是人员在进入车间时，在车间入口处，由数据采集器告知其今天的工作任务和工作机台号等信息，信息存放在外置式电子标签内。当人接近机台时，机台的智能现场采集器会读取信息。

在物料数据采集方面，当物料上架后，物料的电子标签被激活，物料的生产信息被传送至现场智能采集器。当物料的生产信息不符合当前任务要求时，现场智能采集器发出警报信息；当该物料在该机台上加工完成后，该机台的生产信息被写入电子标签，并随电子标签转入下一道工序。

在设备数据采集方面，设备数据包括设备参数和设备状态，譬如当前机器的运转速度、设备控制温度以及加工产品的质量曲线等。设备参数的采集可通过现有或新增的传感器实现，设备状态的采集可通过接入设备动作的开关触点信号实现。以机器转速数据的采集为例，可采用接近开关或编码器实现机器转速的采集。首先，将接近开关放置在机器轮轴旁边，轮轴每转动一圈，接近开关便发送一个脉冲信号给智能采集器；智能采集器通过读取脉冲再结合预设参数便可以计算出机器的当前转速。智能采集器设有触摸屏，可用来显示或输入机器转速。

2. 产品质量追溯

基于物联网现场智能感知的方法，可实现产品质量数据管理及追溯，具体方法如下：

① 生产现场每种物料均采用独立的电子标签进行标识。

② 当原材料入库后，电子标签记录原材料的入库数据，包括供应商、日期、材料批号等。

③ 原材料进行加工时，该原材料的电子标签中的数据被传送至现场智能数据采集器。加工结束后，原材料数据和加工数据一起被传送至半成品的电子标签中。

④ 半成品在进入下一道工序加工时，其电子标签数据被传送至现场智能数据采集器，在加工结束时可获得原材料数据、本工序前的所有加工数据以及本工序的加工数据，这些数据被传送和存储到本工序的半成品电子标签中。

⑤ 依此类推，待成品生产任务结束时，其电子标签中保存有该成品的全部生产信息。待成品入库时，其电子标签中的信息被保存至库存数据库中。

⑥ 当产品出现质量问题时，通过销售记录查找出库记录，即可查出该产品的全部生产信息，从而实现产品质量的全过程记录及追溯。

思　考　题

1. 车间制造信息及其采集方式有哪几种？请具体描述。
2. 描述条码技术、RFID 技术以及 OPC 技术相关概念以及应用场景。
3. 通过本章学习描述一下 SCADA 系统与 IoT 系统之间的关联。
4. 车间物联网的关键技术有哪些？简要描述一下内涵。

实 践 篇

本篇以一家自行车生产组装工厂的智能制造过程为例，设计其 MES 系统。所设计的 MES 系统包含基础信息模块、仓储管理模块、工艺管理模块、工单管理模块、生产管理模块、质量管理模块和生产追溯模块。该系统以实现协同高效、精益管理和持续改善为目标，应用后，该工厂可实现自动化与信息化融合，通过精益管理使生产过程透明可追溯。通过 MES 记录的生产数据可以还原产品在生产过程中的真实情况，从而实现“车间的元宇宙”。总体来说，MES 系统对企业智能制造具有重要意义。

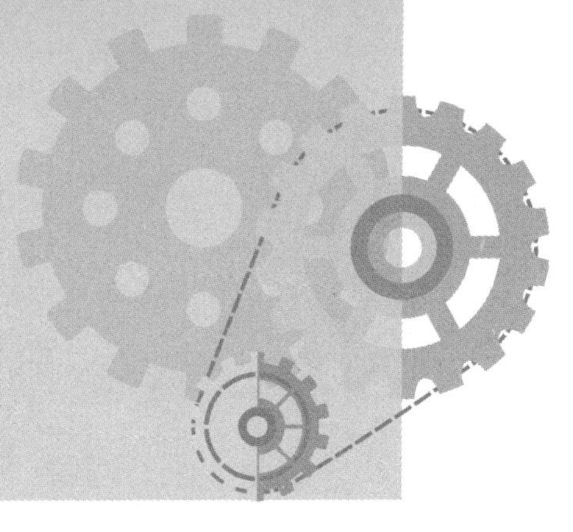

第6章 制造执行系统的开发设计案例

6.1 基础信息

在企业实现信息化的过程中，应用系统首先要处理的就是基础信息。在 MES 中，基础信息主要来源于人、机、料三方面。在“人”的方面会涉及的基础信息有人员信息、工厂信息、部门信息、工厂日历、班次信息等，这些信息会在后续的生产、仓储、质量等模块中被引用；在“机”的方面涉及的信息有设备类型、设备信息，在后续功能模块，生产过站信息与其关联，以便产品追溯；在“料”的方面涉及的信息有物料类别、物料信息、计量单位、供应商信息、客户信息、产品 BOM 等。这些基础信息在生产管理、仓储管理、质量管理等模块中都被引用。

在此案例中，我们需要实现的基础信息功能清单如表 6-1 所示。

表 6-1　基础信息功能清单

模　块		二级目录		明　细		说　明
1	系统管理	1	组织架构	1	组织用户	系统管理用户的新增、修改、删除，用户邮箱和电话的设置，用户角色配置、权限修改、组织设置
				2	用户角色	系统内角色的定义，角色的新增、修改、删除，角色对应权限的配置
		2	系统配置	1	邮箱管理	设定系统发送通知邮件时使用的发送邮箱账号及密码
				2	定时任务	设定系统中定时执行程序的周期
2	公共基础	1	字典定义		字典定义	设定共用代号、名称
		2	序列号		序列号	设定系统中使用的表单、物料批号等的序号规则
		3	客户信息	1	客户信息管理	在此功能下维护客户的基本信息
				2	客户信息查询	在此功能下只能查询系统客户信息，以便提供给非客户信息维护人员使用

续表

模　块		二级目录		明　细		说　明
2	公共基础	4	供应商信息	1	供应商信息管理	在此功能下维护供应商的基本信息
				2	供应商信息查询	在此功能下只能查询系统供应商信息，以便提供给非供应商信息维护人员使用
		5	计量单位	1	计量单位设置	计量单位的新增、修改、删除，单位之间转换关系的设置
		6	物料信息	1	物料类别	依企业要求确定物料分类规则，在此功能下维护物料的类别
				2	物料信息	依企业要求确定物料编码规则，按不同类别分别维护物料的基本信息
				3	物料信息查询	在此功能下只能查询物料的基本信息，以便提供给非物料信息维护人员使用
				4	产品 BOM	在此功能下维护产品对应的物料清单，支持多阶物料的 BOM 关系
		7	工厂信息	1	工厂管理	维护、定义工厂基本信息
		8	部门信息	1	部门管理	维护部门基础信息，支持多层组织架构
		9	人员信息	1	人员基础信息	在此建立企业员工基本信息
				2	工厂人员	在此设定工厂与员工对应关系
				3	人员查询	在此功能下查询人员的基本信息，以便提供非人员信息维护人员使用
		10	工厂日历	1	工厂假日类型设置	在此功能下维护工厂假日的类别
				2	工厂日历管理	在此功能下维护工厂的行事日历，以便后续功能参考
		11	班次信息	1	班次信息	在此设定工厂班次的时间段信息
		12	设备信息	1	设备类型	进行设备类型的管理，新增、修改、删除设备类型
				2	设备信息管理	维护具体设备信息
				3	设备查询	查询设备基本信息，以便提供给非设备信息维护人员使用

注：系统管理模块为系统自带的功能模块，无须自行开发。

开发软件使用精益派低代码开发平台，该平台由苏州精益派数字科技有限公司研发，该公司自 2012 成立以来一直致力于制造业的数字化软件产品及开发平台的研发，已为众多制造业客户提供了专业的、成熟的软件产品，包括：MES、WMS/WCS、TPMIIOT、BPM、EMS 等。2019 年发布了行业领先的智能制造软件开发平台——LeanCode。该平台可节约 75%的开发成本，平台实现了前端界面拖拽式、后端逻辑积木式开发，并集成了常用 ERP

接口，各类 PLC 及设备机台的数据采集接口，使得 MES/WMS/SCADA 等智能制造软件的开发更高效。

在 MES 系统中的系统管理模块下，公共基础信息包括字典定义、序列号、客户信息、供应商信息、计量单位、物料信息、工厂信息、部门信息、人员信息、工厂日历、班次信息和设备信息 12 个功能，下面具体介绍这些功能。

1. 字典定义

对于应用系统中的某些信息、可以预先进行编码和设定命名规范，以便进行后续的数据分析和统计，例如在系统中使用的“学历”“类型”“工单种类”等信息。字典定义就是用来定义这些信息的标准编码和名称的一种方式。相比于系统中写入固定值的方式，这种方式提供了一定的灵活性，用户可以自定义每种信息的数量、编码和名称，从而提高用户的体验感。在字典分类功能中需要输入人员的“学历”时，可在字典定义功能下设定“学历”的编码和名称。具体参考图 6-1。

图 6-1　字典设定

字典分类功能由开发人员维护，并需要与程序逻辑进行配合调用。而字典明细功能则由系统用户自行维护。在此案例中，“education 学历”是由开发者定义的，而“education-A 初中及以下”“education-B 中专”“education-C 高中”“education-D 大专”“education-E 本科”“education-F 硕士研究生”“education-G 博士研究生”“education-H 博士后”则由系统使用者根据自己的需求来设定。

2. 序列号

应用系统中，一些表单编码、物料批次、条码序列号等需要按照一定的编码规则生成。为了实现这样的规则，系统需要提供相应的功能。图 6-2 展示了一个用于设定编码规则(序号分组管理)的功能界面，例如检验单的表单编码规则为“QA_INSPECT_ORDER：检验单”。序号分组管理功能由系统开发人员维护，而序(列)号明细功能则由系统使用人员维护。图 6-3 是用户修改序列号的界面。用户可以分段设定每段编码的生成规则，生成规则可以基于日期、固定值、流水号或变量(应用功能界面中某个字段的值或字段值的一部分)。

图 6-2　序号分组管理功能

图 6-3　序列号修改界面

3. 客户信息

为了确保系统能够正确引用客户的基本信息，当需要新增、减少或变更客户信息、联络人等相关数据时，需要在客户信息管理功能中进行维护，具体操作可参考图 6-4。在维护客户信息时，通常可根据企业规定的编码规则为每个客户分配一个独特的“客户编码”，而其他字段的填报则依据实际获取到的客户信息进行。

	客户编码	状态	客户名称	客户简称	联系人	联系电话	操作
1	CSR002	启用	捷特安有限公司	捷特安	GIANT	18045907777	操作
2	CSR001	启用	中路股份有限公司	永安	FORVEVER	15695175555	操作
3	CSR004	停用	大津市飞鸽集团有限公司	飞鸽	PIGEON	17868099011	操作
4	CSR003	停用	上海凤凰企业股份有限公司	凤凰	PHOENIX	13916108888	操作

图 6-4　客户信息管理

4. 供应商信息

“供应商信息”功能下包含“供应商信息管理”和“供应商信息查询”两个子功能。为了确保系统能够正确引用供应商的基本信息，当需要新增、减少或变更供应商信息、联络人等相关数据时，需要在供应商信息管理功能下进行维护，具体操作可参考图 6-5。在维护供应商信息时，通常会根据企业规定的编码规则为每个供应商分配一个独特的“供应商编码”，而其他字段的填报则依据实际获取到的供应商信息进行。

图 6-5 供应商信息管理

5. 计量单位

物料管理是企业管理中的一个重要方面，而物料管理的首要任务是进行物料量化。为了确保量化的准确性，必须设定一套规范统一的“计量单位”。在 MES 系统中，为了统一设定和维护计量单位，需要提供一个唯一的功能界面——计量单位设置，详见图 6-6。

图 6-6 计量单位设置

在新增或维护计量单位时，用户需要维护相应计量单位所属的“计量单位类型”。通过在计量单位设置界面中点击“新增计量类型”，用户可以跳转至“计量类型维护”的界面，如图 6-7 所示。

计量类型维护

* 计量单位类型编码　　* 计量单位类型名称

备注　　显示顺序　0

取消　重置　保存

	计量单位类型编码	计量单位类型名称	备注	显示顺序	操作
1	money	价值		0	操作
2	count	计数		1	操作
3	weight	重量	test数据，请勿删除	2	操作
4	length	长度		3	操作
5	area	面积		4	操作
6	volume	体积		5	操作

图 6-7　计量类型维护

6. 物料信息

在企业的经营活动中，物料参与了几乎所有的管理环节，包括订单、采购、计划、仓储、工单、生产、耗用、出货等生产流程，以及质量管理和设备管理等相关领域。因此，在 MES 系统中，必须建立一套规范的物料编码体系，以此为基础来规范管理物料的整个生命周期。

物料类别的维护画面如图 6-8 所示。在维护物料信息之前，首先需要维护物料类别。在本案例系统中，物料大类默认分为“原料”“半成品”“成品”三大类。用户可以在每种物料大类下自行编订物料的类别，并且可以建立多层级的从属关系。在信息化系统实施之前，企业通常会有一套物料编码体系。然而，在信息化系统实施初期，必须让物料体系达到规范、明确和统一的标准。这包括确定物料的编码规则，清晰定义物料的分类，统一不同应用系统中的物料编码，同时确保实现一物一料的要求。

图 6-8　物料类别(维护)

图 6-9 展示了物料信息的维护界面。在完成物料类别信息的维护后，可以在该功能画面中进行物料明细数据的维护。

图 6-9　物料信息(维护)

在完成物料信息的维护之后，下一步是编制一个重要的基础数据，即物料清单(BOM，Bill of Material)。物料清单代表产品的结构，并描述了产品、半成品和物料之间的组成关系，它具有多层级的关联。具体可参考图 6-10。

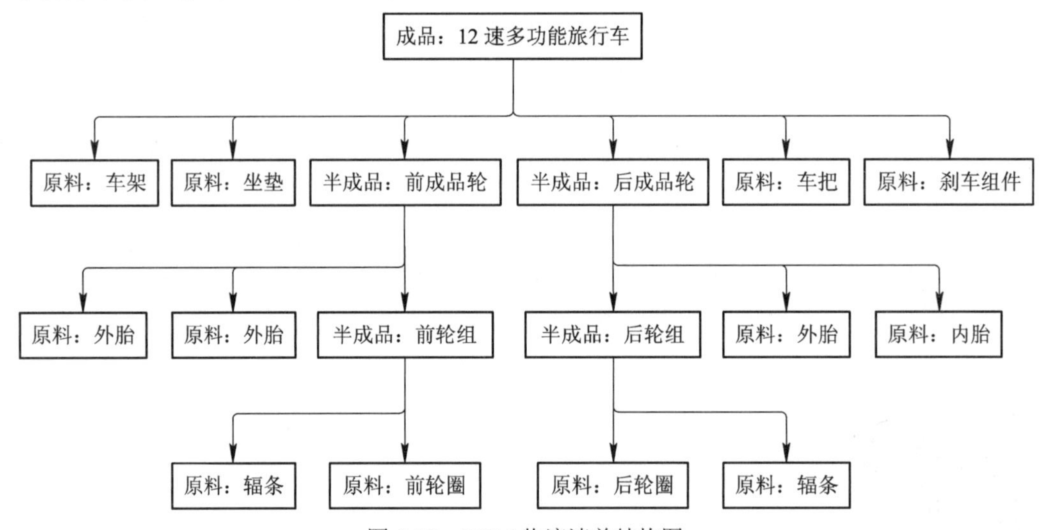

图 6-10　BOM 物流清单结构图

产品 BOM 维护界面如图 6-11 所示。可以在主界面中新增或修改 BOM 的父阶物料信息。可以从系统中预先维护好的物料信息中选择“父阶物料编码”和“父阶物料名称”。“版本编码”和“版本”可以根据企业管理规范进行设定。通过设定“生效日期”和“失效日期”，可以确定该产品 BOM 的生效周期。如果不设定这两个日期，则没有时间限制。

在系统中，每个“产出产品 + 版本编码 + 版本”对应唯一的 BOM 父阶数据。举例来说，假设一款名为“12 速多功能旅行车”的产品同时在中国和欧洲国家销售，其 BOM 基本上是一致的，只是贴标有所差异。如果这款车在中国和欧洲国家分别销售，那么在 BOM 中

就需要建立两个不同的版本编码。例如，中国销售版本编码可以使用“C”，而欧洲销售版本编码可以使用“E”。每次对 BOM 进行修订时，版本也需要相应地变更升级，具体示例请参考表 6-2。

图 6-11　产品 BOM(维护)

表 6-2　产出产品和版本对应表单

产 出 产 品	版 本 编 码	版　本
2965817：12 速多功能旅行车	C	202108.006
2965817：12 速多功能旅行车	E	202108.003

7. 工厂信息

在制造执行系统(MES)中，人员、设备和工单等元素需要与组织部门信息进行关联，或者在数据统计和分析过程中，需要组织部门对数据进行区分。因此，系统必须具备组织部门设置的功能。图 6-12 展示了工厂(信息)管理界面。

图 6-12　工厂(信息)管理

8. 部门信息

部门信息功能下的部门管理界面如图 6-13 所示。可以通过这个功能进行组织部门的管理(维护)操作，并且支持多层级的部门组织架构。

	部门编码	部门名称	上级部门名称	工厂名称	备注	操作
1	HQB	后勤部		精益派		操作
2	SHB	售后部		精益派		操作
3	JSB	技术部		精益派		操作
4	JS01	技术（一）部	技术部	精益派		操作
5	SCB	生产部		精益派		操作
6	WXB	维修部		精益派		操作
7	WX01	维修（一）部	维修部	精益派		操作

图 6-13　部门管理

9. 人员信息

人员信息模块下的人员基础信息的管理画面如图 6-14 所示。通过这个功能，可以新增和维护人员的基础信息。

	人员代号	确认注记	姓名	系统用户名	性别	操作
1	CP009	已确认	刘同笙		男	操作
2	CP007	已确认	王清华		女	操作
3	CP005	已确认	沈文静		女	操作
4	CP001	已确认	徐慧		男	操作
5	CP002	已确认	康莲		女	操作
6	CP003	已确认	张杨阳		男	操作
7	CP004	已确认	何楠博		男	操作

图 6-14　人员基础信息(管理)

图 6-15 展示了“工厂人员”功能维护界面，通过该功能可以对工厂人员的信息进行维护操作。

	工厂编码	工厂名称	人员代号	人员名称	备注	操作
1	LEANPEC	精益派	CP005	沈文静		操作
2	LEANPEC	精益派	CP004	何楠博		操作
3	LEANPEC	精益派	CP003	张杨阳		操作
4	LEANPEC	精益派	CP002	康莲		操作
5	LEANPEC	精益派	CP001	徐慧		操作

图 6-15　工厂人员(信息维护)

10. 工厂日历

工厂日历是描述企业作业时间的一组数据。该日历是根据企业实际的生产情况排定的，而不仅仅是根据自然假日来安排的。在同一个企业中，不同部门可能有不同的排班和休息日，以满足各部门的业务需求。因此，在信息化系统中，需要能够根据企业和部门的情况对工厂日历进行灵活设置。在维护工厂日历之前，首先需要设置企业假日的类型，以便在工厂日历中进行引用。图 6-16 展示了“工厂假日类型设置”功能。基本的假日类型包括“国家假日”“企业排休”“其他假日”“周末假日”，而其他假日可以根据企业的需求进行自定义。

图 6-16　工厂假日类型设置

11. 班次信息

图 6-17 展示了“班次信息”功能维护界面，该功能用于管理工厂的上班班次，以供后续系统功能引用。此功能可以在生产过程中将所属班次记录为白班或夜班，还可用于定义班次的时间段和工时信息。

图 6-17　班次信息(维护)

12. 设备信息

在 MES 系统实施初期就需要进行设备数据维护，设备信息是生产过程中的重要数据之一。在生产过程中，有一些工作站以设备为主，而另一些则以人员为主。对于以设备为主的工作站，需要将其与设备进行信息关联，以记录生产的产品或工单是由哪台设备完成的，从而生成质量追溯数据。

在进行设备信息维护之前，首先需要定义设备的类型。下图6-18展示了设备类型的功能维护界面，通过该界面可以定义设备的类型编码和名称。设备类型编码需要保持唯一性。

图 6-18　设备类型(维护)

6.2　仓 储 管 理

仓储管理是指对仓库及其内部存放的物料进行管理。如今，企业的仓库不仅仅是物料的存放地，也是企业物流的中心，是企业经营的一个关键因素。目前，企业希望通过先进的技术实现仓库管理的自动化和信息化，以提高仓库管理的效率和效益。甚至有些企业已经实现了无人仓库，极大地提高了物料管理的效率。仓储管理涉及的经营活动包括采购、收料、入库和出库、调拨、盘点、出货以及呆滞料管理等。因此，仓储管理水平直接影响着企业的经营效益。

针对此案例中我们需要实现的仓储管理功能，其基础信息功能清单见表6-3。

表 6-3　基础信息功能清单

<table>
<tr><th colspan="2">模　块</th><th colspan="2">二级目录</th><th colspan="2">三级目录</th><th colspan="2">明　细</th><th>说　明</th></tr>
<tr><td rowspan="9">3</td><td rowspan="9">仓储管理</td><td rowspan="9">1</td><td rowspan="9">仓储基础</td><td rowspan="9"></td><td rowspan="9"></td><td>1</td><td>仓库类型</td><td>管理仓库类型信息</td></tr>
<tr><td>2</td><td>仓库信息</td><td>管理仓库信息</td></tr>
<tr><td>3</td><td>库位管理</td><td>为仓库库位建立唯一标签并提供打印功能</td></tr>
<tr><td>4</td><td>超短交管理</td><td>定义发生超短交时的处理方式</td></tr>
<tr><td>5</td><td>超短交设定</td><td>对交货数量超出及短缺部分设定范围及处理方式</td></tr>
<tr><td>6</td><td>免检物料设定</td><td>设定免检物料，在收料作业中可略过检测环节</td></tr>
<tr><td>7</td><td>呆滞料设定</td><td>为物料设定呆滞料时间，超出时间后变为呆滞料</td></tr>
<tr><td>8</td><td>月结单价</td><td>计算采购料的月结单价，为后续月结单价存档操作提供基础</td></tr>
<tr><td>9</td><td>出入库类型管理</td><td>设定出入库的类型</td></tr>
</table>

续表一

模　块		二级目录		三级目录		明　细		说　明
3	仓储管理	2	原料仓作业	1	采购单管理	1	采购单管理	包含采购单导入、新增、修改、删除及撤销(采购单确认后操作)功能，查看采购单明细
						2	采购单查询	采购单明细查询
						3	待收料查询	查询待收料的采购单
				2	收料作业	4	收料单管理	新建收料单，绑定采购单，选择仓库、库位等信息，可查看明细[收料点确认后可送检生成IQC(来料质量控制)检验通知单]
						5	收料单查询	查询收料单及收料单明细
						6	收料单确认	对收料单进行确认，确认数量(预计数量、实收数量)等信息是否正确，物料标签打印
						7	收料单确认 APP	APP 版本
						8	让步接收输入画面	记录说明，确认数量等
						9	让步接收记录查询	检测让步接收处理方式(降级使用、挑选使用、返工使用等)，生成记录查询画面
						10	退货单开立	检测退货处理方式，开立退货单，绑定采购单信息
						11	退货单确认	确认退货信息
						12	退货通知	发送退货信息邮件到供应商地址
				3	入库作业	13	入库作业	选择收料单、物料号、批号，绑定仓库库位，进行入库操作
						14	上架作业 APP	APP 版本
						15	原材料入库记录查询	查询原材料入库记录的画面
				4	库位调整	16	库位调整	对库位上的物料进行调整、移库(库位解绑与库位绑定)
						17	库位调整 APP	APP 版本
				5	调拨作业	18	调拨单开立	开立调拨单，进行调拨作业(标记是否跨厂区)+出厂单自动开立
						19	出厂单查询	查询出厂调拨后自动产生的出厂单

续表二

模块		二级目录		三级目录		明细		说明
3	仓储管理	2	原料仓作业	5	调拨作业	20	调拨单拨出确认	对调拨单拨出进行确认，确认实际发出数量
						21	调拨单拨入确认	对调拨单拨入进行确认，确认实际接收数量
						22	调拨单拨出确认 APP	APP 版本
						23	调拨单拨入确认 APP	APP 版本
						24	调拨记录查询	查询调拨单的明细记录
				6	盘点作业	25	免盘点物料维护	设置免盘点物料列表
						26	盘点单开立	包含多种盘点方式：全部盘点、按库位盘点、按物料盘点等
						27	盘点单确认/打印	对盘点单进行确认，确认后标记锁定物料，不可进行出库入库操作。可打印盘点单明细(可选是否显示库存)
						28	盘点结果录入	对盘点结果进行录入
						29	盘点差异查询	查看盘点单的物料数量差异情况，可进行重盘操作
						30	盘盈/盘亏输入	对差异物料进行盘盈、盘亏操作
						31	盘盈/盘亏确认	审核确认盘盈、盘亏操作，修改库存
		3	生产物料作业	1	生产领料	1	生产领料单开立	开立生产领料单，工单号必填
						2	生产领料单审核	对生产领料单进行审核，通过后允许仓库发料
						3	超领料单开立	对生产中超领料行为开立超领料单，工单号选填
						4	超领料单审核	对超领料单进行审核，通过后允许仓库发料
						5	生产耗料查询	查询生产耗料记录，包括生产领料单及超领料单
						6	自动耗料查询	对自动耗料情况进行记录，预留导入功能及接口对接，查询自动耗料记录
				2	事务领料	7	事务领料单开立	开立事务领料单，对于办公耗材等进行记录，需要绑定用料部门，描述用途
						8	事务领料单审核	对事务领料单进行审核，通过后允许仓库发料
						9	事务领料查询	查询事务领料记录

续表三

<table>
<tr><th colspan="2">模　块</th><th colspan="2">二级目录</th><th colspan="2">三级目录</th><th colspan="2">明　细</th><th>说　明</th></tr>
<tr><td rowspan="36">3</td><td rowspan="36">仓储管理</td><td rowspan="7">3</td><td rowspan="7">生产物料作业</td><td rowspan="2">3</td><td rowspan="2">仓库领料</td><td>10</td><td>仓库发料</td><td>对审核后的单据进行仓库发料操作</td></tr>
<tr><td>11</td><td>仓库发料 APP</td><td>APP 版本</td></tr>
<tr><td rowspan="5">4</td><td rowspan="5">余料退回</td><td>12</td><td>余料退回申请</td><td>为生产余料创建单据</td></tr>
<tr><td>13</td><td>余料退回审核</td><td>审核退回余料的单据，进行入库操作</td></tr>
<tr><td>14</td><td>退料记录查询</td><td>查询余料退回记录</td></tr>
<tr><td>15</td><td>仓库接收</td><td>对审核后的单据进行仓库接收操作</td></tr>
<tr><td>16</td><td>仓库接收 APP</td><td>APP 版本</td></tr>
<tr><td rowspan="29">4</td><td rowspan="29">成品仓作业</td><td rowspan="6">1</td><td rowspan="6">生产入库</td><td>1</td><td>生产入库单开立</td><td>开立生产入库单，包含各类关联关系，便于产品追溯</td></tr>
<tr><td>2</td><td>生产入库单审核</td><td>对生产入库单进行审核确认</td></tr>
<tr><td>3</td><td>入库撤销</td><td>对已入库的产品进行撤销(退回)操作</td></tr>
<tr><td>4</td><td>生产入库记录查询</td><td>查询生产入库的记录</td></tr>
<tr><td>5</td><td>仓库接收</td><td>对审核后的单据进行仓库接收操作</td></tr>
<tr><td>6</td><td>仓库接收 APP</td><td>APP 版本</td></tr>
<tr><td rowspan="4">2</td><td rowspan="4">成品领用</td><td>7</td><td>成品领用单开立</td><td>开立成品领用单，对领用再加工的成品进行记录，类型标记：其他出库(实验)</td></tr>
<tr><td>8</td><td>成品领用单审核</td><td>对成品领用单据进行审核确认</td></tr>
<tr><td>9</td><td>成品领用出库</td><td>出库操作</td></tr>
<tr><td>10</td><td>成品领用记录查询</td><td>查询成品领用的记录明细</td></tr>
<tr><td rowspan="2">3</td><td rowspan="2">库位调整</td><td>11</td><td>库位调整</td><td>对库位上的物料进行调整、移库(库位解绑与库位绑定)</td></tr>
<tr><td>12</td><td>库位调整 APP</td><td>APP 版本</td></tr>
<tr><td rowspan="4">4</td><td rowspan="4">调拨作业</td><td>13</td><td>调拨单开立</td><td>开立调拨单，进行调拨作业(标记是否跨厂区)</td></tr>
<tr><td>14</td><td>拨出实发</td><td>对调拨单进行确认，确认实际发出数量</td></tr>
<tr><td>15</td><td>拨入接收</td><td>接收仓库确认实际接收数量</td></tr>
<tr><td>16</td><td>调拨记录查询</td><td>查询调拨单的明细记录</td></tr>
<tr><td rowspan="2">5</td><td rowspan="2">盘点作业</td><td>17</td><td>免盘点物料维护</td><td>设置免盘点物料列表</td></tr>
<tr><td>18</td><td>盘点单开立</td><td>包含多种盘点方式：全部盘点、按库位盘点、按物料盘点等</td></tr>
</table>

续表四

模块		二级目录		三级目录		明细		说明
3	仓储管理	4	成品仓作业	5	盘点作业	19	盘点单确认/打印	对盘点单进行确认，确认后标记锁定物料，不可进行出库入库操作。可打印盘点单明细(可选是否显示库存)
						20	盘点结果录入	对盘点结果进行录入
						21	盘点差异查询	查看盘点单的物料数量差异情况
						22	盘盈/盘亏输入	对差异物料进行盘盈、盘亏操作
						23	盘盈/盘亏确认	审核确认盘盈、盘亏操作，修改库存
				6	成品出货	24	销售订单管理	包含销售订单导入、新增、修改、删除功能，查看销售订单明细
						25	销售订单查询	查询销售订单及明细记录
						26	待发料查询	查看处于待发料状态的销售订单记录
						27	出货单管理	开立出货单，关联销售订单等信息。类型标记：成品出货/其他出货(赠送)
						28	出货单查询	查询出货单及明细信息
						29	出货单确认	对出货单据进行确认，变更状态等待出货
						30	出货单确认 APP	APP 版本
						31	出货作业	根据出货单进行成品仓库出货作业，确认并扣除库存
						32	出货作业 APP	APP 版本
						33	成品出货记录查询	查询成品出货单及明细记录
				7	成品退货	34	成品退货单开立	开立成品退货单，关联出货单等信息
						35	成品退货单审核	审核成品退货单信息(触发质量检测接口)
						36	退货入库作业	依据成品退货单进行入库操作
						37	退货入库作业 APP	APP 版本
						38	成品退货记录查询	查询成品退货及明细记录信息
				8	库存调整	39	库存调整	对库存订单绑定情况进行调整，开立单据，提出库存调整申请(包括订单号、批次)
						40	库存调整记录查询	查询库存调整明细记录

续表五

模　块		二级目录		三级目录		明　细		说　明
3	仓储管理	4	成品仓作业	1	原材料报表	1	原材料库存查询	查询原材料库存
						2	原材料结存查询	查询原材料结存
						3	原材料变动明细查询	查询原材料变动明细
						4	原材料呆滞料查询	查询原材料呆滞料
						5	原材料月度库存趋势	查询原材料月度库存趋势
				2	成品报表	1	成品库存查询	查询成品库存
						2	成品结存查询	查询成品结存
						3	成品变动明细查询	查询成品变动明细
						4	成品呆滞料查询	查询成品呆滞料
						5	成品月度库存趋势	查询成品月度库存趋势

6.2.1　仓储基础

在仓储管理功能模块的实施初期，首要任务是规范定义所需的基础信息。这些信息管理包括仓库管理、库位管理、超短交管理、免检物料设定、呆滞料设定、月结单价以及出入库类型管理。

1. 仓库管理

在进行仓库管理之前，须先设定仓库的类型，如图 6-19 所示。

图 6-19　仓库类型(设定)

根据企业仓库的管理规范，图 6-20 展示了仓库信息维护功能，通过该功能可以设定仓库的编码、名称以及类型。在仓储管理系统中，准确和规范的仓库信息是确保物流运作顺利进行的重要基础。

图 6-20　仓库信息

2. 库位管理

如图 6-21 所示，可以在该界面中维护与仓库对应的库位信息。仓库信息和库位信息通常在系统的实施初期就需要设定完成，当仓库管理发生变化时，需要对库位信息进行修订。

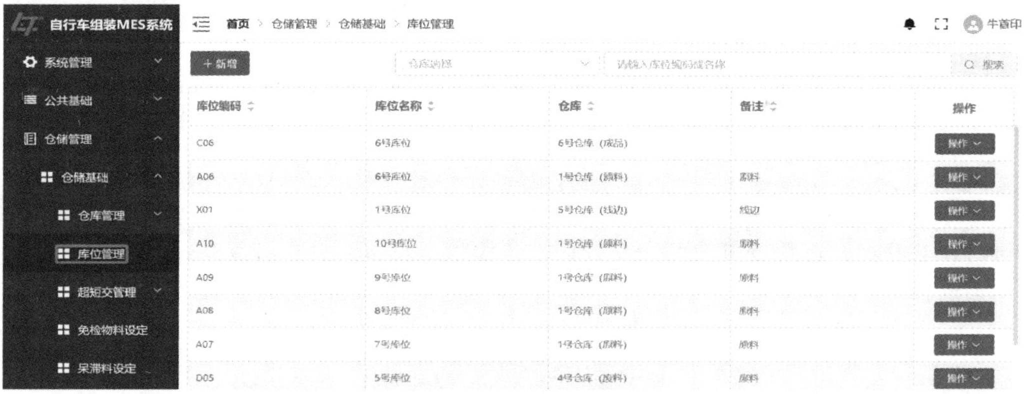

自行车组装MES系统　首页 > 仓储管理 > 仓储基础 > 库位管理　牛首印

系统管理 / 公共基础 / 仓储管理 / 仓储基础 / 仓库管理 / 库位管理 / 超短交管理 / 免检物料设定 / 呆滞料设定

+ 新增　搜索

库位编码	库位名称	仓库	备注	操作
C06	6号库位	6号仓库（成品）		操作
A06	6号库位	1号仓库（原料）	原料	操作
X01	1号库位	5号仓库（线边）	线边	操作
A10	10号库位	1号仓库（原料）	原料	操作
A09	9号库位	1号仓库（原料）	原料	操作
A08	8号库位	1号仓库（原料）	原料	操作
A07	7号库位	1号仓库（原料）	原料	操作
D05	5号库位	4号仓库（废料）	废料	操作

图 6-21　库位(信息)管理

3. 超短交管理

在超短交管理功能中，当采购收货发生超短交时，超短交处理方式功能用来设定系统提示收货的处理方式，如图 6-22 所示。

图 6-22　超短交处理方式(功能定义)

超短交设定功能用来设定系统管控采购收料时发生超短交的基准以及对应的建议处理方式，如图 6-23 所示。可以通过设定物料类别或具体的物料编码来设定超短交的基准。在收料时，如果实际数量与预计收料数量不一致，系统将根据设定提供建议，指导仓库收料人员选择何种处理方式。

物料类别	物料编码	物料名称	上限值（%）	下限值（%）	处理方式	备注	操作
传动	M0944754	[illegible]	10.00000	10.00000	按实际送货量收货		操作
传动	M2865338	指拨	10.00000	10.00000	按实际送货量收货		操作
轮组	M2165027	内胎	10.00000	10.00000	按实际送货量收货		操作
附件	M1445603	铃铛	3.00000	2.00000	按原计需求收货		操作
成品	2965817	HYTR 920 RIV CN	6.00000	1.00000	整批拒收		操作
包装	M2446797	护角	20.00000	20.00000	按实际送货量收货		操作
传动	M2865383	飞轮	10.00000	10.00000	整批拒收		操作
包装	M2449557	打包带	3.00000	3.00000	按实际送货量收货		操作

图 6-23　超短交设定

4. 免检物料设定

在采购收料作业过程中，有些物料是无须进行检验的。因此，MES 需要有维护免检物料清单的功能，免检物料设定如图 6-24 所示。该功能允许按物料类别或具体物料进行设定。一旦设定完成，在收料后，这些物料无须进行检验即可直接进行入库作业。

物料类别	物料编码	物料名称	备注	操作
包装	M2449557	打包带		操作
附件	M1445603	铃铛		操作
刹车	M2855855	刹车夹器/套装		操作
包装	M2449573	纸箱		操作

图 6-24　免检物料设定

5. 呆滞料设定

在生产使用过程中，由于某种原因，一些物料可能长时间没有进行出入库操作，这就增加了物料变质或报废的风险。为了控制这些风险，MES 需要具备呆滞料管理功能，呆滞料设定如图 6-25 所示。该功能允许根据物料类别或具体物料明细编码来设定物料转为呆滞料的期限。通过这一设定，系统能够在物料超过期限且未发生变动时及时提醒管理人员进行相应处理。

物料类型	物料编码	物料名称	呆滞周期（天）	备注	操作
包装	M2075885	说明书	20		操作
包装	M2238428	纸板	10		操作
包装	M2445826	泡棉	10		操作
刹车	M2855856	刹车夹器/套装	30		操作
原料	M2449573	纸箱	10		操作

图 6-25　呆滞料设定

6. 月结单价

在系统中我们可以通过月结单价功能查询每种物料在仓库中的每月结算单价。查询需要根据仓库和月份来进行，具体的功能界面如图 6-26 所示。

仓库名称	物料编码	物料名称	月份	月结单价	备注	操作
1号仓库（原料）	M1316096	追溯标	2021-12	10.00000	测试	操作
1号仓库（原料）	M2449573	纸箱	2021-1	10.00000		操作
2号仓库（原料）	M2449573	纸箱	2023-10	6.00000		操作
2号仓库（原料）	M2449573	纸箱	2023-10	6.00000		操作

图 6-26　(物料)月结单价(查询)

7. 出入库类型管理

出入库类型管理中出入库类型是由系统定义的。当初次使用系统时，管理人员可以修改出入库事务类型的名称。具体的功能界面如图 6-27 所示。

图 6-27　出入库类型管理

6.2.2　原料仓作业

企业对原(物)料管理的目的是确保物料管理符合规范，以便及时为生产提供适量、适质和适价的物料，并对滞留和剩余物料进行适当处理。原料仓库操作的系统功能是将企业的仓储管理制度和规范固化为工具，通过信息化手段提高原料仓库管理的效率，降低原料管理成本。

原料仓库作业功能所涉及的业务活动如图 6-28 所示。

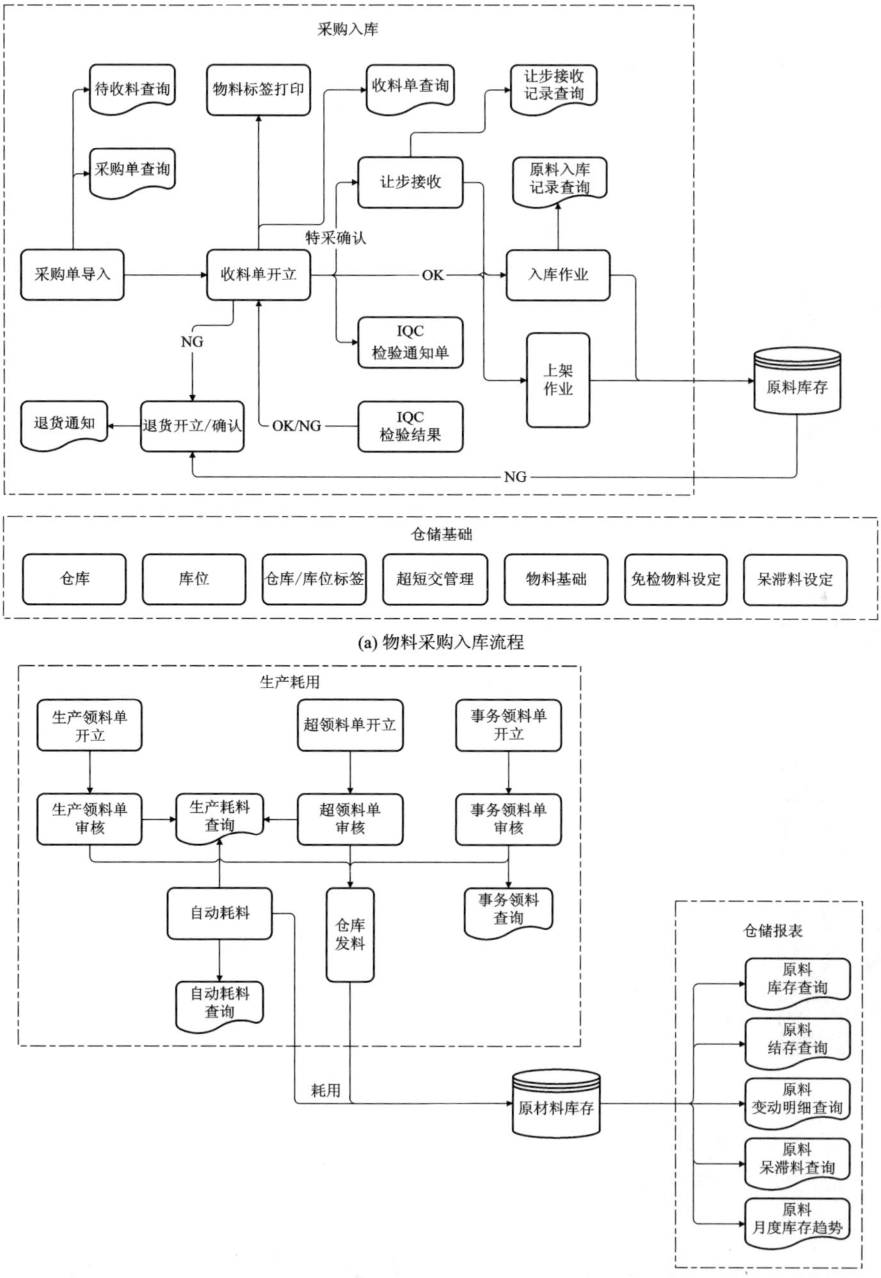

(a) 物料采购入库流程

(b) 生产耗材领用流程

图 6-28　原料仓库作业涉及的业务活动

1. 采购收料

1) 采购作业

采购单是原料仓储收货的数据来源。收料单必须依据采购单的数据来开立。通常，采购单的数据存储在上层计划层信息系统中，例如企业资源计划(ERP)系统。MES 系统需要接收 ERP 系统已确定下达给供应商的采购单数据。因此，MES 系统需要有采购单管理功能。

图 6-29 展示了采购单管理的功能界面。该功能允许非采购单管理人员在 MES 系统中查询采购单信息。同时，待收料采购单查询的功能界面(见图 6-30)也可用于此目的。

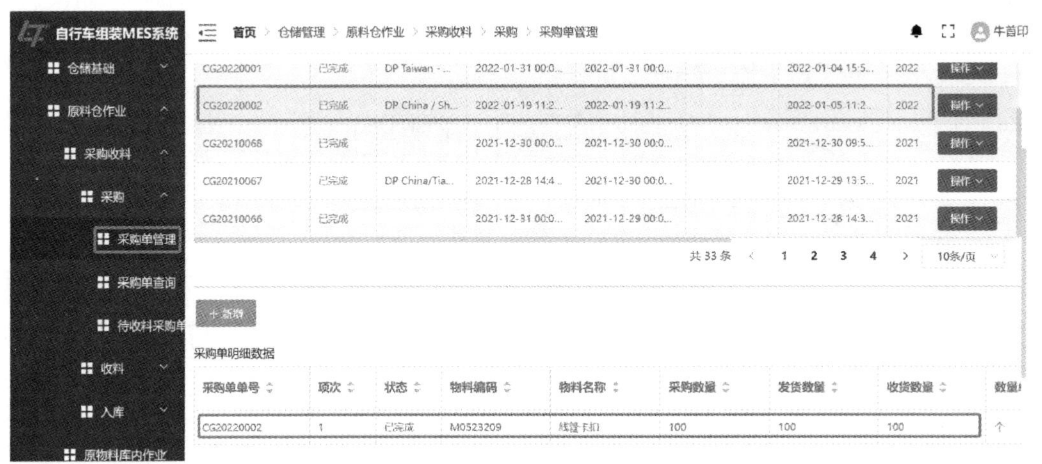

图 6-29 采购单管理

图 6-30 待收料采购单查询

通过该功能，用户可以维护采购单数据或导入采购单数据。此外，系统接口也可用于将 ERP 系统中的采购单数据同步到 MES 中。

2) 收料作业

仓库收料作业需要遵循两个原则：凭单作业和料账一致。这意味着在实际业务作业中，收料单的开立必须依据采购单，并且实际收料数量必须与收料单中的数量一致。这些原则

是确保仓库收料作业规范、准确和科学的基本依据，也是提高仓库管理水平的有效方法。

当供应商按照企业的采购需求将物料送至指定的收货地点后，首先将物料存放于待检区域。同时，根据相应的采购单开立收料单。然后，凭借收料单确认供应商身份以及物料的品类、规格和数量。确认无误后，需要双方签字。如果物料需要进行进料检验，系统将发送检验通知，由检验部门负责进行物料质量检验。只有在检验合格后，物料才能进行入库作业。如果物料不合格，有两种处理方式可选：退货和让步接收。退货意味着将物料退还给供应商，在 MES 中根据收料单开立退货单并通知供应商。让步接收是指由于企业工厂对物料的需求比较紧急(或其他考量原因)，暂时接收本批次物料。这需要授权人员的特别许可，并由仓储作业人员按照流程进行入库作业。然而，在物料的实际管理和系统管理中，需要标识该批次物料是特采的物料，以便在生产使用时能够区分(只能在质量允许的工单上使用)。

图 6-31 展示了收料单管理功能的界面。通过此功能，可以根据采购单开立收料单。

图 6-31　收料单管理

退货单开立的功能界面如图 6-32 所示。当需要将不合格的物料退还给供应商时，可以根据收料单开立退货单。

图 6-32　退货单开立

3) 入库作业

入库作业是在收料作业完成后的下一步操作。当物料经检验合格或特采确认后，仓库就可以进行入库操作。仓库作业人员将待检区的物料转移到仓库指定的存放区域或货架上。同时，系统中相应物料的仓库库存数量也会相应增加。

原(材)料入库查询功能的界面如图 6-33 所示。通过此功能，可以进行原料入库情况的查询。

自行车组装MES系统　首页 > 仓储管理 > 原料仓作业 > 采购收料 > 入库 > 原材料入库查询　牛首印

采购收料 / 采购 / 收料 / 入库 / 原材料入库 / 原材料入库查 / 原物料库内作业 / 原料仓盘点 / 生产物料作业

SL20220001	入库完成	1号仓库...	低	SH12313	原料采购入库	2022-01-05 11:...	张杨阳
SL20220002	入库完成	1号仓库...	高	SH9090909	原料采购入库	2022-01-05 11:...	张杨阳
SL20210101	入库完成	2号仓库...	低	SH12321312	原料采购入库	2022-01-05 10:...	张杨阳
SL20210102	入库完成	1号仓库...	中	SH20211230001	原料采购入库	2021-12-30 09:...	刘同黛
SL20210100	入库完成	2号仓库...	中	SH132133	原料采购入库	2021-12-29 13:...	张杨阳
SL20210093	入库完成	1号仓库...	高	SH0093		2021-12-22 13:...	wqh

共 20 条　1　2　10条/页

收料单明细

收料单单号	项次	状态	采购单单号	物料编码	物料名称	送货数量	实收数量
SL20210101	1	已完成	CG20220001	M0523209	线管卡扣	100	100

图 6-33　原材料入库查询

2. 原物料库内作业

1) 库位调整

库位调整功能用于根据管理需求调整物料存放的库位。如图 6-34 所示，通过此功能可以实现库位调整操作。

图 6-34　库位调整

2) 调拨作业

调拨作业是指在两个仓库之间调拨物料的过程。调拨物料的原因可能有多种，例如：

① 工厂的生产区域较大，设有多个仓库，不同仓库供应不同的生产单位。在收到物料时，首先将其送至总仓库，然后通过调拨将物料分配到各个分仓库；② 针对报废或次品物料，设有专用仓库。当物料需要报废或出现次品时，需要通过调拨将其转移到专用的报废仓库；③ 如果生产车间设置了线边仓库，那么在备料时，需要根据工单所需的物料种类和数量，将物料从原料仓库调拨到线边仓库。如果企业的生产工厂位于不同的地区，需要在不同地区的仓库之间进行调拨，这被称为跨厂区调拨。除了正常的调拨作业，还需要另外开立调拨出厂单，物料出厂区大门时，警卫会要求检查调拨出厂单以放行。

图 6-35 展示了原料调拨单开立功能的界面，在这个功能中可以根据物料调拨的需求来开立调拨单。

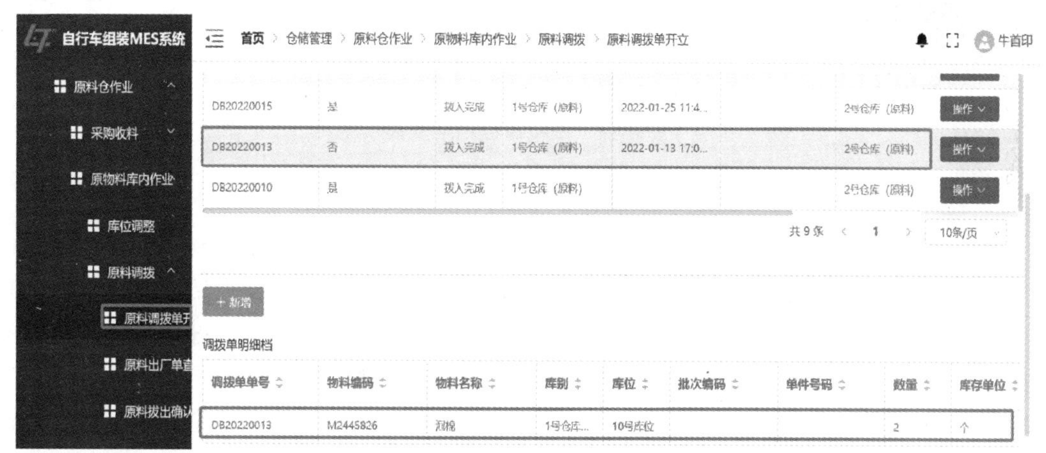

图 6-35　原料调拨单开立

图 6-36 展示了原料拨出确认功能的界面。在原料调拨单开立之后，仓库作业人员拨出所需物料。在这个阶段，拨出库的作业人员需要确认拨出物料的品类和数量是否正确，并在系统中进行确认。

图 6-36　原料拨出确认

图 6-37 展示了原料调拨记录查询功能的界面。在这个功能下，可以设定查询条件得到

调拨作业历史记录的数据，以便进行查询和追溯。

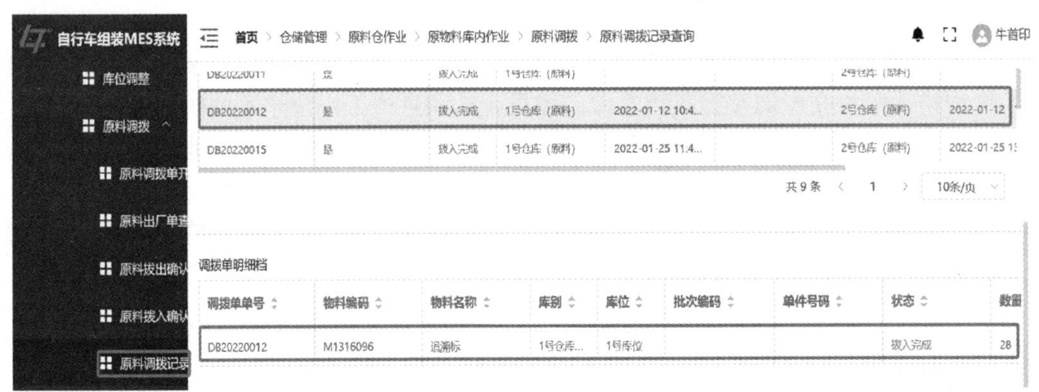

图 6-37　原料调拨记录查询

3) 盘点作业

仓库盘点的意义在于通过盘点及时掌握企业物料的库存情况，了解物料的损益信息，以便准确了解经营绩效，核实企业的管理成效。同时，也可以借助盘点结果查明物料库存盈亏的原因，以便企业采取有针对性的改善措施。另外，在盘点的实施过程中，还可以顺便核检物料的存放位置、时间、标识等方面在管理上的不规范之处，以便及时纠正。

图 6-38 显示了免盘点物料管理功能的界面。该功能用于维护无须在企业中进行盘点作业的物料。对于需要进行建档维护的物料，将无法在此处开立盘点单。

自行车组装MES系统　首页 > 仓储管理 > 原料仓作业 > 原料仓盘点 > 免盘点物料管理　牛首印

原料仓作业 / 采购收料 / 原物料库内作业 / 原料仓盘点 / 免盘点物料管理 / 盘点单开立 / 盘点单确认 / 盘点结果录入 / 盘点差异查询

+ 新增　选择仓库　请输入物料编码、名称进行搜索　搜索

物料编码	物料名称	仓库	备注	操作
M1316096	追溯标	1号仓库（原料）		操作
M2449555	胶带	2号仓库（原料）	测试	操作
M2994010	烤漆车架	1号仓库（原料）	测试	操作
M2449555	胶带	1号仓库（原料）		操作
M2449573	纸箱	1号仓库（原料）		操作
M2449573	纸箱	2号仓库（原料）		操作
M2449556	胶带	1号仓库（原料）		操作
M2449557	打包带	1号仓库（原料）		操作

图 6-38　免盘点物料管理

图 6-39 显示了盘点单开立功能的界面。该功能用于指定需要盘点的物料和盘点时间。

图 6-39　盘点单开立

6.2.3　生产物料作业

在生产开始之前，必须先准备好所需的物料。这意味着需要将物料从原料仓库调拨到线边仓库，或者从原料仓库领取物料。这里有两种领料方式可供选择，一种是直接按照工单的要求从原料仓库领取物料。领料时，库存会减少。另一种操作方式是通过调拨物料到线边仓库进行操作。这种方式下，首先根据工单需求从原料仓库调拨物料到线边仓库，此时物料库存只是发生了库别的变化，总库存数量并未减少。当生产开始后，根据产出产品的数量，线边仓库的相应库存会自动减少(减少量取决于产品工艺中设定的单位使用量)，或者根据产线作业报告的耗用量来扣减线边仓库库存。

根据原料管理的要求，除了合理范围内的生产领料，还会有超耗领料，如检验测试、研发试制、管理部门领用等事务性领料方式。事务性领料需要与正常的生产领料区分开来，这些领料与工单没有关联关系，并且也不是直接用于生产的耗料。因此，这些领料的单据需要与生产领料单据区分开来。

在领料单开立后，下一个操作步骤是仓库发料。无论是生产领料还是事务性领料，仓库都会按照开立的领料单进行发料操作，并扣减相应的物料库存。如果某些原因(例如工单暂停生产、损耗未使用完等)导致生产现场存在多余的物料，这些用不到的物料可以被退回原料仓库。如果这些物料，之前被调拨到线边仓库，可以直接将这些多余物料再次调拨回原料仓库。如果之前是通过领料方式将物料领取到生产现场(目前系统账面上没有这些库存数量)，则需要开立“余料退回单”，根据该单据才能将多余物料退回仓库，并相应增加原料仓的库存数量。

图 6-40 是生产物料作业功能所涉及的业务流程图。

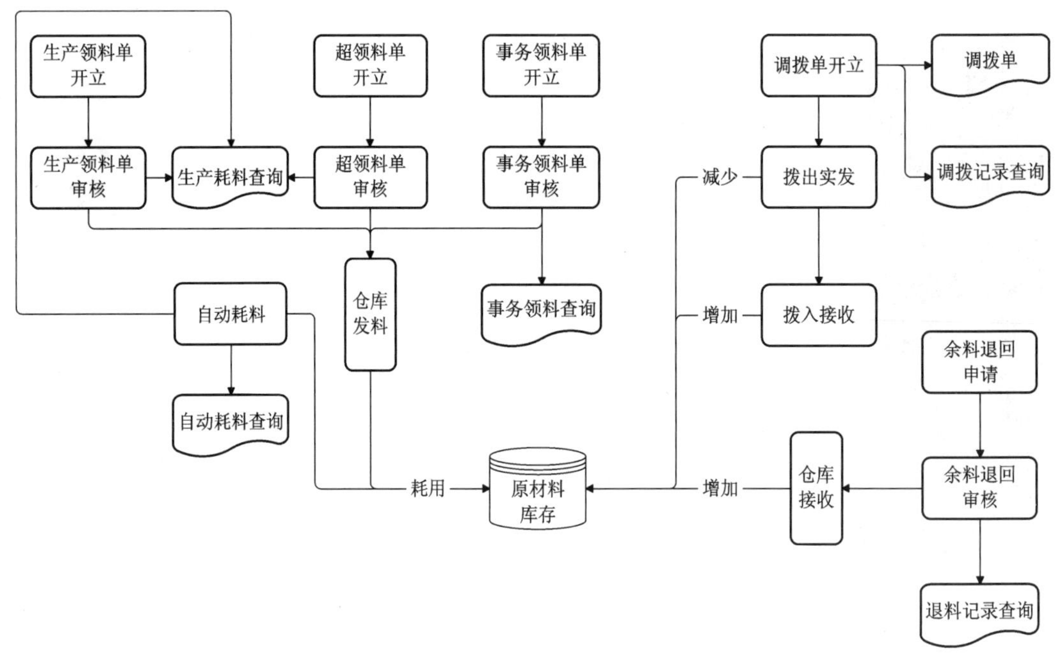

图 6-40　盘盈/盘亏涉及的业务流程图

1) 生产领料

自行车工厂通常会提前一周制订生产计划，并在下达工单前(3 天内)将其发送至生产线和仓库。一旦下达工单，除非出现特殊情况，否则不再进行调整。仓库根据工单需求进行备料，生产线则准备治具和领用所需物料。生产线需要领用的物料会自行开立领料单，而需要调拨至线边仓库的物料则由仓库负责调拨。如果在生产过程中发现物料损耗过多，则会再次开立超领料单进行领料补充。

图 6-41 展示了生产领料管理功能的界面，通过该界面可以进行生产领料单的开立。开立后，相应的管理人员应在生产领料单审核功能中进行审批，如图 6-42 所示。

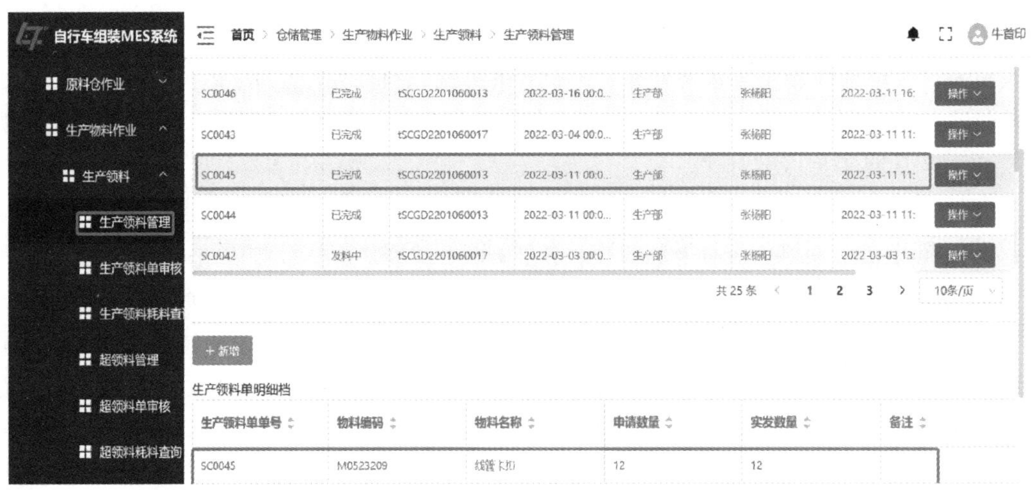

图 6-41　生产领料管理

图 6-42　生产领料单审核

当生产线上需要领用的物料超过允许范围时，在超领料管理功能中申请开立超领料单，如图 6-43 所示。申请后，管理人员进行超领料单审核，如图 6-44 所示。

图 6-43　超领料管理

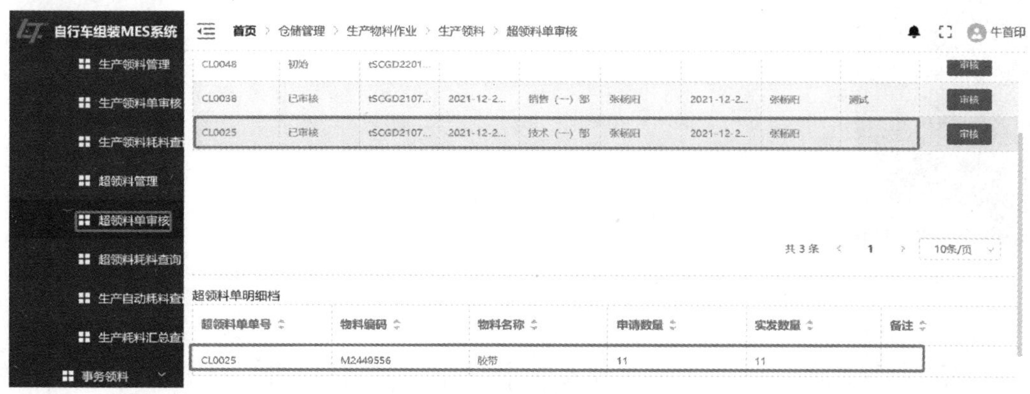

图 6-44　超领料单审核

2) 仓库发料

领料单开立后，原料仓库会根据领料单将物料发放给生产部门。超领料仓库发料界面如图 6-45 所示。

图 6-45　超领料仓库发料

3) 余料退回

由于工单取消、工单变更、工艺变更或损耗减少等原因，生产现场可能会存在多余物料且在一定期限内不会使用。此时可以将这些物料退回原料仓库。如果物料存放在线边仓库中，则可以通过调拨作业将其调拨回原料仓库。对于之前领到生产现场的物料，需要使用余料退回单进行退回操作。余料退回申请功能界面如图 6-46 所示。

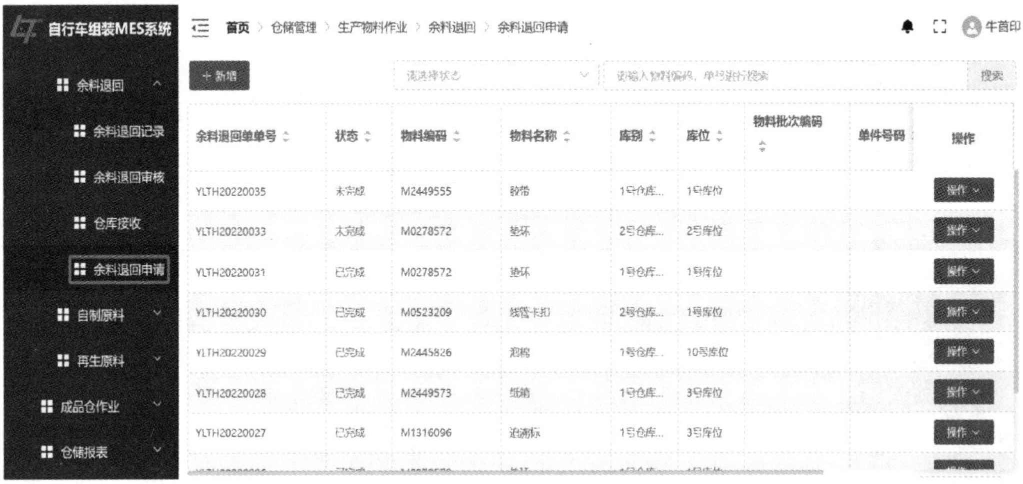

图 6-46　余料退回申请

在剩余物料送达仓库后，仓库管理人员需要根据余料退回单据，在系统中进行入库处理。图 6-47 展示了仓库接收功能界面。

自行车组装MES系统　首页 > 仓储管理 > 生产物料作业 > 余料退回 > 仓库接收　牛首印

余料退回 / 余料退回记录 / 余料退回审核 / 仓库接收 / 余料退回申请 / 自制原料 / 再生原料 / 成品仓作业 / 仓储报表

余料退回单单号	状态	物料编码	物料名称	库别	库位	物料批次编码	单件号	操作
YLTH20220031	已完成	M0278572	垫环	1号仓库...	1号库位			入库
YLTH20220030	已完成	M0523209	线管卡扣	2号仓库...	1号库位			入库
YLTH20220029	已完成	M2445826	泡棉	1号仓库...	10号库位			入库
YLTH20220028	已完成	M2449573	纸箱	1号仓库...	3号库位			入库
YLTH20220027	已完成	M1316096	说明标	1号仓库...	3号库位			入库
YLTH20220026	已完成	M0278572	垫环	1号仓库...	1号库位			入库
YLTH20220020	已完成	M1316096	说明标	1号仓库...	1号库位			入库
YLTH20220025	已完成	M2994010	烤漆车架	1号仓库...	5号库位	11212	1111	入库

图 6-47　仓库接收(余料退回)

6.2.4　成品仓作业

成品仓信息化系统是一种有效管理成品仓库进货、出货和存储的工具，它使成品仓库的操作都能够按照企业规范进行。成品仓库的库存主要来自生产部门，当产品生产完成并经过检验后，会被送入成品仓库进行存储。然而，如果出于某些原因(如规格变更、工艺改进等)，需要将产品提取到生产线进行再加工，就需要进行成品领用操作。此外，成品仓库内部还需要进行调拨、库位调整、盘点等管理作业。当需要将成品交付给客户时，涉及的操作包括出货和库存调整(若要区分客户的库存，则需要进行库存调配)。而当客户要退回产品时，需要进行退货作业。

图 6-48 展示了成品仓作业功能所涉及的业务活动流程图。

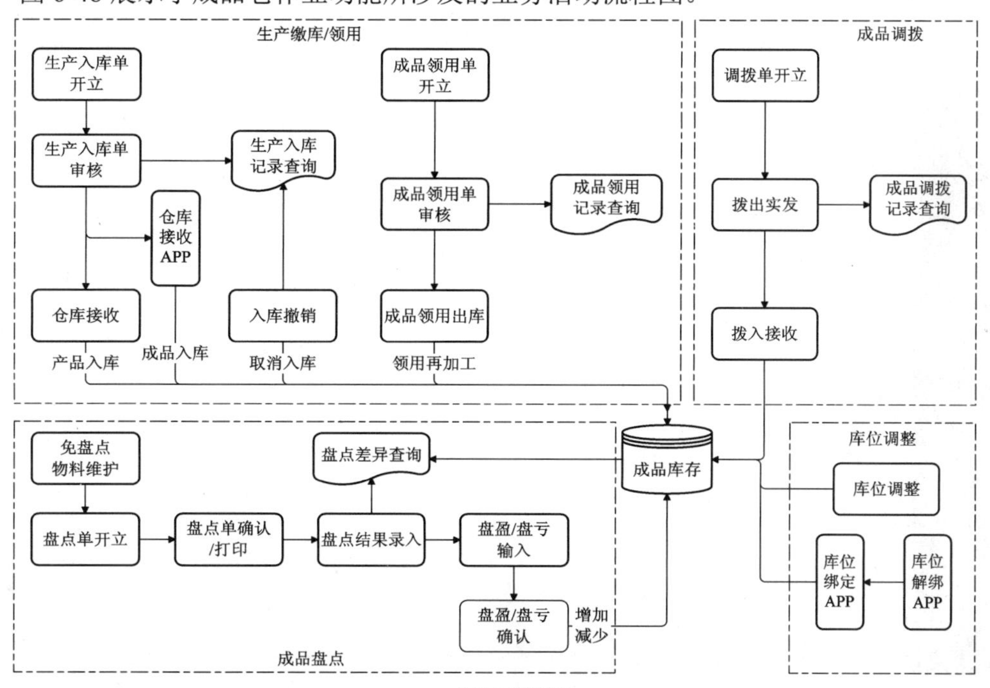

(a) 成品入库流程

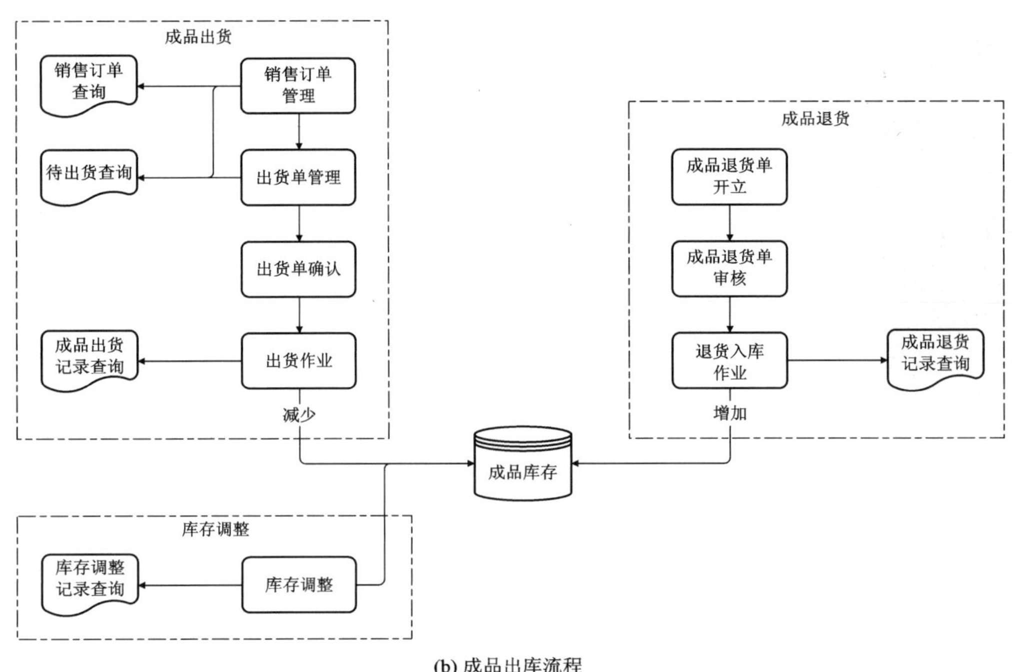

(b) 成品出库流程

图 6-48　成品仓作业的业务活动流程图

1) 生产入库

工单生产完成后，通常会进行完工检验。如果产品经检验合格，将被移交至正常的成品仓库；如果产品未能通过检验，则会被移交至不良品仓库。

图 6-49 展示了单据(生产入库单)开立功能的界面，而图 6-50 展示了单据审核的界面。

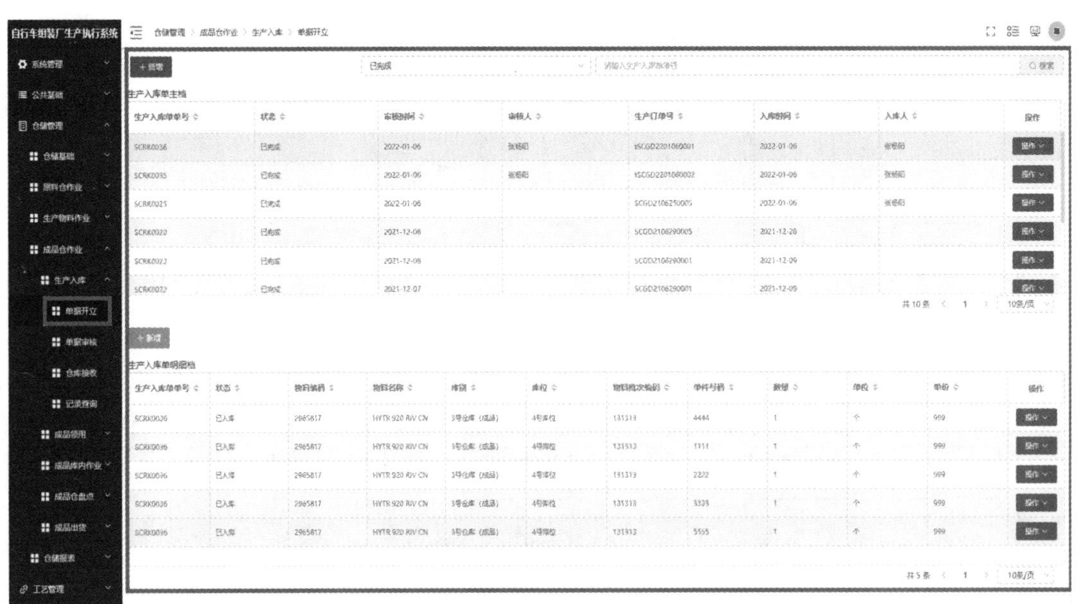

图 6-49　单据开立

图 6-50　单据审核

如果需要撤销之前的入库作业，通常需要生产部门与仓库部门进行协调。具有相应管理权限的人员可以使用生产入库撤销功能进行操作，如图 6-51 所示。如果之前的入库作业尚未被接收，也就是还没有生成库存，系统只需要撤销相关的生产入库记录即可。但如果仓库已经接收并且已经产生了成品库存，那么在撤销时系统需要相应地减少成品库存。

图 6-51　生产入库撤销

在完成生产入库后，成品仓库人员需要进行接收操作，成品库存才能增加。图 6-52 展示了仓库接收功能的界面。

图 6-52　仓库(成品)接收

2) 成品领用

如果由于某些原因或者工艺变更成品仓库中的产品需要重新领用并送回生产现场进行加工，例如根据客户要求改变产品规格，或者需要替换零部件或改变加工方式，生产部门可以通过成品领用再加工的方式从成品仓库领用相应的成品。图 6-53 展示了成品领用单开立功能的界面，而图 6-54 展示了成品领用单审核功能的界面。

图 6-53　成品领用单开立

图 6-54　成品领用单审核

3) 库位调整

为了满足现场管理的需求，有时需要在成品仓内重新调整产品的存放位置，即进行库位调整操作。图 6-55 展示了系统中用于执行此操作的功能界面。

图 6-55　库位调整

4) 调拨作业

当不同仓库之间需要调配成品库存时，必须通过调拨的方式进行。首先，根据需求开立成品调拨单，由发出仓库确认实际发出的数量。当成品送至接收仓库时，接收仓库的操作人员将记录实际接收的成品数量。下图 6-56 显示了成品调拨单开立功能画面，而图 6-57 展示了成品拨出确认功能画面。

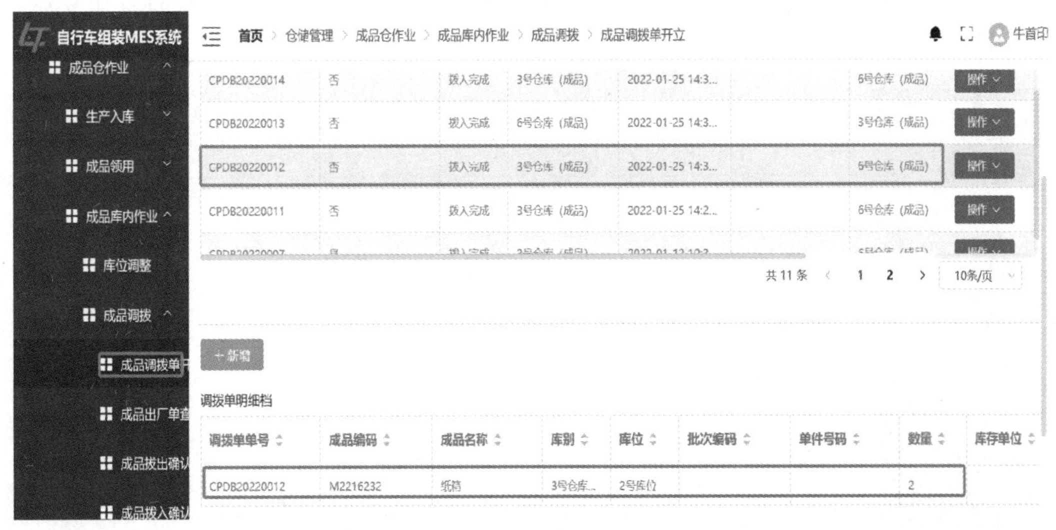

图 6-56　成品调拨单开立

图 6-57　成品拔出确认

5) 盘点作业

成品仓库盘点的做法和管理目的基本上与原料仓库盘点的一致。

下图 6-58 展示了免盘点成品管理功能界面，该功能用于维护不需要进行盘点的成品清单。在这个清单中，可以按照成品类别或具体的成品编码进行成品盘点维护。

图 6-58　免盘点成品管理

图 6-59 展示了盘点单开立功能界面，通过这个功能，可以按照管理规范(年中盘点、年末盘点)来开立成品盘点单。

图 6-59　(成品)盘点单开立

图 6-60 展示了盘点单确认功能界面。可以通过这个功能确认成品盘点单的数据是否正确。确认后，系统会将即将盘点的成品库存锁定，不可再进行成品的入库或出库作业。

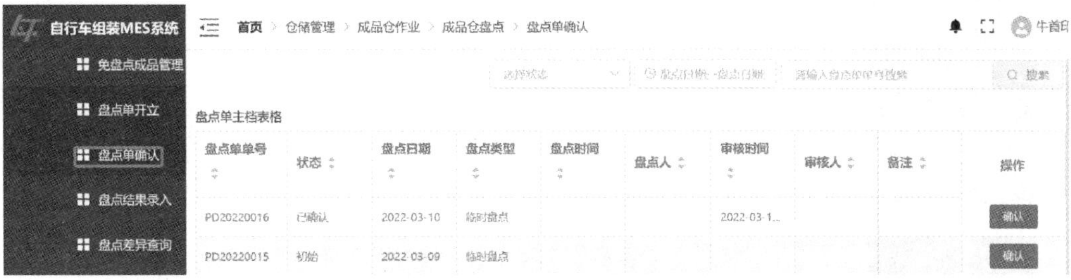

自行车组装MES系统　首页 > 仓储管理 > 成品仓作业 > 成品仓盘点 > 盘点单确认　牛首印

免盘点成品管理
盘点单开立
盘点单确认
盘点结果录入
盘点差异查询

盘点单主档表格

盘点单单号	状态	盘点日期	盘点类型	盘点时间	盘点人	审核时间	审核人	备注	操作
PD20220016	已确认	2022-03-10	临时盘点			2022-03-1...			确认
PD20220015	初始	2022-03-09	临时盘点						确认

图 6-60　(成品)盘点单确认

图 6-61 展示了盘点结果录入功能界面。在完成成品盘点(清点)后，可以在此界面录入实际盘点出的库存数量。系统将自动比对实际库存数量与系统之前的账面库存数量之间的差异。

图 6-61　(成品)盘点结果录入

6) 成品出货

成品出货的目的是按照客户的订单要求按时将高质量、足量的产品交付给客户，以满足客户的订单需求。成品出货是基于销售订单进行的。出货单开立后，成品仓库人员根据出货单进行备货和拣货。在装运发货时，系统会进行出货操作，从而相应地减少系统成品库存。

图 6-62 为销售订单管理的功能界面。该功能下的数据由销售人员维护，或者根据上层计划系统(如 ERP)同步数据。

图 6-63 为出货单开立的功能界面。销售人员根据销售订单信息在此处开立出货单，该出货单只有经过具有相应管理权限的人员审核确认后，方可进行出货操作。图 6-64 是出货单确认的功能界面，而图 6-65 是出货作业的功能界面。

图 6-62　销售订单管理

图 6-63　出货单开立

图 6-64　出货单确认

图 6-65　出货作业

7) 成品退货

当客户对收到的产品或服务不满意并需要进行退货时，售后人员可以在系统中开立退货单。退货单的开立必须基于出货单的存在，也就是说，只有存在出货记录才能进行退货操作。

图 6-66 展示了退货单开立功能的界面，售后人员可以在此功能下开立退货单。一旦退货单经过相应的管理者审核后，就可以进行退货入库操作，退货单审核功能界面如图 6-67 所示。

图 6-66　退货单开立

图 6-67　退货单审核

8) 库存调整

如果成品库存需要根据相应的订单或批次情况进行调整，可以使用库存调整功能。例如，在进行成品出货时，如果没有与该客户订单相关联的库存，或者工厂先以成品备库的方式将成品入库，那么在进行成品出货时就需要将没有订单关联的库存调整为与出货订单相关联的库存，或者将与其他订单相关联的库存调整为与该出货订单相关联的库存，这样才能确保系统中出货订单有库存(可供正常出货)。

库存调整功能的界面如图 6-68 所示。

图 6-68　库存调整

6.2.5　仓储报表

仓储报表是用来统计和分析仓库物料状态、仓库作业状况以及仓库作业数据的表格。一般来说，仓储报表可以查询三类内容：实时状态、操作记录和统计分析。在我们的自行车工厂案例系统中，我们列举了以下报表，但并不限于此。实际应用中，每家企业都可以根据自身需求，在报表中增加或减少相关内容。

A. 实时状态：库存查询、结存查询、呆滞料查询

B. 操作记录：变动明细查询

C. 统计分析：月度库存趋势

1) 原材料报表

原材料库存查询的功能界面如图 6-69 所示。

图 6-69　原材料库存查询

2) 成品报表

成品库存查询的功能界面如图 6-70 所示。

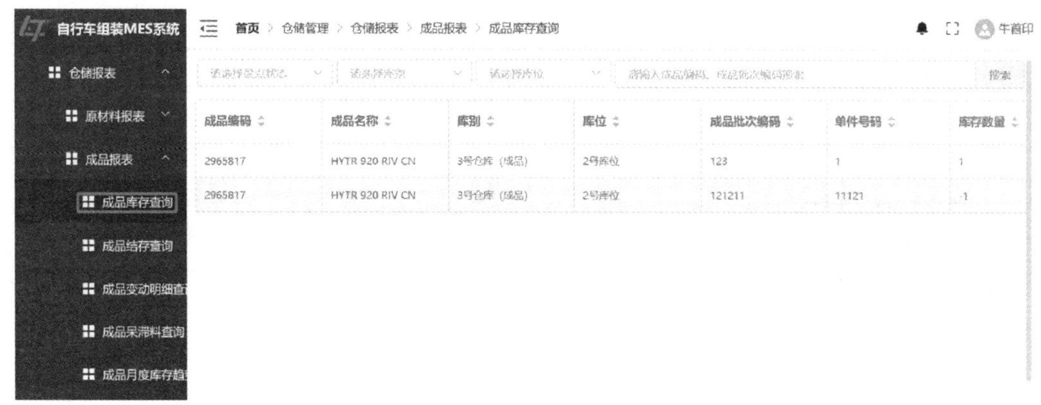

图 6-70　成品库存查询

成品月度库存趋势的功能界面如图 6-71 所示。

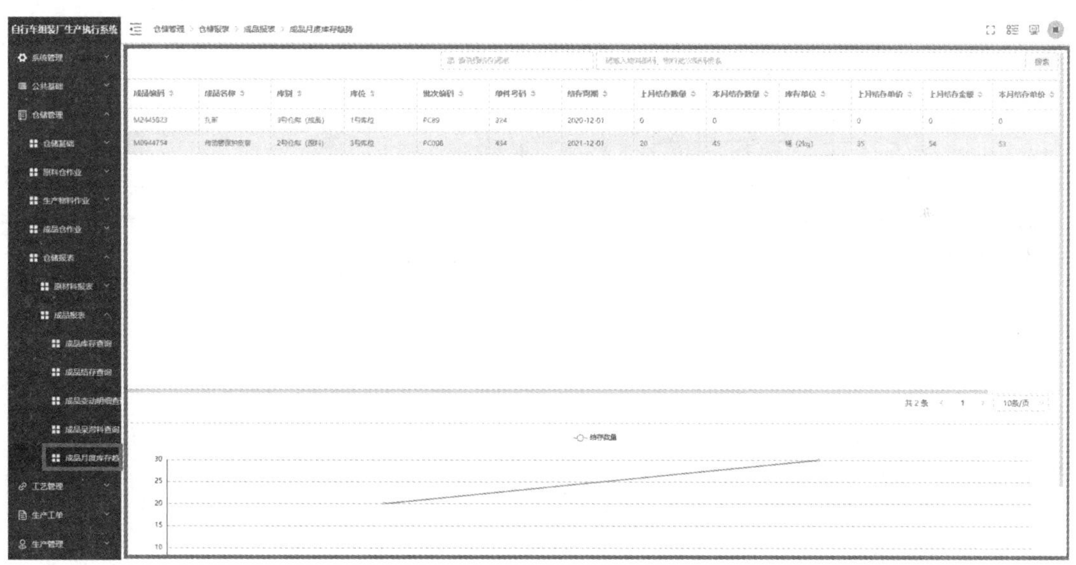

图 6-71　成品月度库存趋势

6.3 工艺管理

在本案例中，产品工艺管理涵盖了产品的工艺路线的确定和工序物料信息方面的管理。在生产过程中，需要根据设定的基础信息对物料备料、生产过站顺序和工序物料消耗等进行管理。在进行物料备料时，需要根据工艺设定的工序 BOM 中的物料明细和单位使用量建议来准备备料清单。在生产过程中需要按照工艺设定的生产路线顺序进行过站，否则系统会提示错误。如果采用自动耗料的方式来控制生产物料消耗，系统会根据所选产品工艺的标准自动维护消耗物料的明细和数量。

在本案例中，我们需要实现的工艺管理功能清单如表 6-4 所示，相应的工艺管理流程如图 6-72 所示。

表 6-4　工艺管理功能清单

模　块		二级目录		明　细		说　明
4	工艺管理	1	产品工艺	1	工艺组	设置工艺分组信息
				2	产品工艺	设置具体产品的工艺信息及其对应的工序信息

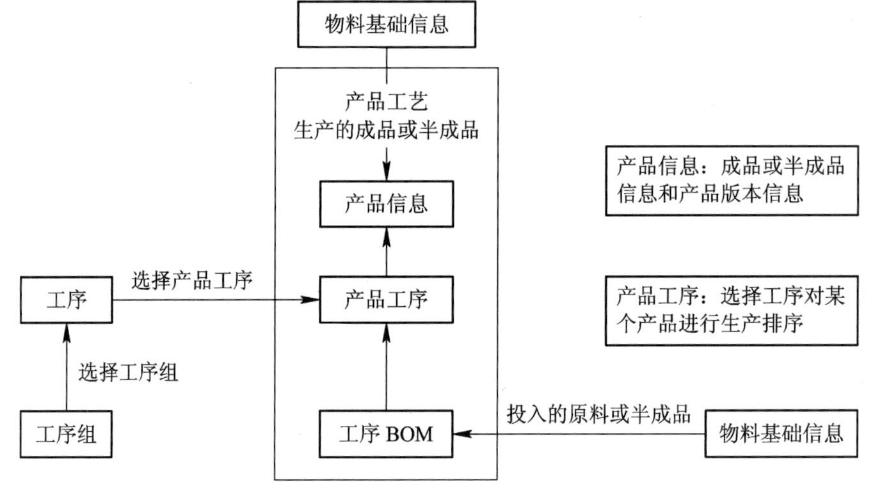

图 6-72　工艺管理流程

图 6-73 显示了产品工艺组(维护)的功能界面。通过创建工艺组，可以区分在不同产品生命周期的工艺，例如测试打样工艺、小批量试产工艺和产品量产工艺等。

图 6-73　工艺组(维护)

图 6-74 显示了产品工艺(管理)的功能界面。在这里，可以创建产品的工艺路线和维护工序 BOM 等信息。

点击“操作”按钮下的“工序”按钮，可以进行工序的维护。在该功能下，可以维护产品的工艺路线信息，并通过点击“新增”按钮添加新的工序。对于需要使用物料的工序，在操作按钮中点击“BOM”可以进入工序 BOM 维护画面(如图 6-74(b))。在该子界面中，可以维护相应工序的物料消耗信息。

(a) 产品工艺(路线创建)

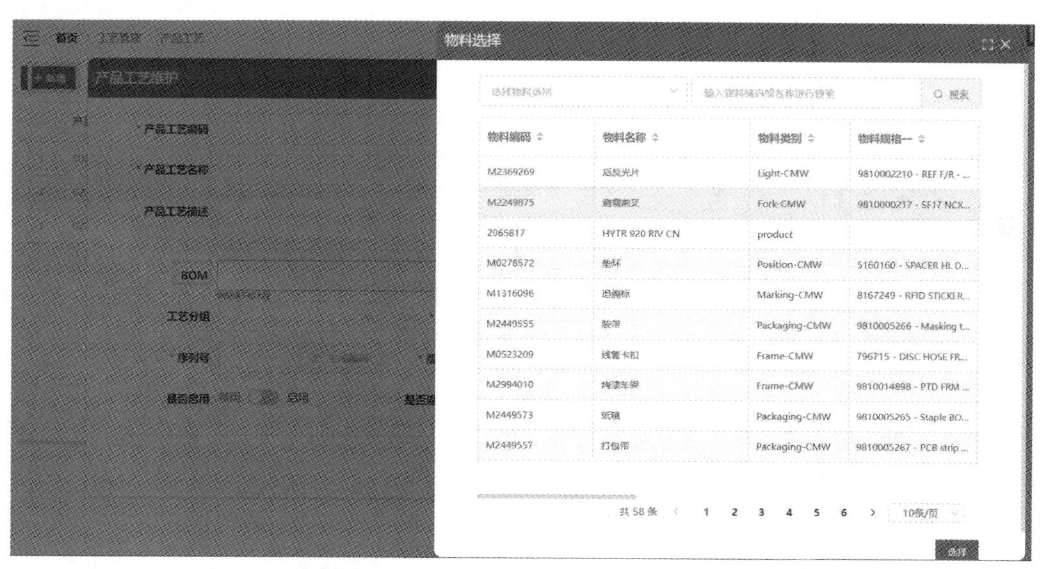

(b) 工序 BOM 维护

图 6-74　产品工艺(管理)

6.4 工 单 管 理

工单是生产现场的工作指令，计划部门向生产部门下达产品生产指令，这些指令为生产部门开展生产工作提供依据。通常，上层计划系统(如 ERP 或 APS 系统)会根据销售订单或备库计划生成生产主计划。生产主计划会根据生产部门的产能负荷进一步细化为生产日计划，确定后会生成相应的生产工单，并下达给指定的生产线或加工中心。生产现场根据生产工单进行领料和开展生产工作。一旦生产工单下达给产线或加工中心，通常不建议再进行调整，以免引起生产现场混乱。但在特殊情况下确实需要进行调整时，具有相应权限的管理者可以在指定的系统功能(如生产工单调整)中进行调整，不过建议尽量减少此类操作。为了方便生产部门了解一段时间内的工单排产情况，系统提供工单甘特图，用于展示已排产的工单，以便车间管理人员进行生产安排。

在本案例中，我们需要实现的工单管理功能清单如表 6-5 所示。工单管理流程如图 6-75 所示。

表 6-5　工单管理功能清单

模　块		二级目录		三级目录		明　细		说　明
5	工单管理	1	生产工单			1	生产工单维护	创建生产工单及生产工单批次的相关信息
						2	生产工单调整	在此页面对已下达和生产中的工单数量进行调整
						3	工单排定甘特图	工单排定甘特图显示工单排产计划

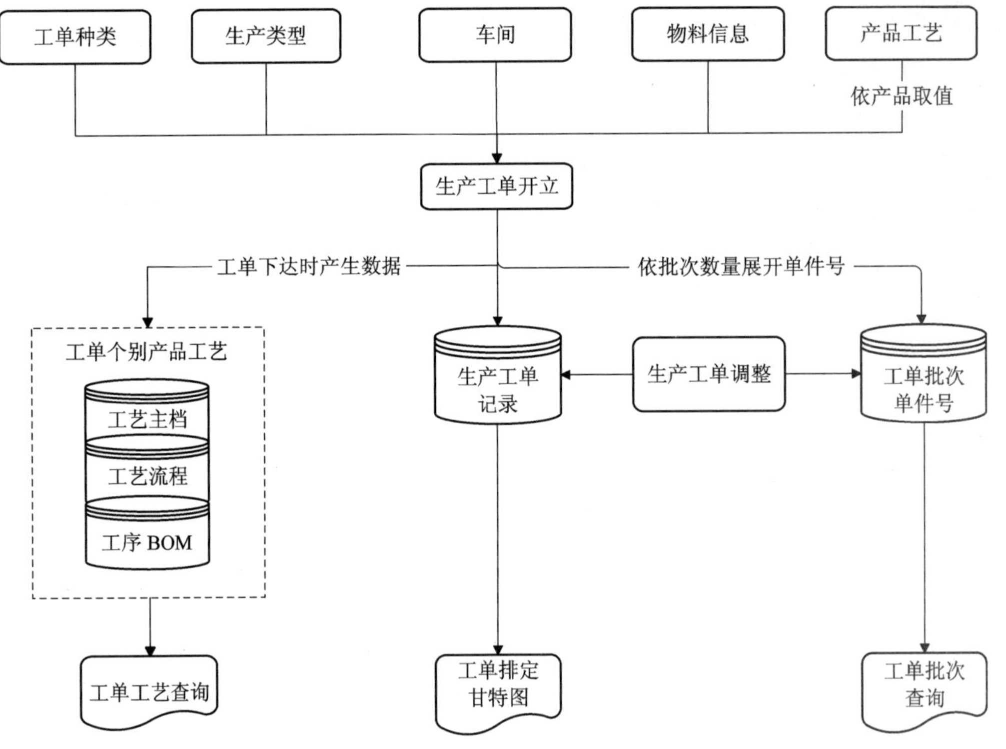

图 6-75　工单管理流程图

图 6-76 展示了生产工单(维护)功能界面，该功能用于维护生产工单或将其他计划系统中的工单数据同步到此系统。

图 6-76　生产工单(维护)

图 6-77 显示了(生产)工单排定甘特图功能界面。通过这个图形界面，可以方便地了解工单排产计划。

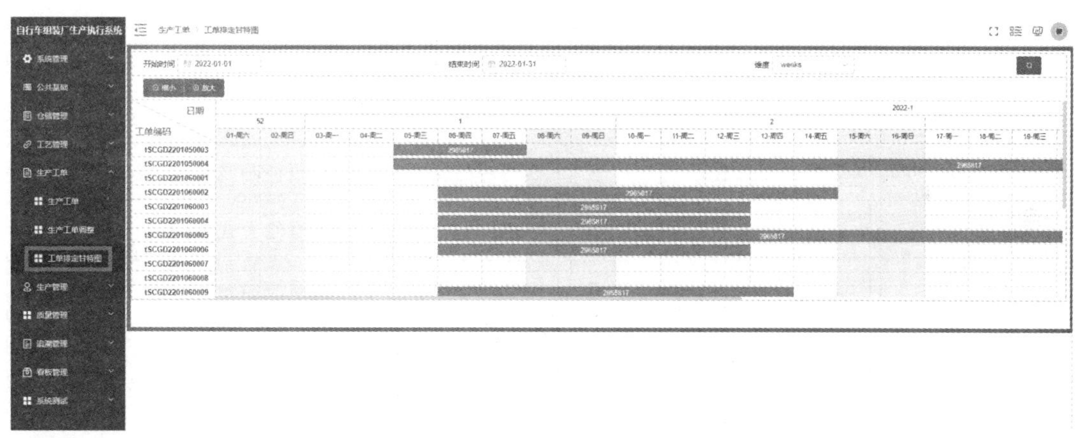

图 6-77　工单排定甘特图

6.5　生 产 管 理

制造执行系统(MES)的生产管理模块具备关键功能，主要用于数据采集。可以手动记录生产过程中的数据，也可以通过物联网技术实现设备连接以进行数据自动采集。后一种数据采集方式使整个生产过程数字化和透明化。基于这些数据，可以追溯产品生产过程中所使用的原材料品牌和批次信息，查明原材料入库时间，了解产品的工序，确认参与操作的工作人员以及相关设备的技术参数等。生产过程的透明化使潜在问题及时暴露，有效遏制问题的发生，从而防止产品质量问题和在萌芽阶段及时消除生产异常。同时，这些数据还可以帮助企业准确掌握生产进度以及工单级别的人工、物料消耗成本，为企业的生产经营决策提供可靠的数据支持。

在此案例中，我们需要实现的生产管理功能清单见表 6-6。

表 6-6　生产管理功能清单

模块		二级目录		三级目录		明细		说明
6	生产管理	1	车间建模			1	车间信息	设置车间基础信息
						2	产线信息	设置产线基础信息
						3	工序组	设置工序分组
						4	工序信息	设置工序具体信息
						5	工作站类型	设置工作站的类型
						6	工作站信息	设置工作站的基础信息
		2	生产作业	1	基础信息	1	生产类型	设置生产类型基础信息
						2	不良缺陷	设置不良缺陷基础信息
						3	不良等级	设置不良等级基础信息
						4	不良原因	设置不良原因基础信息
						5	责任归属	设置责任归属基础信息
						6	维修方式	设置维修方式基础信息
						7	系统命令码	设置系统命令码信息
				2	生产信息	1	过站	进行过站基本操作。选择对应班次、工序、工作站。扫描过站操作
						2	生产过站	过站生产分类
						3	检测过站	过站检测分类
						4	不良接收	过站出现不良情况时，进行不良接收作业
						5	不良维修	接收不良过站品后，进行维修相关操作
		3	包装作业			1	包装方案	设置包装方案信息。设置包装层数、件数等信息
						2	工单包装器容号	根据工单，选择对应工序及包装方案信息，对两者进行绑定，创建工单包装容器号

续表

模　块		二级目录		三级目录		明　细		说　明
6	生产管理	3	包装作业			3	工单包装	进行工单包装操作
						4	工单拆包	对已包装的工单，进行工单拆包操作
						5	包装报表	查询包装相关作业历史信息
		4	治具管理	1	治具基础	1	治具类型	设置治具类型基础信息
						2	治具来源	设置治具来源基础信息
						3	校验方式	设置校验方式基础信息
						4	报废原因	设置报废原因基础信息
				2	治具作业	1	治具台账	管理治具基础信息
						2	治具借出	对治具状态进行管理，提供治具借出管理
						3	治具归还	对治具状态进行管理，提供治具归还管理
						4	治具报废	对治具状态进行管理，提供治具报废管理
				3	治具保养	1	治具保养项目	设置治具保养项目的基础信息
						2	治具保养	在该页面进行治具保养操作，生成治具保养工单
						3	治具保养工单	根据开立的保养工单进行保养操作
						4	治具保养确认	对已完成保养的工单进行确认操作
				4	治具查询	1	治具查询	治具相关信息查询

1. 车间建模

车间建模是将车间的基础信息在系统中进行维护和设定，其中包括车间、生产线、工序、工作站等信息。

车间建模示意图(见图 6-78)。其中，BB 安装指自行车中轴安装。三合一指车把、前叉和前轮。

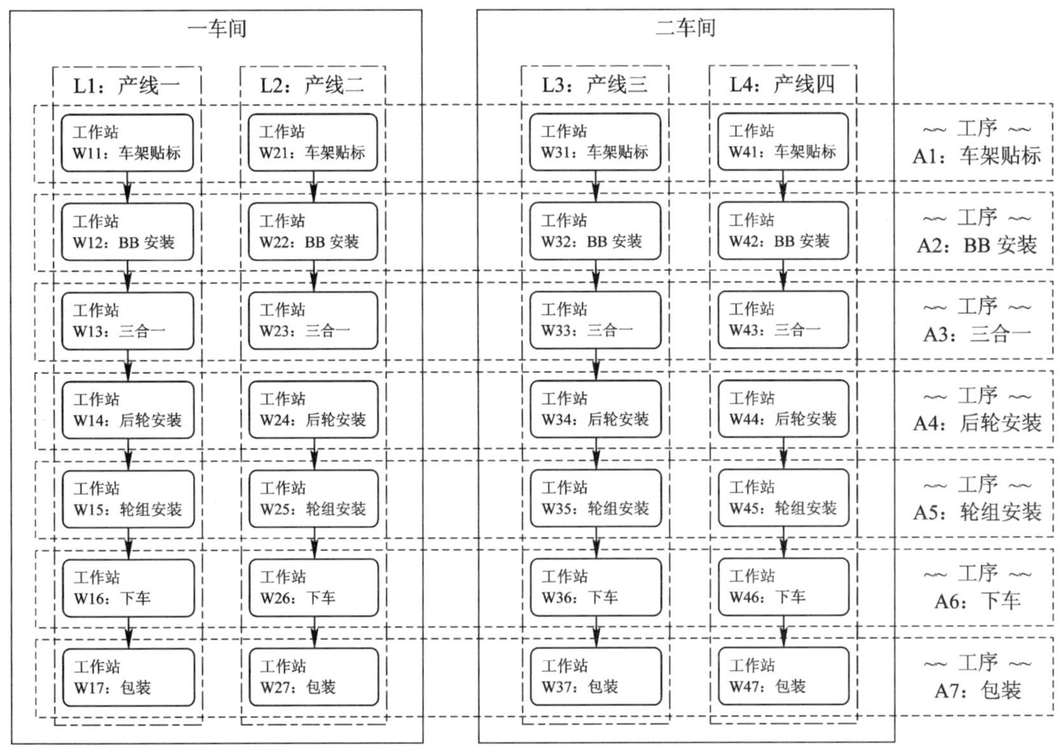

图 6-78　车间建模示意图

车间信息功能界面如图 6-79 所示，在此维护车间编码及车间名称。

	车间编码	车间名称	描述说明	是否启用	操作
1	WS001	生产一车间		启用	操作
2	WS002	生产二车间		启用	操作

图 6-79　车间信息

生产线信息功能界面如图 6-80 所示，在此维护生产线的信息，生产线应归属相应的生产车间。

	产线编码	产线名称	描述	归属车间	车间名称	是否启用	操作
1	ProLine2	生产线二		WS002	生产二车间	禁用	操作
2	ProLine1	生产线一		WS001	生产一车间	启用	操作

图 6-80　(生)产线信息

工序组功能界面如图 6-81 所示，工序组功能可将多个前后衔接的工序定义为一个分组，如将工序“车架贴标”“BB 安装”“三合一”“后轮安装”“轮组安装”“下车”“包装”定义为一个分组，工序组将其命名为“组装工序组”。

图 6-81　工序组

工序信息功能界面如图 6-82 所示，在此维护生产工序的基础信息。

	工序编码	工序名称	工序类型	工序组	启用状态	过站方式	描述说明	操作
1	GX_001	车架贴标	生产	组装工序组	启用	一次过站		操作
2	GX_002	BB安装	生产	组装工序组	启用	一次过站		操作
3	GX_003	三合一	生产	组装工序组	启用	一次过站		操作
4	GX_004	后轮安装	生产	组装工序组	启用	一次过站		操作
5	GX_005	轮组安装	生产	组装工序组	启用	一次过站		操作
6	GX_006	下车	生产	组装工序组	启用	一次过站		操作
7	GX_008	完工检验	检测	组装工序组	启用	一次过站		操作

图 6-82　工序信息

工作站类型功能界面如图 6-83 所示，该功能用于定义工作站的类型，例如，可以定义工作站为“正常”和“维修”。

图 6-83　工作站类型

工作站信息功能界面如图 6-84 所示，该功能用于维护工作站的信息，并将其归入相应的生产线和工序。

自行车组装MES系统

首页 > 生产管理 > 车间建模 > 工作站信息

生产管理
- 车间建模
  - 车间信息
  - 产线信息
  - 工序组
  - 工序信息
  - 工作站类型
  - 工作站信息
- 生产作业

+ 新增　　搜索

	工作站编码	工作站名称	工作站类型	使用打印机	归属产线	归属工序	是否启用	描述说明	操作
1	W00	测试	正常		生产线一	车架贴标	未启用		操作
2	W11	车架贴标	正常		生产线一	车架贴标	启用		操作
3	W12	BB安装	正常		生产线一	BB安装	启用		操作
4	W13	三合一	正常		生产线一	三合一	启用		操作
5	W14	后轮安装	正常		生产线一	后轮安装	启用		操作
6	W15	轮组安装	正常		生产线一	轮组安装	启用		操作
7	W16	下车	正常		生产线一	下车	启用		操作
8	W18	完工检测	正常		生产线一	完工检验	启用		操作

图 6-84　工作站信息

2. 生产作业

传统的生产作业执行存在许多问题，其中主要问题为，整个生产执行过程都是“黑箱操作”的，即缺乏对物料流转、工序完成情况、物料损耗以及人员和设备利用情况的清晰了解。人为的信息记录传递可能导致信息失真、冗余和虚假，进而导致信息混乱、效率低下、监督无力、合格率下降以及生产成本的增加。因此，生产过程信息化是实现智能制造的关键的、不可或缺的一步。

图 6-85 是生产作业功能所涉及的业务活动流程图。

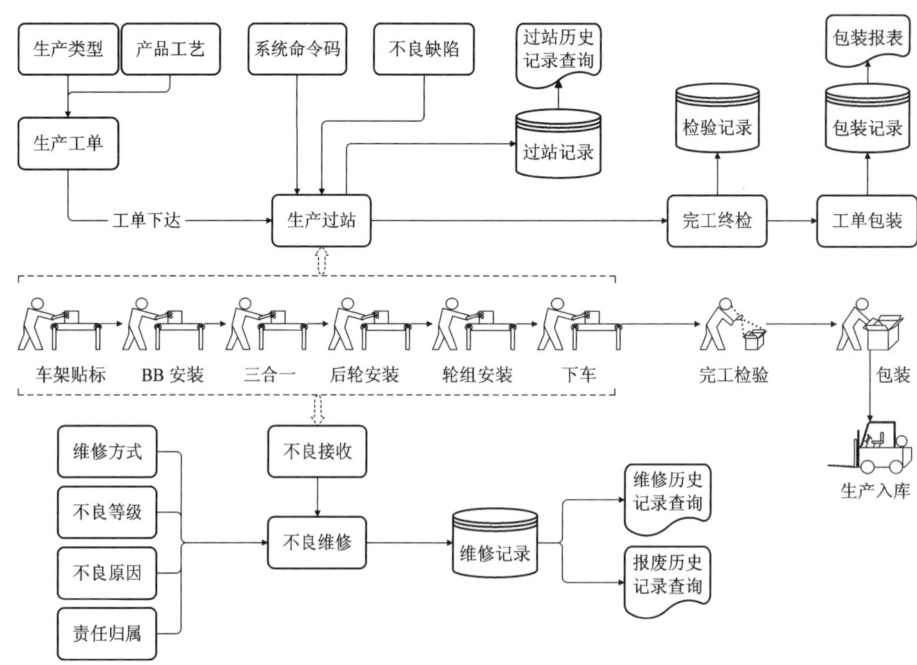

图 6-85　生产作业活动流程图

1) 基础信息

在使用生产作业功能时，需要引用一些基础信息。因此，在系统操作和运行生产作业功能之前，必须先定义和维护这些基础信息。

图 6-86 显示了生产类型功能界面，可以在此处定义生产类型，例如试产、量产。

图 6-86　生产类型(定义)

图 6-87 显示了不良缺陷功能界面，在该功能下维护的不良缺陷代码将在生产过程中的每个工站中被引用。

图 6-87　不良缺陷

图 6-88 展示了不良原因功能界面，在进行不良原因维护时需要引用不良原因代码。

原因代码	原因名称	原因描述	是否启用	操作
DR0004	原材料不良	原材料质量不合格	是	操作
DR0003	人为操作错误	人为操作错误导致零件损坏	是	操作
DR0002	设备故障	设备故障导致零部件损伤	是	操作
DR0001	治具异常	治具磨损，零件定位偏移。	是	操作

图 6-88　不良原因

图 6-89 展示了责任归属功能界面,在进行责任归属维护时需要引用(不良情况)责任代码。

图 6-89　责任归属

图 6-90 展示了维修方式功能界面，在进行维修方式维护时需要引用维修方式代码。

自行车组装MES系统　首页 > 生产管理 > 生产作业 > 基础信息 > 维修方式　牛首印

不良等级　不良原因　责任归属　维修方式　系统命令码　生产信息

+ 新增　　搜索

维修方式代码	维修方式名称	维修方式描述	是否启用	操作
RP0004	调试	重新测试调整	是	操作
RP0003	修复	修复划痕或清洁产品表面污损	否	操作
RP0002	换件	重新更换良品零部件	是	操作
RP0001	重装	将零件拆卸后重新装配	是	操作

图 6-90　维修方式

图 6-91 展示了系统命令码功能界面，当进行生产过站时，可以使用扫描的方式代替手动输入系统命令编码。为此，需要在系统中事先定义这些命令。由于命令由系统定义，用户只能在此功能下进行系统命令(编)码查询。

图 6-91　系统命令码

2) 生产信息

MES 系统的生产作业功能主要用于在生产过程中将“人、机、料、法、环”等信息与产出工单或产品的信息进行有机关联。为了实现信息的获取，我们可以通过“生产过站”“检测过站”“不良接收”和“不良维修”这 4 个功能来实现。物联网技术和条码技术帮助我们快速、方便、准确地采集生产过程中的生产信息。

图 6-92 展示了生产过站功能界面，该功能用于记录在各个生产组装工作站生产产品时产生的数据。这些数据包括产出的工单、产出的产品、操作人员、使用的设备、消耗的物料批次或单件号。如果有设备连线，还可以记录当前设备的运转参数。同时，如果产品存在不良缺陷，也可以记录当前产品的不良情况。

图 6-92　生产过站

图 6-93 展示了不良接收功能界面，当生产线上出现不良产品时，操作人员会报告这些不良信息，并将不良产品转移到维修工作站。维修工作站的操作人员可以使用该功能查看和接收已转移的不良产品。

图 6-93　不良接收

3. 包装作业

包装工序通常是生产流程的最后一个工序，一般在检验完成后进行。在进行包装作业之前，需要先设定每个产品的包装方案。例如，一辆自行车需要装在一个纸箱中，而 8 个纸箱放在一个栈板上。包装人员必须按照系统设定的方案进行操作，并且系统会记录每层包装容器的关联关系和包装数量。如果出现异常操作，系统会提示错误信息。

图 6-94 是包装作业功能所涉及的业务活动流程图。

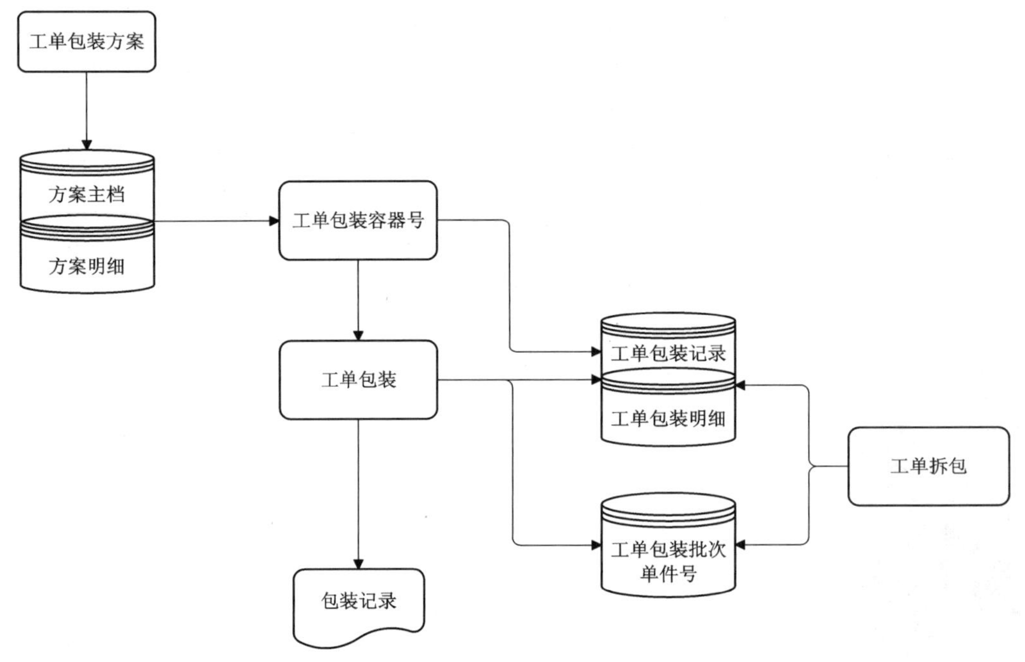

图 6-94　包装作业的业务活动流程图

图 6-95 展示了包装方案功能界面，该功能用于设定每种产品(物料)的包装方案，以指导包装工序的作业。

图 6-95　包装方案(设定)

图 6-96 显示了工单包装容器号的功能界面，通过该功能可以获取与工单相关的包装容器号。

图 6-96　工单包装容器号(设定)

图 6-97 展示了工单包装的功能界面，该功能用于记录工单包装的实际信息，或者记录工单中外层包装容器与内层包装容器之间的关联关系。

图 6-97　工单包装(信息)

图 6-98 展示了工单拆包功能界面，当需要拆分产品包装时，可以在此界面上进行相应的操作。

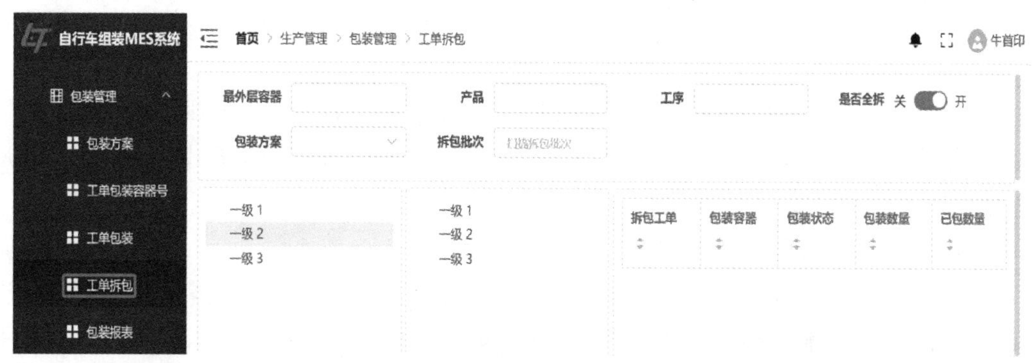

图 6-98　工单拆包

图 6-99 展示了包装报表的功能界面，用户可以在此界面查询工单包装的历史记录数据。

图 6-99　包装报表(查询)

6.6　质 量 管 理

质量管理保证了企业向客户提供的产品和服务的质量，支持实现企业品牌价值，可以确保企业与客户之间达成产品物有所值的心理契约。质量是企业的生命，反映了企业整体素质和综合实力。一个良好的质量管理系统能够帮助企业降低生产成本，并在从原材料到成品的整个生产过程中减少资源浪费、次品产生、不良品返工以及客户退货投诉，从而有效保障企业的利润。此外，一个良好的质量管理系统还可以提升企业的竞争力，因为只有提供有可靠质量的产品和服务，才能获得客户的认可并树立良好的企业品牌形象。

通过质量信息化系统，可以收集、整理和分析质量检验活动中的数据。基于这些质量数据，可以实现产品质量的可追溯性，预警质量异常情况，以图形化方式展示数据，并进行产品质量的改善分析。

企业的质量管理活动通常包括以下六个方面的工作：

(1) 进料检验，是指企业对购买的原材料或以其他方式获得的原材料(如厂商赠送)进行检验。根据检验标准判定原材料的合格性，如果合格，则进行正常入库操作；如果不合格，则需要进行退料、让步处理或报废等相关操作。具体的进料检验功能流程如图 6-100 所示。

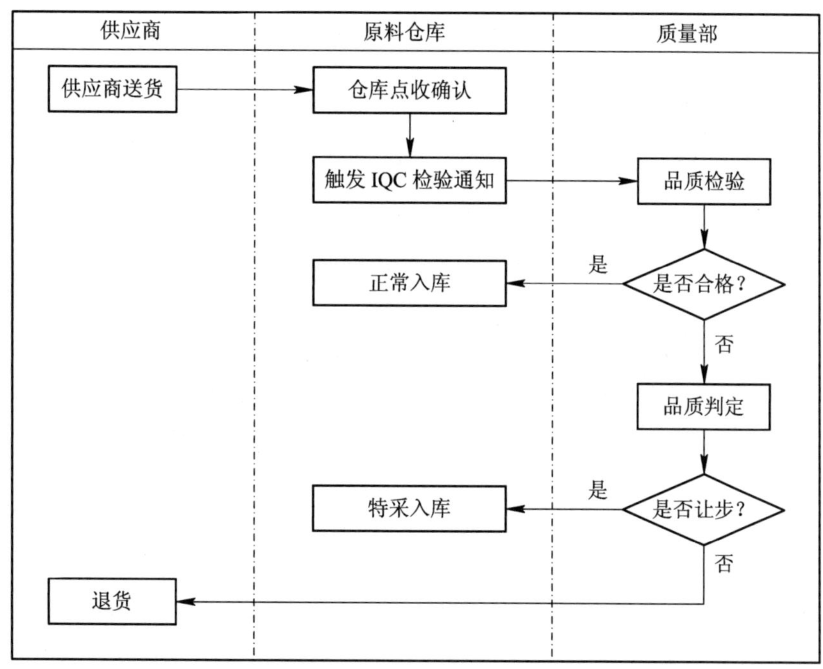

图 6-100　进料检验功能流程

(2) 首件检验，是指在新产品上线、更换产线或每个作业班次开工后，对首先生产出来的几个产品进行检验，以确认设备状态、用料配比和工艺参数是否正确。如果首件检验合格，就可以继续进行批量生产；否则需要进行生产调整。具体的首件检验功能流程如图 6-101 所示。

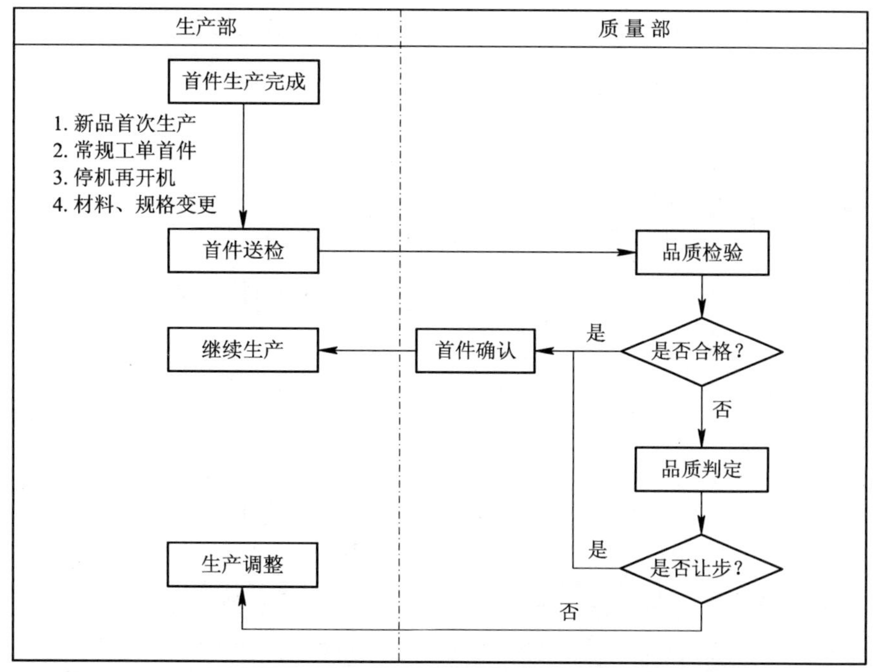

图 6-101　首件检验功能流程

(3) 过程检验，是指在生产过程中，针对固定的检验工序或达到所设定的标准阈值的生产工序，对其所产出的半成品或产品进行检验。其目的是实时了解产品在生产过程中的质量状态，以实现对产品质量的控制。只有在过程检验合格的情况下，产品才能进入下一道工序；否则，需要进行返修或报废处理。具体的过程检验功能流程如图 6-102 所示。

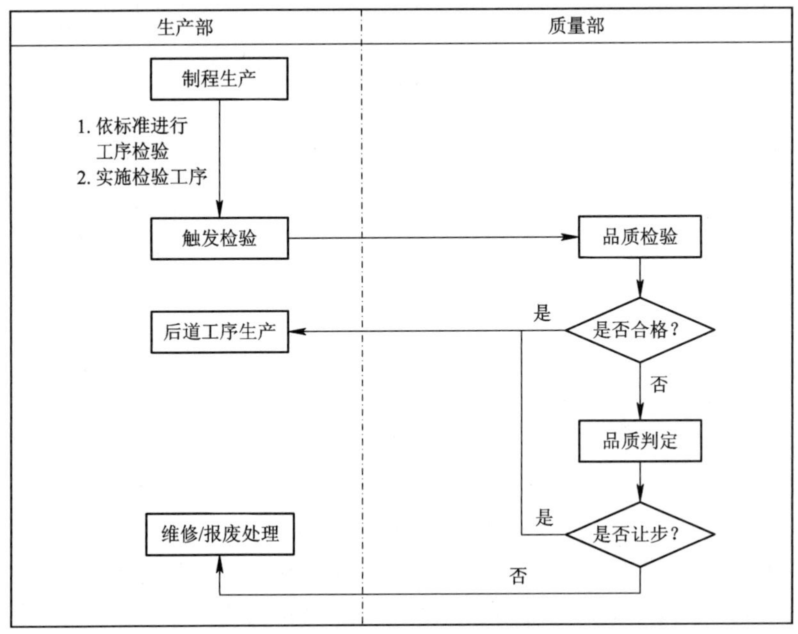

图 6-102　过程检验功能流程

(4) 巡检检验，是指在生产过程中定期或随机对产品进行检验，其目的是及时发现生产过程中的质量问题。若发现不合格品，应及时发出质量异常预警，并确保不合格产品不再流入下道工序。然而，巡检检验结果不能作为判断批量产品质量的依据。具体的巡检检验功能流程如图 6-103 所示。

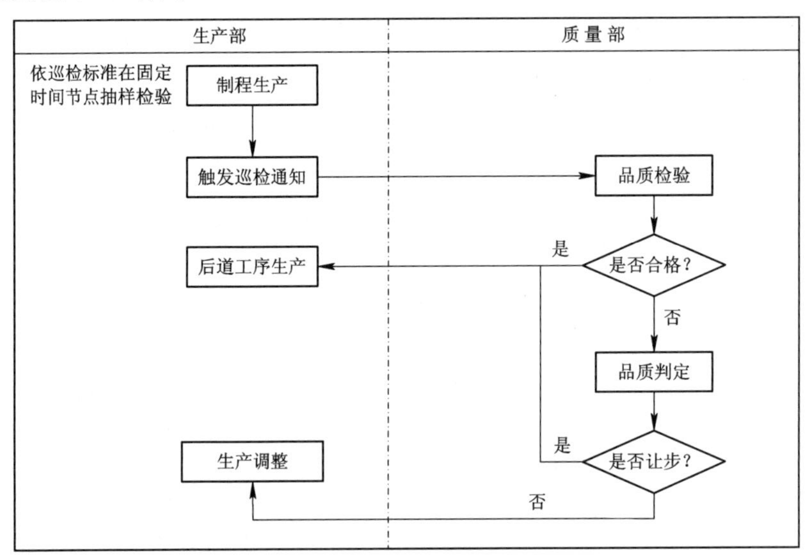

图 6-103　巡检检验功能流程

(5) 完工检验，是指在完成最后一道生产工序后进行的产品检验。只有在产品经过检验并合格后，才可以将其正常拨入成品库；如果检验结果不合格，需要进行相应的处理，如维修或报废。完工检验是验证产品是否符合设计规范的最后一道工序，是质量管理活动中的重要环节。具体的完工检验功能流程如图 6-104 所示。

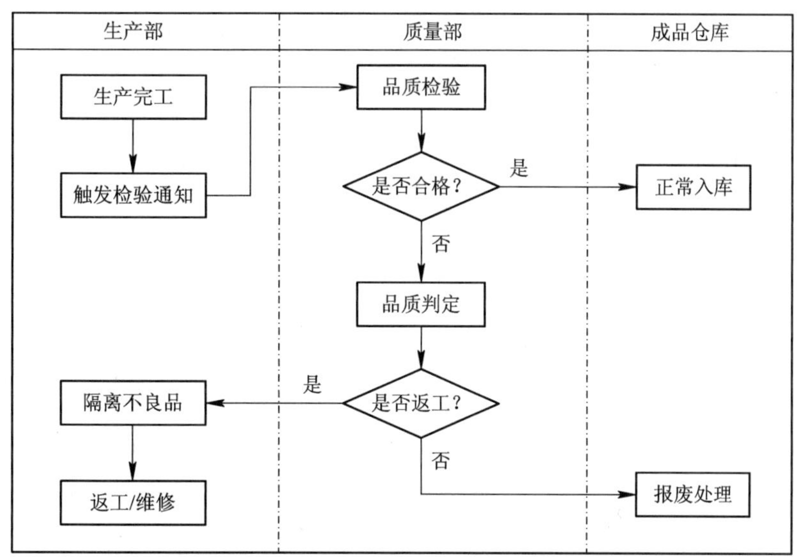

图 6-104　完工检验功能流程

(6) 出货检验，是指将产品出货给客户之前进行的检验，旨在确保出货产品能够满足客户的质量要求。通常，出货检验采用抽样检查的方式进行。只有在产品经过检验并合格后，才可以正常出货；否则，不可将产品出货给客户，以避免客户投诉，从而对企业造成经济和信誉方面的损失。出货检验的功能流程如图 6-105 所示。其中，OQC 表示出货品质检验，PO 表示正式订单。

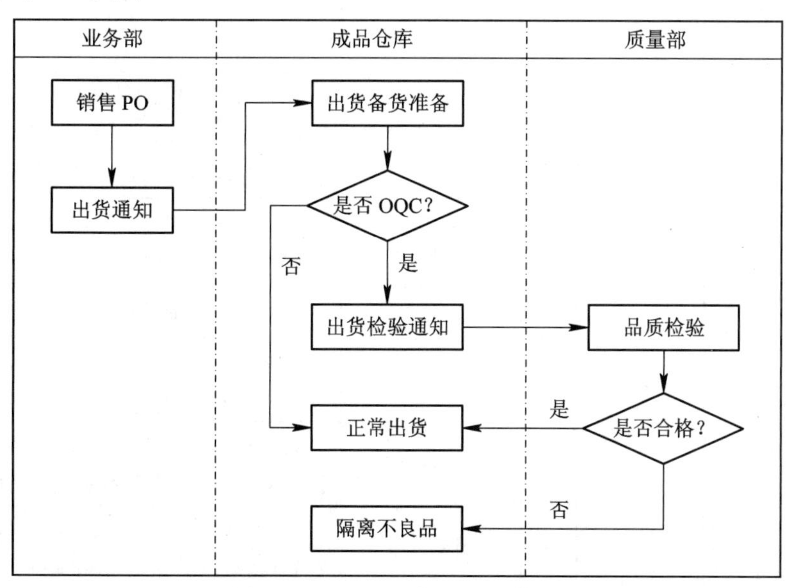

图 6-105　出货检验功能流程

本章案例中，我们需要实现的质量管理功能清单如表6-7所示，质量检验流程如图6-106所示。

表6-7　质量管理功能清单

<table>
<tr><th colspan="2">模　块</th><th colspan="2">二级目录</th><th colspan="2">明　细</th><th>说　明</th></tr>
<tr><td rowspan="12">7</td><td rowspan="12">质量管理</td><td rowspan="2">1</td><td rowspan="2">品质设定</td><td>1</td><td>品质属性设定</td><td>在此功能下维护品质管理所使用的属性代码。属性代码类别有：检验项目类别、缺陷等级、责任归属、处理方式</td></tr>
<tr><td>2</td><td>检验类型设定</td><td>在此功能下维护企业所涉及的品质检验类型。检验类型大类：A．进料检验；B．过程检验；C．巡检检验；D．成品检验；E．出货检验；F．首件检验</td></tr>
<tr><td rowspan="5">2</td><td rowspan="5">抽样标准</td><td>1</td><td>样本设定</td><td>在此功能下维护品质管理使用到的AQL(可接受质量水平)样本设定，用于后续查找相应AQL规则所对应的标准</td></tr>
<tr><td>2</td><td>等级设定</td><td>在此功能下维护品质管理使用到的等级设定，设定相应物料的检验标准(对应检验类型中的取样数执行)</td></tr>
<tr><td>3</td><td>AQL设定</td><td>在此功能下维护品质管理(物料检测)使用到的AQL设定规则，设定相应物料在不同缺陷等级及宽严度水平下的AQL值，方便质量检验时查找相应标准信息</td></tr>
<tr><td>4</td><td>宽严度设定</td><td>在此功能下维护品质管理(物料检测)使用到的宽严度设定，设定相应物料在检验类型下的宽严度水平，方便质量检验时查找相应标准信息</td></tr>
<tr><td>5</td><td>等距抽样设定</td><td>在此功能下维护品质管理(物料检测)使用到的等距抽样设定，设定对物料进行等距抽样时的相应标准信息</td></tr>
<tr><td rowspan="5">3</td><td rowspan="5">检验标准</td><td>1</td><td>缺陷设定</td><td>在此功能下维护品质管理使用到的缺陷代码</td></tr>
<tr><td>2</td><td>检验项目</td><td>在此功能下维护检验项目及对应的缺陷</td></tr>
<tr><td>3</td><td>检验标准设定</td><td>在此功能下维护检验标准，及其包含的检验项、检验项的标准值等</td></tr>
<tr><td>4</td><td>检验规程</td><td>在此功能下维护产品类别或对产品进行不同类型检验时用到的检验规范及检验标准</td></tr>
<tr><td>5</td><td>预警设定</td><td>在此功能下针对系统异常，设定通知定义、通知内容及通知的E-mail账号</td></tr>
</table>

续表

模块		二级目录		明细		说明
7	质量管理	4	检验作业	1	检验单开立	当物料需要送检时在此功能下开立检验单
				2	检验单审核	检验单开立后在此功能下对其进行审核
				3	取样标签打印	检验单开立后，在此功能下打印相应的标签
				4	检验单录入	检验单送检后，在此录入检验结果
				5	不合格判定输入	若产品的批次综合判定结果为不合格，则需要在此功能下输入“不合格数量”“责任归属”“处理方式”等判定信息
		5	品质报表	1	检验单查询	在此功能下依照查询条件查询检验单信息
				2	单项检测值趋势统计	依照查询条件，查询检验记录中的一个单项数字型检验值数据，并以此份数据生成产品的时间推移趋势图
				3	合格率统计查询	依照查询条件，查询检验单合格率数据，并以折线图呈现产品(或产品类)的时间推移趋势图

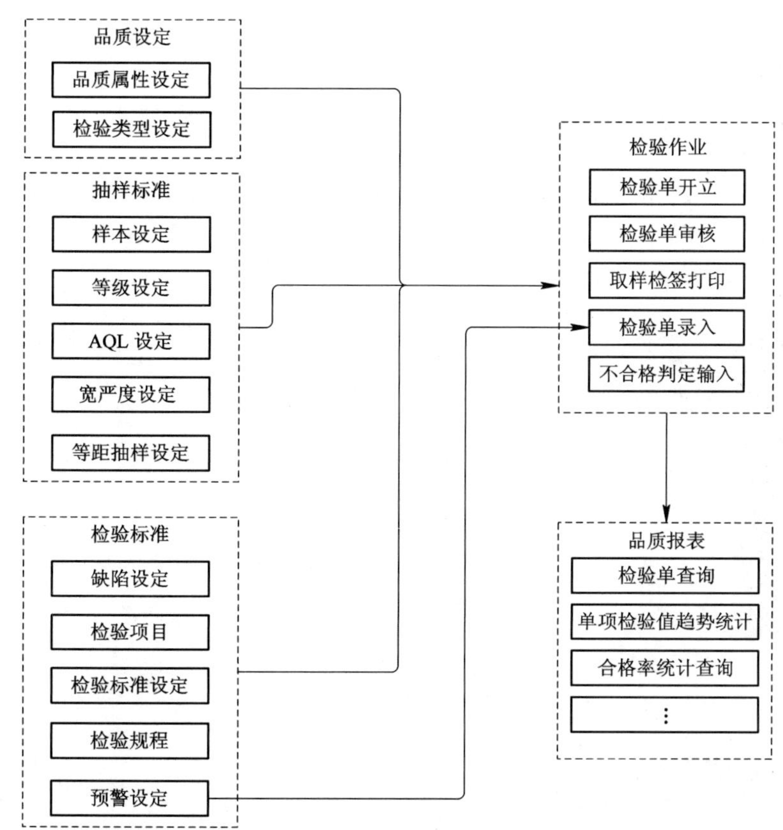

图 6-106　质量检验流程图

6.6.1 品质设定

在实施质量管理系统前，首先需要定义一些基础信息的编码和名称，以支持后续系统功能调用。

(1) 如图 6-107 所示，进行品质属性设定时，需要定义检验标准所引用的“检验项目类别”“检验工具”，以及检验不合格时所引用的“缺陷等级”“责任归属”“处理方式”等基础信息的编码和名称，据此，采用统一的编码规范以便后续数据分析。

图 6-107　品质属性设定

(2) 检验类型设定如图 6-108 所示，在此用户可根据管理需求定义检验的类型。不过，检验类型所属的大类是由系统预设的，如进料检验、过程检验、巡检检验、完工检验、出货检验、首件检验等。

图 6-108　检验类型设定

6.6.2 抽样标准

在本次自行车组装工厂案例中，检验单开立时，首先要确定检验样品的抽样方式及数

量。以下提供了 5 种常见的抽样方式，分别是 AQL 抽样、等距抽样、固定比例抽样、固定数量抽样、全检等。对于 AQL 抽样和等距抽样这两种方式，需要依据相应的历史数据，由系统自动计算抽样样本数量及合格标准。

1) AQL 抽样

AQL(Acceptance Quality Limit)指可接收质量水平，当检验的标的是一系列连续的检验批次时，采用标准的抽样计划，主要目的是当批次产品质量处于 AQL 接收值以内时，判定这批检验的标的可以以较大可能被接收。如图 6-109 所示的是样本设定界面，在此界面中可以根据 GB/T 2828.1—2012 标准设置不同样本规模及其对应的 AQL 值。

样本字码	样本依据	样本数量	0.010Ac	0.010Re	0.015Ac	0.015Re	0.025Ac	0.025Re	0.040Ac	操作
A	A	2	0	1	0	1	0	1	0	操作
B	B	3	0	1	0	1	0	1	0	操作
C	C	5	0	1	0	1	0	1	0	操作
D	D	8	0	1	0	1	0	1	0	操作
E	E	13	0	1	0	1	0	1	0	操作
F	F	20	0	1	0	1	0	1	0	操作
G	G	32	0	1	0	1	0	1	0	操作
H	H	50	0	1	0	1	0	1	0	操作

图 6-109　样本设定

图 6-110 显示的是等级设定界面，在此界面中可以根据检验类型和物料类别设置不同检验批次的样本规模。

图 6-110　等级设定

图 6-111 显示的是 AQL 设定界面，在该界面中可以根据检验类型和物料类型，为三种宽严度水平设置不同的 AQL 值。

图 6-111　AQL 设定

图 6-112 显示的是宽严度设定界面，如果采用 AQL 抽样方法，可以在该界面设置符合检验合格标准的宽严度调整条件。

比如对于 150 个飞轮的进料，正常状态下的进料检验采用“一般标准”，对应的样本字码是“F”，由等级设置界面可知，样本规模为 20，在 AQL 设定界面设置的不同 AQL 值，包括次要缺陷 4(Re2，Ac3)、主要缺陷 1.5(Re1，Ac2)、严重缺陷 0.65(Re0，Ac1)，这意味着对于这批 150 个飞轮的进料，需要抽取 20 个样本进行检验，当发生 3 个以上次要缺陷、2 个以上主要缺陷或者 1 个以上严重缺陷，本批次就判定为不合格，反之才判合格。如果连续 5 批次检验均合格，则采用“宽限标准”；若发生批次检验不合格，就恢复到“一般标准”；若连续 2 批次检验都不合格，则采用“加严标准”；若发生一批次检验合格，就恢复到“一般标准”。若批次数量小于等于“8”，则采用“全检”。

自行车组装MES系统　首页 > 质量管理 > 抽样标准 > 宽严度设定　牛首印

样本设定 / 等级设定 / AQL设定 / 宽严度设定 / 等距抽样设定

+ 新增　检验类型　物料类别　物料名称　搜索

检验类型	物料类别	物料编号	物料名称	宽放数量	加严数量	全检最小数	备注	操作
原料进料检	传动	M2865383	飞轮	5	2	8		操作
原料进料检	原料			3	2	8		操作

图 6-112　宽严度设定

2) 等距抽样

如果选择的采样方法是“等距抽样”，则需要根据该界面所设置的标准计算抽样样本量。图 6-113 显示的是等距抽样设定界面，该界面所设置的标准表明对“车轮反光片”这种物料进行检验时，1000 个取样 8 个，1001～2000 个取样 16 个。

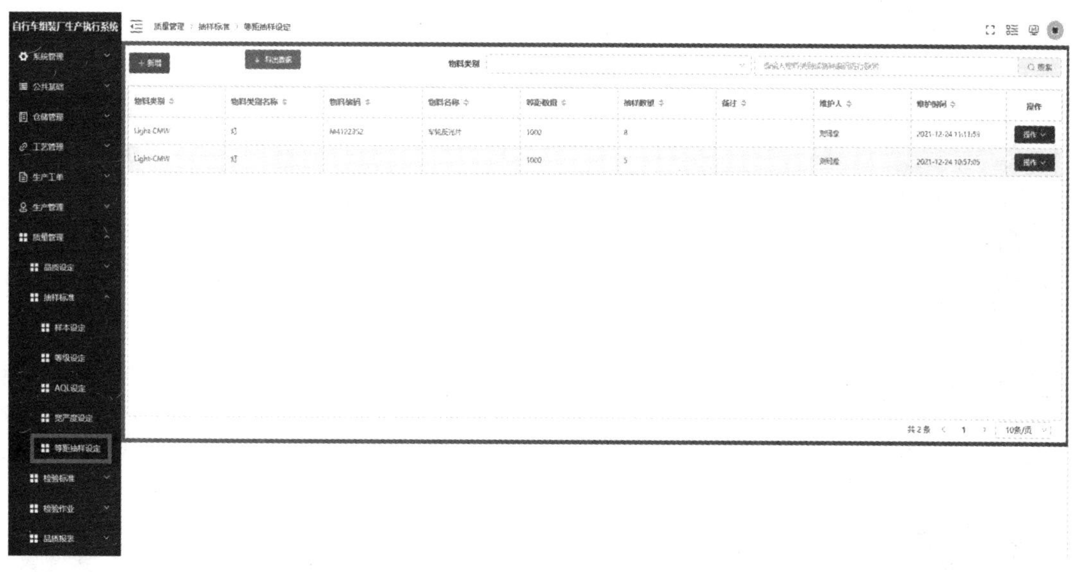

图 6-113　等距抽样设定

6.6.3　检验标准

检验标准是指检验工作过程中需要遵循的程序和内容标准，它用来评估检验对象是否符合质量要求。本界面定义了各种物料在不同检验类型下对应的检验项目和合格标准，并确定相关的缺陷代码。

图 6-114 展示了缺陷设定界面，可以在此设定检验过程中的各种缺陷对应的代码。缺陷代码需要根据检验项目类别分别维护和使用。

图 6-114　缺陷设定

图 6-115 展示了检验项目(维护)界面，可以在此维护检验标准下的各种检验项目和对应的缺陷代码。

图 6-115　检验项目(维护)

图 6-116 是检验标准设定功能界面，该界面用于保存不同物料对应的检验项目和合格标准，记录每种物料需要检验的项目以及其合格标准的详细内容。

图 6-116　检验标准设定

图 6-117 用于保存不同物料对应的检验标准以及其适用的抽样方式(即检验规程)，其中可以针对每种物料和其对应的检验类型设置唯一的检验标准。

图 6-117　检验规程

图 6-118 是预警设定功能界面，当物料检验发生不合格时，在此可以维护发出通知邮件(E-mail 或 mail)的账号信息和内容。

图 6-118　预警设定

6.6.4　检验作业

标准化检验流程会根据物料类别匹配对应的检验项目和检验标准。它还会实时记录检验过程中的检验数据，作为后期撰写质量分析报告的基础。同时，它能够自动与其他系统连接。例如，与仓储系统连接后可以自动触发系统来产生进料检验单；与生产系统连接后也可以在工单完成或达到一定批次时自动触发系统来产生完工检验单。最后，如果检验结果不合格，还需要记录不合格数量、责任方和处理方法。

图 6-119 为检验单开立功能界面。当物料入库或产品完工入库时，或者在产品交接检验阶段，它将记录检验结果数据和评估结果。此外，点击“操作”按钮中的“查看”按钮，将弹出检验单号子界面，在此界面可以查看该标准下的检验单的具体内容。

图 6-119　检验单开立

图 6-120 为检验单审核功能界面。如果是新产品/物料，则生成的报表经主管审核后，才可以在系统录入检验数据。如果报表有错误，主管应退回制单人修改。是否为新品，即是否首次检验，由制单人选择。

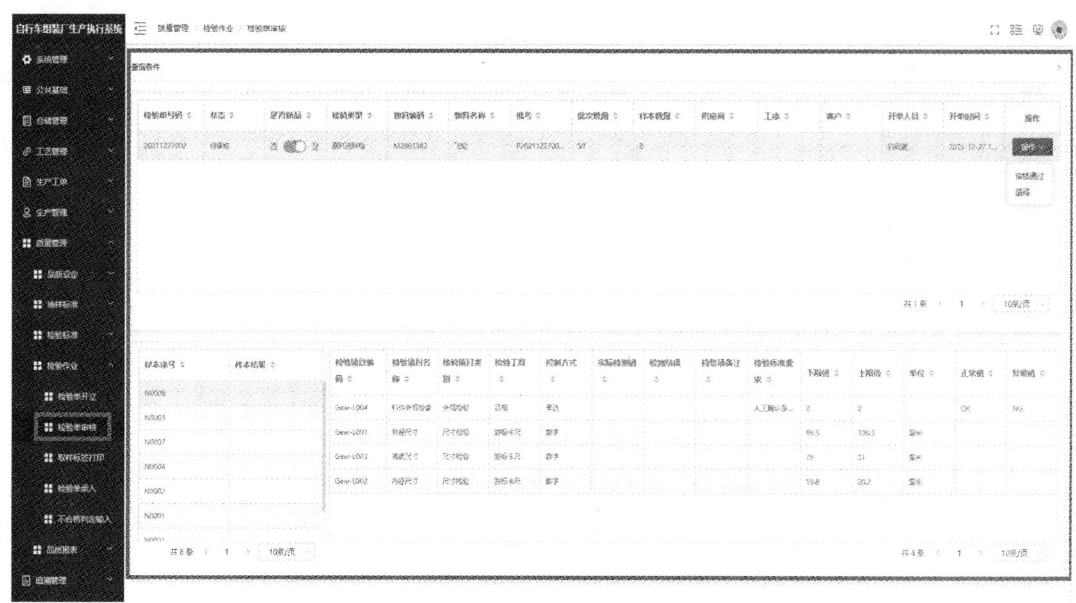

图 6-120　检验单审核

图 6-121 是取样标签打印功能界面，检验单开立后，若需要打印样本标签，则可以在此功能下进行打印。

图 6-121　取样标签打印

图 6-122 为检验单录入功能界面。在此功能下记录各种检验项目的实测结果，系统将自动判断其是否达标，即是否合格。如果达标，系统将自动将该份表单状态设置为完成；相反地，如果不达标，该份表单将提交到不合格判定输入界面，只有输入判定结果，才能完成检验表数据的录入。

图 6-122　检验单录入

在检验单录入功能界面中，点击“宽严度”可以展开子界面，该子界面如图 6-123 所示。如果该份报表采用 AQL 抽样方法，可以在图 6-123 中查看三种非合格等级(严重、主要、次要)目前分别出现的次数。

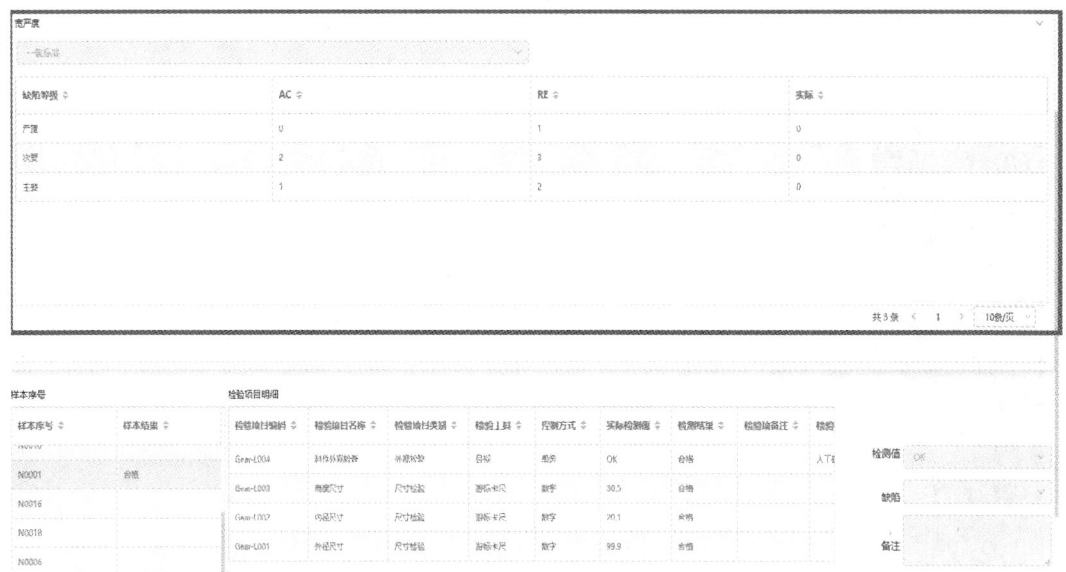

图 6-123　宽严度

6.6.5　品质报表

系统可以收集并保存所有的检验单数据，供随时查询分析。图 6-124 是检验单查询功能界面，检验单查询功能可供查询所有检验单的相关资料，以供追溯历史数据。

图 6-124　检验单查询

图 6-125 是单项检测值趋势统计功能界面，可用于分析单个项目的数据值变化趋势。

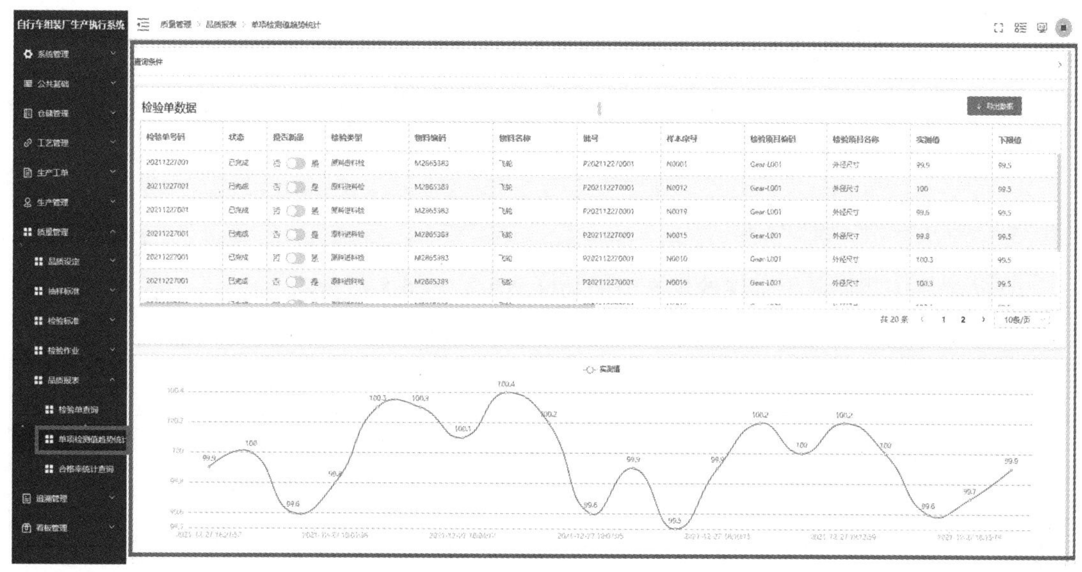

图 6-125　单项检测值趋势统计

图 6-126 是合格率统计查询功能界面，在此功能下可以依条件查询出检验单的合格率情况。

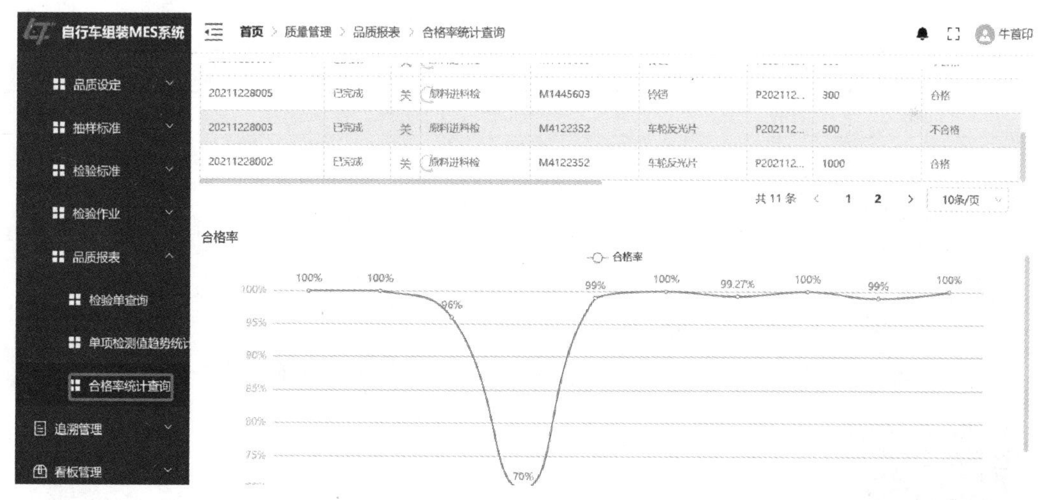

图 6-126　合格率统计查询

6.7　生 产 追 溯

生产追溯的目的是：当企业生产的产品发生质量问题时，企业可以快速、准确地定位问题产品位置，并确认可靠信息，锁定召回范围以降低成本。系统通过收集材料的采购、入库、领用的信息，以及产品生产、加工及人员、设备等信息可实现产品生产过程的可追溯。通过分析产品与其成分的关系，追溯产品批次信息，以确定缺陷产品并找出原因，进而召回。生产追溯分为正追溯和逆追溯，可帮助实现从原料到产品的全过程管理。

6.7.1 生产追溯功能清单

在此案例中我们需要实现的生产追溯功能清单如表 6-8 所示。

表 6-8　生产追溯功能清单

<table>
<tr><th colspan="2">模　块</th><th colspan="2">二级目录</th><th colspan="2">明　细</th><th>说　明</th></tr>
<tr><td rowspan="7">8</td><td rowspan="7">追溯管理</td><td rowspan="5">1</td><td rowspan="5">查询报表</td><td>1</td><td>报废历史查询</td><td>依照查询条件查询符合条件的报废数据</td></tr>
<tr><td>2</td><td>维修历史查询</td><td>依照查询条件查询符合条件的维修数据</td></tr>
<tr><td>3</td><td>过站历史查询</td><td>依照查询条件查询符合条件的生产过站数据</td></tr>
<tr><td>4</td><td>工单批次查询</td><td>在此功能下查询工单所包含的生产批次数据</td></tr>
<tr><td>5</td><td>工单工艺查询</td><td>在此功能下查询工单排产时相应的产品工艺，即工单生产所依据的产品工艺</td></tr>
<tr><td>2</td><td>正追溯查询</td><td></td><td>正追溯查询</td><td>以原料、工单为源头查询关联的半成品、成品及生产过程中涉及的设备、人员等信息</td></tr>
<tr><td>3</td><td>逆追溯查询</td><td></td><td>逆追溯查询</td><td>以产品为条件查询关联的原料、半成品及投入的设备、人员信息</td></tr>
</table>

6.7.2 查询报表

在实际生产数据追溯过程中，需要查询的相关信息主要包括不同阶段信息(如过站、维修、报废)和工单信息(如工艺、批次)。

过站历史查询功能界面如图 6-127 所示，可以在此查询符合条件的生产过站数据。

图 6-127　过站历史查询

图 6-128 展示了维修历史查询功能界面，可以在此检索满足条件的维修记录。

图 6-128　维修历史查询

图 6-129 展示了报废历史查询功能界面，可以在此检索满足条件的报废记录。

图 6-129　报废历史查询

图 6-130 展示了工单批次查询功能界面，可以在此检索满足条件的生产批次数据。

图 6-130　工单批次查询

图 6-131 展示了工单工艺查询功能界面，可以在此检索满足条件的产品工艺。

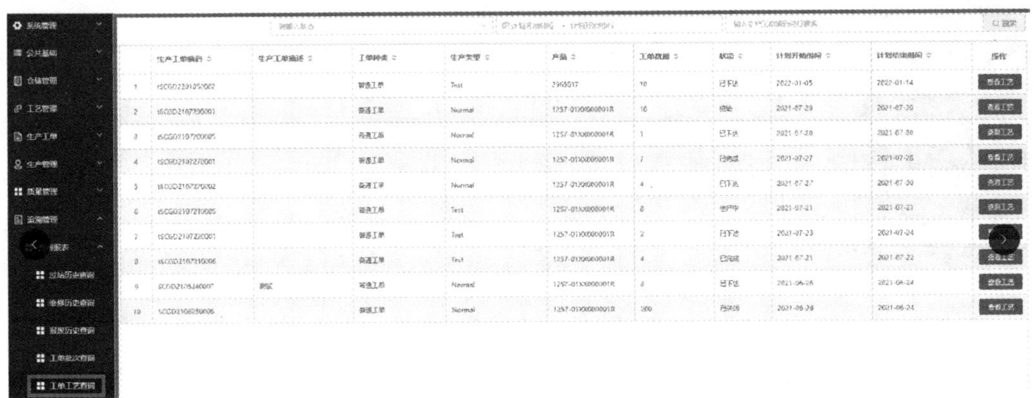

图 6-131　工单工艺查询

思　考　题

1. 完成各大模块软件功能测试。
2. 参考软件系统，完成各大模块工艺流程图的设计。

拓 展 篇

考虑到不同行业、不同企业对 MES 的系统功能的需求有差异，企业在实施制造执行系统的时候要充分认识到这一点，深入分析自身的个性化需求，从而根据需求研发并定制 MES 的系统功能。

本篇列举几个行业的制造执行系统功能清单，以便大家了解 MES 在不同行业应用的功能差异。

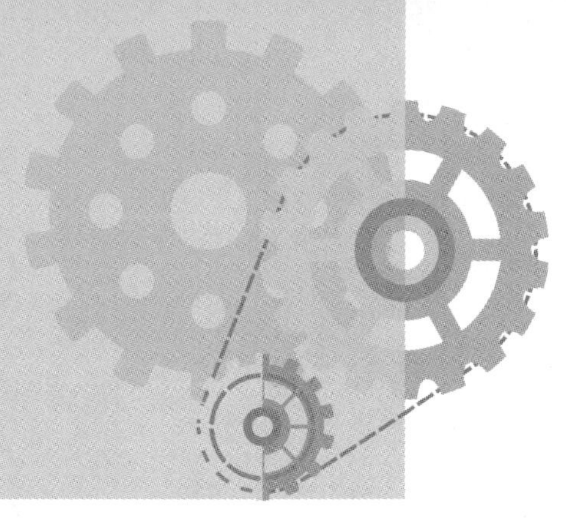

第 7 章

SMT 与机加工的制造执行系统

7.1 SMT 行业的制造执行系统

应用制造执行系统时，应首先考虑工艺流程。工艺流程亦称加工流程或生产流程，指通过一定的生产设备或管道，从原材料投入到成品产出，按顺序连续进行加工的全过程。工艺流程是由工业企业的生产技术条件和产品的生产技术特点决定的。一个完整的工艺流程通常包括若干道工序。比如镶贴砖石工程中，一般要经过拌合砂浆、砖块浸水、打底、贴砖、平缝、表面清扫等工艺过程。可见，工艺流程的基本内容，就是工人利用劳动工具，改变劳动对象的形状、大小、位置、成分、性能等，使其成为预期产品。电子组装(包括 SMT 表面贴装技术)工艺拓扑图如图 7-1 所示。

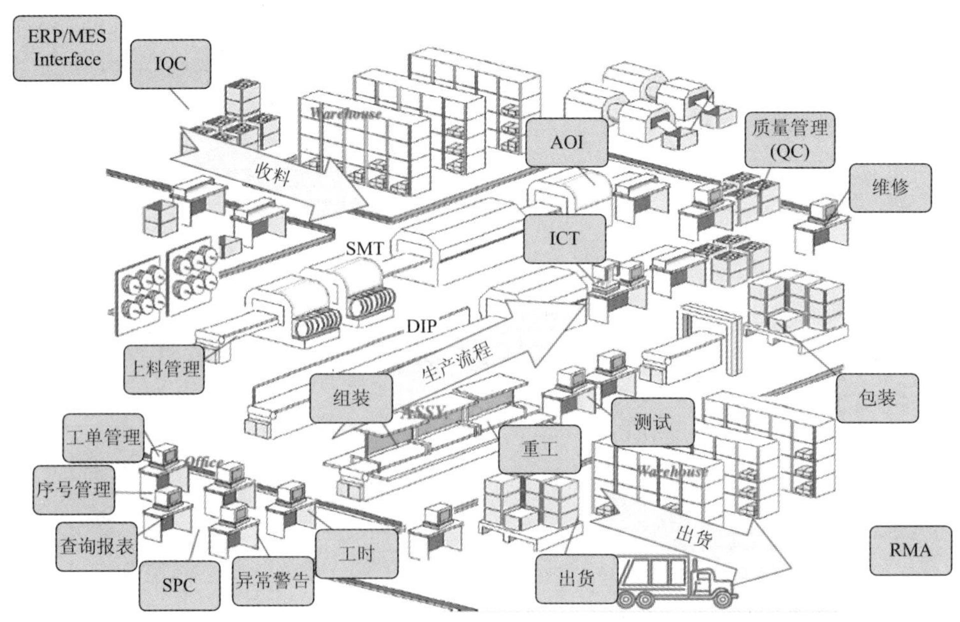

图 7-1　电子组装工艺拓扑图

图 7-1 中缩写的含义如下：

AOI(Automated Optical Inspection)：自动光学检测；

IQC(Incoming Quality Control)：来料质量控制；

QC(Quality Control)：品质控制；

ICT(In-Circuit Test)：在线测试；

SPC(Statistical Process Control)：统计过程控制；

RMA(Return Material Authorization)：退料审查；

DIP (Dual In-line Package)：双列直插封装。

1. SMT 的定义

SMT(Surface Mount Technology)是表面贴装技术的缩写，它是指通过一定的工艺、设备、材料将表面贴装器件(SMD)贴装在 PCB(印制电路板)或其他基板表面，并进行焊接、测试而最终完成组装。

2. SMT 电子组装的特点

SMT 电子组装具有以下特点：

(1) 组装密度高，电子产品体积小、重量轻。贴片元件的体积和重量只有传统插装元件的 1/10 左右，一般采用 SMT 之后，电子产品体积缩小 40%～60%，重量减轻 60%～80%。

(2) 可靠性高、抗震能力强，焊点缺陷率低。

(3) 高频特性好，减少了电磁和射频干扰。

(4) 易于实现自动化，提高生产效率。

(5) 降低成本达 30%～50%，节约材料、能源、设备、人力、时间等。

3. SMT 的工艺路径模块

图 7-2 为生产车间的印制电路板(PCB)到 PCBA(指经过加工后的 PCB 板)的 SMT 工艺流程图。其中，经过 SMT 贴片、波峰焊工序可完成 PCB 电子元件自动焊接，这是电子制造业比较核心的工艺部分。

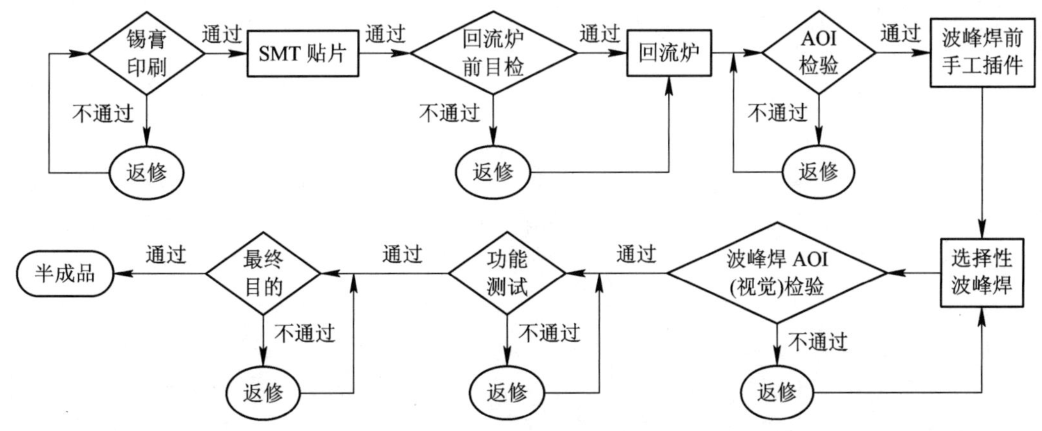

图 7-2　SMT 生产流程图

SMT 电子组装中的三防工艺流程包括防潮、防腐、防氧化，主要通过掩膜、喷涂、固化操作来实现。SMT 三防工艺流程图如图 7-3 所示。

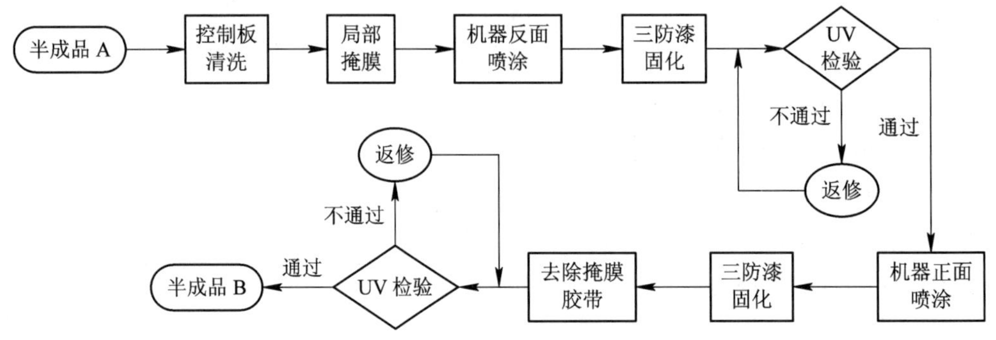

图 7-3　SMT 三防工艺流程图

老化测试模块主要完成半成品、成品的功能测试。图 7-4 为 SMT 老化测试工艺流程图。

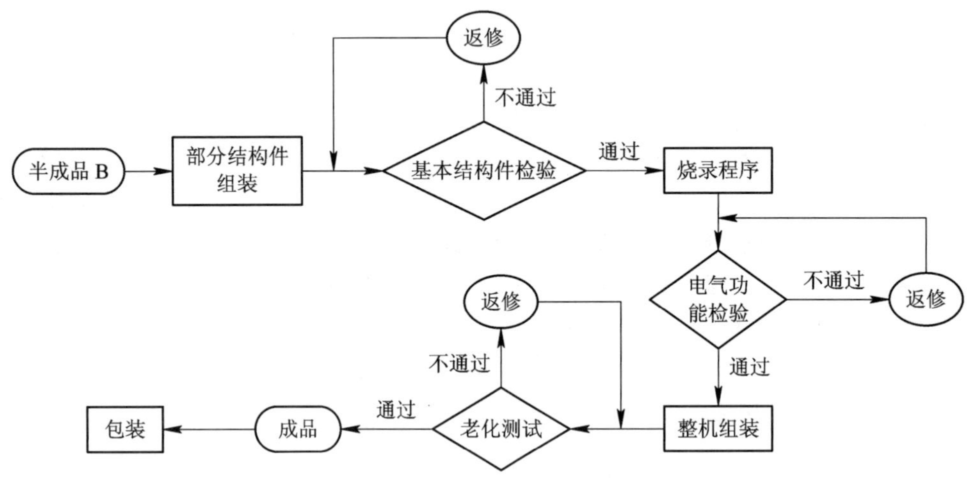

图 7-4　SMT 老化测试工艺流程图

引申知识

电子行业不同产业链上的产品差别比较大，产业链上的产品包括原材料、成品，具体分析如下。

① 上游电子材料，一般包括半导体材料、磁性材料、玻璃基材料和金属材料等。这些产品是生产电子元器件的基础材料，主要供应于生产电子元器件等的中等产能产业。

② 中游电子元器件，一般是指集成电路的 IC 类产品和电子元件，以及电子中间产品、配件类产品等。其中 IC 类产品应用非常广泛，如微处理器、存储器、数字器件(CMOS、BiMOS、ECL、TTL 等)、线性器件(放大器、稳压器、流波器等)、接口器件、逻辑器件等。电子元件包括电阻、电感、电容、二极管、晶体管等。这些产品的生产遵循统一的行业标准，通用性很好，下游供应商的选择余地比较大。电子中间产品指具有独立功能，但一般需配合主体产品销售的产品，比如汽车音响、空调、楼宇对讲机、监控器、航空耳机等，主要供应给主体产品供应商和维修店。这些产品的设计生产需配合主体产品外观、尺寸、

功能要求。配件类产品则包括各类电脑主板、显卡、网卡、传感器、继电器、开关等。这些产品市场需求主要来自终端产品或中间产品厂家，通用性比较强，比如，电脑主板等直接面向市场销售。

③ 下游电子终端。下游电子终端包括的产品类别很多，其中3C产品(信息家电)如智能手机、平板电脑、智能手表等比较有代表性，发展趋势是轻、薄、短、小，客户的个性化需求越来越多，企业要不断推出新产品及提高产品交货速度。除3C产品外，下游电子终端还包括医疗产品、汽车电子、安防电子、军工电子等，这些产品都有自己的特定市场，参与同类产品竞争的企业相对较少。

电子行业属高科技行业，其产品包括微电子产品、半导体材料、电子计算机等。电子技术是新兴与前沿科学技术的生长点，是当今技术革命的主角。因高科技产品要求越来越高，电子产品质量控制是否到位直接关系到产品的使用性能、使用寿命、安全性与经济性，因此质量控制在电子制造业备受重视。近年来兴起的自动光学检测(AOI)，是机器视觉检测的一种，正在取代员工目检，对于PCB印制电路、电子封装、丝网印刷、表面贴装技术(SMT, Surface Mount Technology)、串行外围设备接口(Serial Peripheral Interface，SPI)、锡膏检测、回流焊和波峰焊等，AOI可以快速检测排线的顺序是否有误，电子元器件是否错装漏装，接插件及电池尺寸是否合规等。相比人工目检，AOI检测明显具有更高的效率，在电子元器件制造、汽车电子、通信电子、消费电子等电子制造领域受到较多关注。电子制造业作为典型的离散制造行业，其生产过程与产品特点紧密关联。处于不同产业链位置的电子行业，其生产管理特点差异较大。

4. MES带给SMT企业的价值

MES能为SMT企业带来非常显著的6点价值：

(1) 缩短交货周期。MES对生产过程的管控，使生产更加透明，可以及时解决生产中的问题，保证生产按计划进行并调整。

(2) 标准化及指标化。MES对物流路径、仓位占用率、库存周转等进行管理，可持续改进相关KPI指标，逐步提升物流水平，满足柔性生产的同时还能够降低库存，提高库存周转率，减少库存资金占用。

(3) 成本透明化。MES打破生产暗箱，使生产成本可以准确定义，并且通过分析MES中的生产数据，管理人员可以更准确地计算生产成本并进行成本分析。

(4) 生产模式更灵活。MES可依据实时生产进度拉动物料需求，实现车间配料的及时性，并能持续改进计划调整率、完成率、设备故障率等KPI指标，提升生产过程管理水平。

(5) 质量管理体系完善持续化。MES覆盖了企业内的采购部件过程及生产过程的质量检验，帮助企业形成完整的质量档案，实现生产质量可追溯，及时召回不合格品，提升信息化管理水平。

(6) 管理能力与效益的提升。MES帮助企业建立标准的操作规范，明晰相关职责，并提升产品BOM数据及相关业务数据的准确性、及时性。同时，MES帮助企业降低人力统计成本，对现场实况快速作出反应，从公司管理角度准确找到问题所在并及时改进提升。

5. SMT行业的制造执行系统功能清单

SMT行业的制造执行系统功能清单如表7-1所示。

表 7-1　SMT 行业的制造执行系统功能清单

模组	功能	功 能 描 述
系统管理	组织用户	管理用户的新增、修改、删除，用户邮箱和电话的设置，用户角色配置、权限修改、组织设置
	用户角色	管理系统内角色的定义，角色的新增、修改、删除，角色对应权限的配置
	邮箱管理	设定系统发送通知邮件时使用的发送邮箱账号及密码
	定时任务	设定系统中定时执行程序的周期
基础设置	计量单位	管理计量单位
	计量单位转换	管理计量单位转换
	产品类型	管理产品类型
	产品	管理产品
	班次	管理班次信息
	客户	管理客户信息
	供应商	管理供应商信息
	规则编码	管理规则编码
工厂建模	车间管理	管理车间
	产线管理	维护产线信息
	工站管理	维护工站信息
	设备管理	管理维护设备基础信息及工位
产品管理	料号管理	管理基础料号，可从 ERP、PLM 等系统导入
	BOM 管理	管理物料清单，亦可通过 ERP、PLM 等系统获取信息
	工艺管理	维护管理工艺流程、工艺流程与成品料号匹配关系，收集工序数据类型，维护工艺签入/签出信息
	工序管理	管理工序，用于维护工艺流程
	工序 BOM 管理	管理工序使用物料
	序号管理	定义管理物料批号、产品序号、工单编号、箱号编码等规则
	标签管理	管理维护物料批次、产品序号、箱号打印标签模板及序号规则
	不良代码管理	管理维护不良代码
	不良原因管理	管理维护不良原因
	不良责任管理	管理维护不良责任

续表一

模组	功能	功 能 描 述
生产作业	首件管理	设置生产条件，并在首件合格的条件下进行大批量生产
	工单管理	工单维护管理
	基础过站	采集标准进出站数据，包括人员、设备、工站、产品序号及进出站时间
	测试过站	采集测试进出站数据，包括不良代码、人员、设备、工站、产品序号及进出站时间
	维修作业	采集维修进出站数据，包括不良原因、不良责任、人员、物料更换、物料报废、工站、产品序号及进出站时间
	组装过站	采集组装进出站数据，包括人员、设备、工站、产品序号、物料批号及进出站时间
	包装管理	管理包装定义，包括箱型嵌套、箱型数量、标签模板等
	组装解绑	依据产品序号，对其绑定的物料序号进行解绑
	批次扣留	对指定产品序号进行扣留作业和反扣留作业，扣留后，产线不能刷入被扣留产品的序号
	重工作业	对指定产品序号进行重工作业，具体为将产品指定到特定工位进行重工作业
SMT 防错料管理	设备台账	维护设备代码名称
	SMT 料表资料管理	上传产品台料表
	SMT 料表比对	比对物料是否符合生产要求
	上料记录查询	查询上料历史记录
锡膏管理	冷藏作业	选择锡膏/红胶类型，及时进行入库/报废/回收操作
	回温作业	依据基础设定时间进行作业
	搅拌作业	判定回温时间是否达到相应值
	基础维护	维护基本信息
	报表查询	开发相关报表
钢网管理	钢网台账	管理钢网的供应商、入库时间、检验时间、型号规格等台账
	使用记录	管理钢网入库批次、使用情况
	报废管理	管理钢网报废情况
刮刀管理	刮刀台账	管理刮刀的供应商、入库时间、检验时间、型号规格等台账
	使用记录	管理刮刀入库批次、使用记录
	刮刀报废	管理刮刀报废情况

续表二

模组	功能	功 能 描 述
设备联网	设备台账	管理设备采购时间、生产厂家、使用年限、设备负责人等相关基础信息台账记录
	设备采集参数设定	设定维护设备需要采集的参数
	设备通信	通过标准的通信协议如OPC、ModelBus(用于工业现场的总线协议)等将设备联网，采集相关设备数据点位信息，开发设备接口，要求设备供应商提供接口文档
E-SOP	SOP 编制上传	编制各工序 SOP 资料，支持将文件从 MS Excel 格式(需要按照指定格式编制)转成 PDF 格式上传
	SOP 绑定	绑定 SOP 与工序、产品的关联关系
	SOP 预览下发	将编制好的 SOP 预览下发
	SOP 展示	产线生产时展示 SOP，依据产品及工序显示 SOP
入库管理	库区分配	对原有仓库进行库位划分，进行库位条码生成与打印(补印)
	储位分配	对仓库进行储位划分，进行储位条码生成与打印(补印)
	入库规则	对仓库入库规则进行定义，比如设定先进先出、严格库位管控或就近原则等
	入库作业	扫码入库
	特殊入库	对非生产非采购的货物在非正常情况下进行入库，包含条码生成与打印(补印)
出库管理	出库规则	对仓库出库规则进行定义，比如设定先进先出、严格库位管控或就近原则、特殊客户原则等
	急料出库	对特殊重要物料进行急料设定，优先重点安排特殊重要物料
	出库作业	扫码出库
	特殊出库	对非生产非退货的货物在非正常情况下进行出库，包含条码生成与打印(补印)
盘点管理	盘点周期	对仓库进行周期性盘点控制，设置安全库存、短信、邮件提醒等
	盘点作业	进行盘点操作
	盘点调整	对仓库盘点结果进行调整与操作
拆并管理	拆批管理	对仓库中最小包装进行拆批管理，包含条码生成与打印(补印)
	并批管理	对仓库中零散货物进行并批管理，包含条码生成与打印(补印)
调拨管理	调拨作业	管理调拨作业
	移库作业	管理移库作业

续表三

模组	功能	功 能 描 述
退库报废	退库作业	管理退库作业
	报废作业	管理报废作业
	规则定义	对退库、报废作业严格管控，审批权限控制，设置短信、邮件提醒
物料管控	物料类型	对入库物料类型进行维护设定
	物料规则	对物料规则进行维护设定
	批次规则	对物料批次进行维护管理
	IQC 物料检验	检验 IQC 物料
查询报表	物料产品批次查询	通过物料批次查询功能获得使用该批次物料的所有产品序号
	产品物料批次查询	通过产品序号查询功能获得该批次产品所用物料批号
	产品追溯	查询产品序号和产品生产履历
	工单达成状况	查询工单达成率
	产能报表	依据时间范围实现厂别、工段、线别、工序、工段产能统计查询
	人员产能	依据时间范围对人员的产能进行统计查询
	设备产能	依据时间范围对设备的产能进行统计查询
	产品良率统计	依据时间范围对产品良率进行统计
	产品良率趋势	通过时间轴展示产品良率趋势
	物料良率统计	依据时间范围对物料良率进行统计
	物料良率趋势	通过时间轴展示物料良率趋势
	直通率	统计直通率
	出入库报表	对出入库货物记录进行自定义筛选查询
	库存报表	对仓库库存状态进行可筛选性查询
	物料明细	对物料明细进行查询
看板管理	线体看板	管理产线状态(工单执行进度看板)
	仓库看板	管理库存看板、物料齐套看板、检验看板
	异常看板	管理设备异常看板

7.2 机加工行业的制造执行系统

1. 机加工的定义

机加工是机械加工的简称，指通过一种机械设备对工件的外形尺寸或性能进行改变的过程。按加工方式上的差别，机加工可分为切削加工和压力加工。

2. 机加工行业特点

加工需要的机械有数显铣床、数显成型磨床、数显车床、电火花机、万能磨床、加工中心、激光焊接、中走丝、快走丝、慢走丝、外圆磨床、内圆磨床、精密车床等，此类机械擅长精密零件的车、铣、刨、磨等加工，可以加工各种不规则形状零件，加工精度可达 2 μm。

生产类型通常分为三类：

(1) 单件生产：单个地生产不同结构和不同尺寸的产品，并且很少重复。

(2) 批量生产：一年中分批地制造相同的产品，制造过程有一定的重复性。

(3) 大批量生产：产品的制造数量很大，大多数加工厂一般重复进行某一个零件的某一道工序的加工。

3. MES 带给机加工企业的价值

机加工行业的制造执行系统价值如下：

(1) 提高工厂透明度，改善物料流通性能，有效降低库存。MES 从工厂自动化层实时采集生产数据，通过运算处理将必要的生产信息传递给 ERP 层。

(2) 强大的防呆纠错体系，减少出错概率。MES 收集完整的产品族系，一旦发现不合格的零部件，可以快速找到零部件受损的原因和结果，确保将企业损失降到最低。

(3) 减少停机时间，为优化工厂绩效提供有力支持。MES 提供的设备全面绩效与停机管理功能能有效提高设备使用效率。根源分析组件能够通过停机时间快速识别效率低下的生产区域或生产线，有效减少设备空转和低效率事件的发生。

(4) 具有可重构性，快速适应企业业务过程。MES 能够满足离散型 OEM(代工生产)企业快速变批量生产要求，能够适应多品种小批量生产与大批量生产结合的混线生产模式。

(5) 提高产品生产质量。MES 可监控和追溯产品生产过程中的质量记录，并可对制造过程中的检验设备的测量数据进行提取分析，帮助企业找出生产质量控制不足的地方，配合企业精益生产，改善生产过程，进一步提高产品的生产质量。

4. 机加工行业制造执行系统功能清单

机加工行业的制造执行系统功能清单见表 7-2。

表 7-2　机加工行业的制造执行系统功能清单

模组	功能	功 能 描 述
系统管理	组织用户	管理用户的新增、修改、删除，用户邮箱和电话的设置，用户角色配置、权限修改、组织设置
	用户角色	管理系统内角色的定义，角色的新增、修改、删除，角色对应权限的配置
	邮箱管理	设定系统发送通知邮件时使用的发送邮箱账号及密码
	定时任务	设定系统中定时执行程序的周期
基础设置	计量单位	管理计量单位
	计量单位转换	管理计量单位转换
	产品类型	管理产品类型
	产品	管理产品
	班次	管理班次信息
	客户	管理客户信息
	供应商	管理供应商信息
	规则编码	管理规则编码
工厂建模	车间管理	管理车间
	产线管理	维护产线信息
	工站管理	维护工站信息
	设备管理	管理维护设备基础信息及工位
产品管理	料号管理	管理基础料号，可从 ERP、PLM 等系统导入
	BOM 管理	管理物料清单，亦可通过 ERP、PLM 等系统获取信息
	工艺管理	维护管理工艺流程、工艺流程与成品料号匹配关系，收集工序数据类型，维护工艺签入/签出信息
	工序管理	管理工序，用于维护工艺流程
	工序 BOM 管理	管理工序使用物料
	序号管理	定义管理物料批号、产品序号、工单编号、箱号编码等规则
	标签管理	管理维护物料批次、产品序号、箱号打印标签模板及序号规则
产品管理	不良代码管理	管理维护不良代码
	不良原因管理	管理维护不良原因
	不良责任管理	管理维护不良责任

续表一

模组	功能	功 能 描 述
计划管理	计划下达	以实际订单为依据，结合工时、节拍、产能、库存等因素，线下形成生产计划并导入 MES
	计划进度监控	实时更新计划的完成进度，对计划异常进行报警
	工单管理	管理生产工单的创建调整及派工、工单停止及恢复等作业
生产作业	首件/齐套管理	设置生产条件，并在首件合格的条件下进行大批量生产
	基础过站	采集标准进出站数据，包括人员、设备、工站、产品序号及进出站时间
	测试过站	采集测试进出站数据，包括不良代码、人员、设备、工站、产品序号及进出站时间
	维修作业	采集维修进出站数据，包括不良原因、不良责任、人员、物料更换、物料报废、工站、产品序号及进出站时间
	检验作业	针对生产中或已完成的产品进行报检及检验作业
	包装管理	管理包装定义，包括箱型嵌套、箱型数量、标签模板等
	批次扣留	对指定产品序号进行扣留作业和反扣留作业，扣留后，产线不能刷入被扣留产品的序号
	重工作业	对指定产品序号进行重工作业，具体为将产品指定到特定工位进行重工作业
夹具管理	夹具台账	管理夹具的供应商、检验时间、型号规格等台账
	出入库管理	管理并记录夹具出入库作业
	报损管理	管理夹具报损作业的原因及数量
	多功能查询	查询夹具的当前状态及出入库历史记录等
刀具管理	刀具台账	维护刀具的基本信息，建立相应的系统编号
	组件信息	对库存中的刀体、刀柄和附件进行管理
	刀具入库	对刀具进行入库作业，对入库数量、原因以及存储位置进行记录
	领用申请	建立刀具领用申请单
	领用审核	对刀具领料申请进行审核确认
	领用登记	记录刀具领用情况，包括领用原因、数量、领用单位等
	领用归还	对已领用的刀具进行归还作业，同时对刀具寿命进行登记并更新库存数量等
	刀具库存	查看刀具库存情况

续表二

模组	功能	功 能 描 述
刀具管理	刀具报损	生成报损单，添加需要报损的刀具名称以及相应的数量及原因
	刀具盘点	依据实际对刀具进行盘点，盘点结束并确认后，执行库存更新操作
	领用统计	对领用的记录进行汇总查询
	使用统计	对使用的记录进行汇总查询
	归还统计	对归还的记录进行汇总查询
	入库统计	对入库的记录进行汇总查询
	库存预警	对低于安全库存的刀具进行提前预警或通知
	未还统计	对于未归还的刀具进行汇总查询
	报损统计	对报损的记录进行汇总查询
设备联网	设备台账	管理设备采购时间、生产厂家、使用年限、设备负责人等相关基础信息台账记录
	设备采集参数设定	设定采集维护设备需要的参数
	设备通信	通过标准的通信协议(如 OPC、ModelBus 等)将设备联网，采集相关设备数据点位信息，开发设备接口，收集设备供应商提供的接口文档
E-SOP	SOP 编制上传	编制各工序 SOP 资料，支持 Excel(须按照指定格式编制)，转成 PDF 格式上传
	SOP 绑定	绑定 SOP 与工序、产品的关联关系
	SOP 预览下发	将编制好的 SOP 预览下发
	SOP 展示	产线生产时依据产品及工序展示 SOP
入库管理	库区分配	对原有仓库进行库位划分，进行库位条码生成与打印(补印)
	储位分配	对仓库进行储位划分，进行储位条码生成与打印(补印)
	入库规则	对仓库入库规则进行定义，比如设定先进先出、严格库位管控或就近原则等
	入库作业	扫码入库
入库管理	特殊入库	对非生产退货的货物在非正常情况下进行出库，包含条码生成与打印(补印)

续表三

模组	功能	功 能 描 述
出库管理	出库规则	对仓库出库规则进行定义，比如设定先进先出、严格库位管控或就近原则、特殊客户原则等
	急料出库	对特殊重要物料进行急料设定，优先重点安排特殊重要物料
	出库作业	扫码出库
	特殊出库	对非生产非退货的货物在非正常情况下进行出库，包含条码生成与打印(补印)
盘点管理	盘点周期	对仓库进行周期性盘点控制，设置安全库存、短信、邮件提醒等
	盘点作业	进行盘点操作
	盘点调整	对仓库盘点结果进行调整与操作
拆并管理	拆批管理	对仓库中最小包装进行拆批管理，包含条码生成与打印(补印)
	并批管理	对仓库中零散货物进行并批管理，包含条码生成与打印(补印)
调拨管理	调拨作业	管理调拨作业
	移库作业	管理移库作业
退库报废	退库作业	管理退库作业
	报废作业	管理报废作业
	规则定义	对退库、报废作业严格管控，审批权限控制，设置短信、邮件提醒
物料管控	物料类型	对入库物料类型进行维护设定
	物料规则	对物料规则进行维护设定
	批次规则	对物料批次进行维护管理
	IQC 物料检验	检验 IQC 物料
查询报表	物料产品批次查询	通过物料批次查询功能获得使用该批次物料的所有产品序号
	产品物料批次查询	通过产品序号查询功能获得该批次产品所用物料批号
	产品追溯	查询产品序号和产品生产履历
	工单达成状况	查询工单达成率
	产能报表	依据时间范围实现厂别、工段、线别、工序、工段产能统计查询
	人员产能	依据时间对人员的产能进行统计查询
	设备产能	依据时间范围对设备的产能进行统计查询
	产品良率统计	依据时间范围对产品良率进行统计

续表四

模组	功能	功 能 描 述
查询报表	产品良率趋势	通过时间轴展示产品良率趋势
	物料良率统计	依据时间范围对物料良率进行统计
	物料良率趋势	通过时间轴展示物料良率趋势
	直通率	统计直通率
	出入库报表	对出入库货物记录进行自定义筛选查询
	库存报表	对仓库库存状态进行可筛选性查询
	物料明细	对物料明细进行查询
看板管理	线体看板	管理产线状态(工单执行进度看板)
	仓库看板	管理库存看板、物料齐套看板、检验看板
	异常看板	管理设备异常看板

思　考　题

1. 说明 SMT 概念以及 SMT 在 3C 电子制造行业的角色。
2. 查询资料完成 SMT 各个工艺段的流程图设计。
3. 查询资料完成机加工各个工艺段的流程图设计(选择一个制造企业的机加工案例)。

第8章 工业互联网

工业互联网(Industrial Internet)是新一代信息通信技术与工业经济深度融合的新型基础设施、应用模式和工业生态，通过对人、机、物、系统等的全面连接，构建起覆盖全产业链、全价值链的全新制造和服务体系，为工业乃至产业数字化、网络化、智能化发展提供实现途径，是第四次工业革命的重要基石。

工业互联网不是互联网在工业上的简单应用，其具有更为丰富的内涵和外延。它以网络为基础、平台为中枢、数据为要素、安全为保障，既是工业数字化、网络化、智能化转型的基础设施，也是互联网、大数据、人工智能与实体经济深度融合的应用模式，同时还是一种新业态、新产业，将重塑企业形态、供应链和产业链。

当前，工业互联网融合应用向国民经济重点行业广泛拓展，形成平台化设计、智能化制造、网络化协同、个性化定制、服务化延伸、数字化管理六大新模式，赋能、赋智、赋值作用不断显现，有力地促进了实体经济提质、增效、降本、绿色、安全发展。本书以精益派云服务平台作为教学设计平台，该实训室主要分为三大模块，分别为设备层、网络层、数字化展示层。工业数据上云流程如图 8-1 所示。

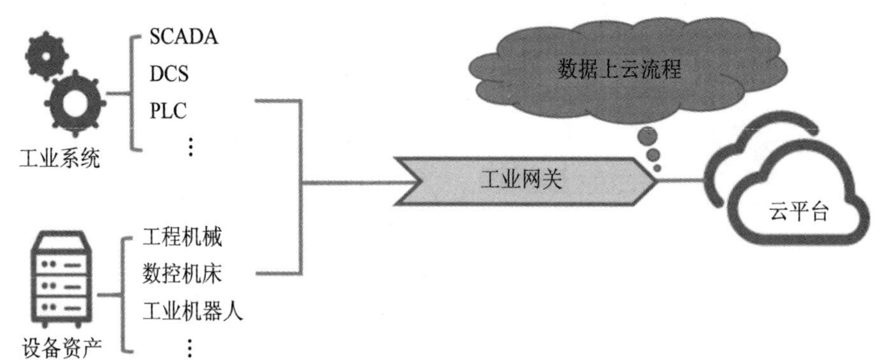

图 8-1　工业数据上云流程

8.1　硬件装备工艺

工业互联网边缘层也称设备层，是整个互联网平台的主要数据源。学习工业互联网前，首先我们应当认识工业现场设备。实验室采用的设备主要有西门子 S7-1200 的可编程逻辑控制器(Programmable Logic Controller，PLC)、工业机器人、数控机床、工业网关、人机界面等。实验室组装平台如图 8-2 所示，工业现场常见的工业设备如图 8-3 所示。

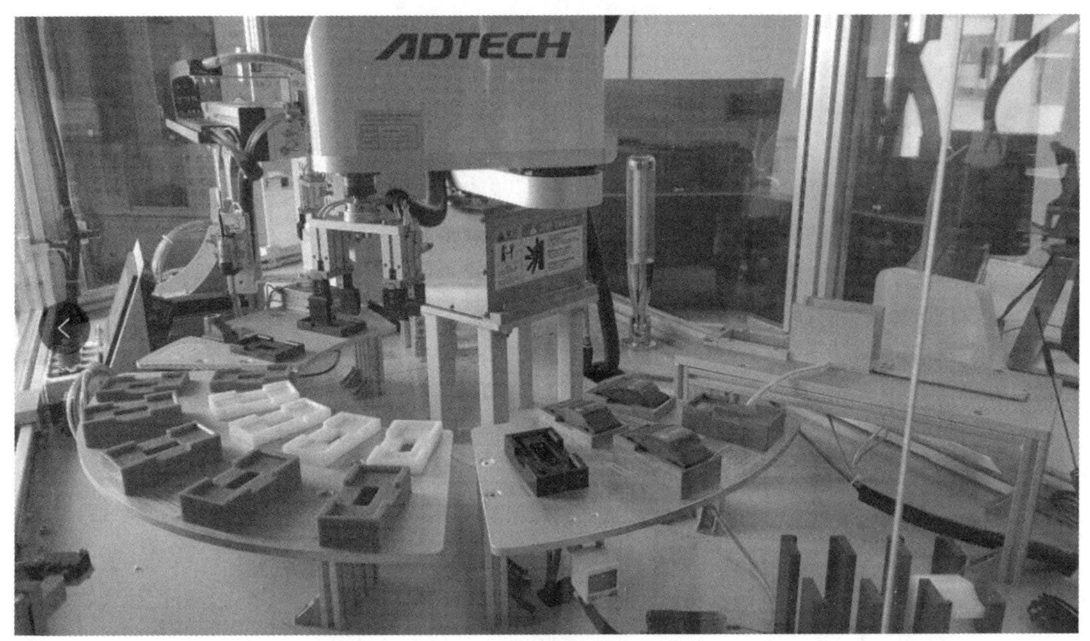

图 8-2　实验室组装平台

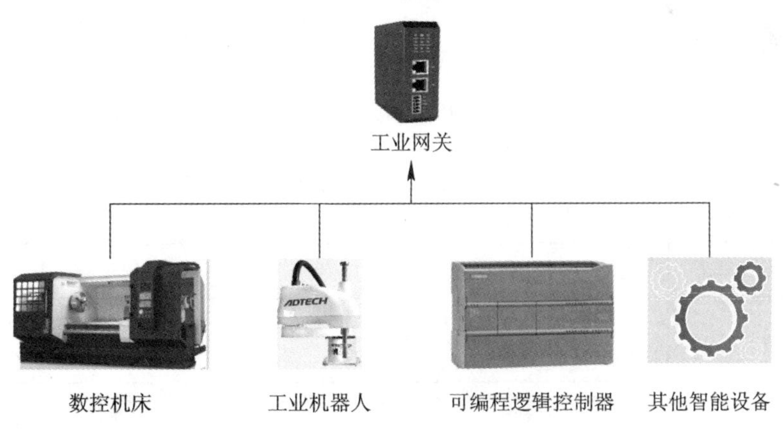

图 8-3　工业现场常见的工业设备

1. 可编程逻辑控制器 PLC

PLC 是专门设计的应用于工业环境的数字运算操作电子系统。它采用一种可编程的存储器，在其内部存储并执行逻辑运算、顺序控制、定时、计数和算术运算等操作的指令，通过数字式或模拟式的输入/输出来控制各种类型的机械设备或生产过程。图 8-4 为西门子 S7-1200 系列的 PLC。

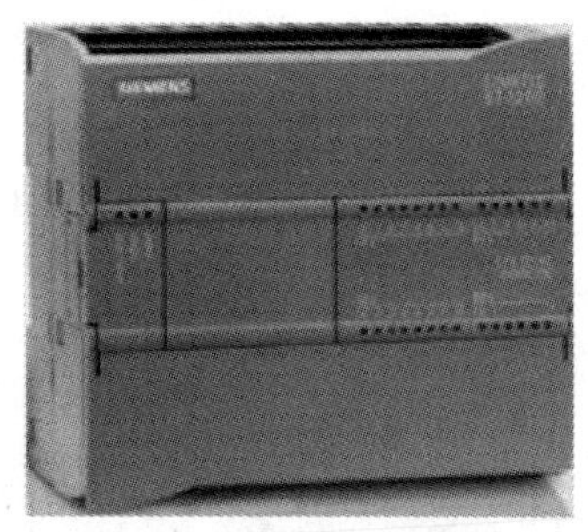

图 8-4　西门子 S7-1200 系列的 PLC

PLC 作为工业自动化领域最常用的控制器，通常用来与工业机器人配合共同完成特定的生产控制任务。PLC 主要由 CPU 模块、输入模块、输出模块、通信模块和电源模块等组成，PLC 应用系统的组成模块框图如图 8-5 所示，相关模块说明见表 8-1。

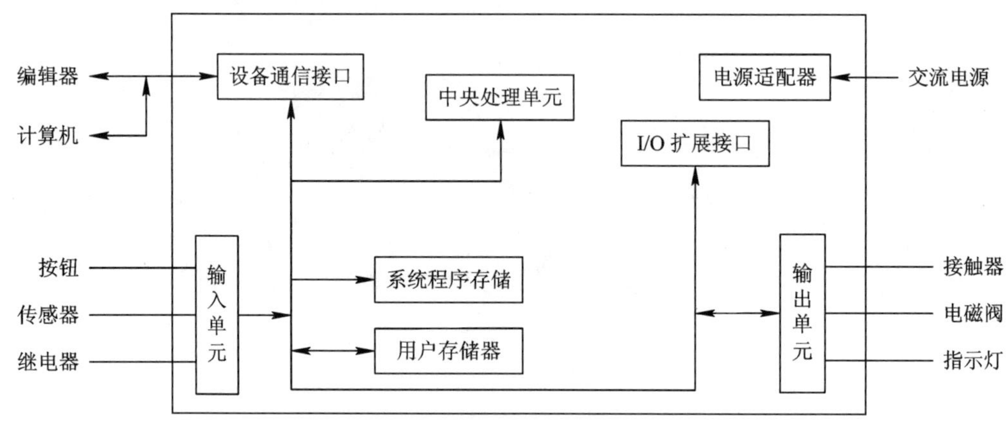

图 8-5　PLC 应用系统的组成模块框图

表 8-1　PLC 组成模块说明

单　元	说　　明
电源模块	为 PLC 运行提供内部工作电源
CPU 模块(中央处理器)	PLC 中央处理单元，PLC 的主要性能都由该模块来处理，如速度、规模
存储器	主要存储用户程序，在结构上存储器都是附加在 CPU 模块中的，部分存储器还为系统提供额外的工作内存
I/O 模块	集成了 VO(电源输出)电路，并可根据 I/O 点数及电路类型将 I/O 模块划分为不同规格的模块，包括 DI(数字量输入)、DO(数字量输出)、AI(模拟量输入)、AO(模拟量输出)等
通信模块	接入 PLC 后，可以使 PLC 与计算机，或 PLC 与 PLC 进行通信，部分通信模块还可以实现与其他控制部件(如变频器、温控器等)的通信，或组成局部网络。通信模块代表 PLC 的组网能力，是 PLC 性能的重要体现

2. 数控机床

数控机床全称为计算机数字控制(CNC，Computer Numerical Control)加工机床，是一种

装有程序控制系统的自动化机床，是集机床、计算机、电动机为一体的自动化设备，具备拖动、自动控制、检测等功能，可按照要求自动将零件加工出来，无须人工操作。数控机床较传统机床而言，具有柔性高、精度高、生产效率高、稳定性好、可靠性高、自动化程度高、适应性强等多重优点，是现代机床控制技术的发展方向，是一种典型的机电一体化产品，图 8-6 为 CAK6185 数控机床产品图。

图 8-6　CAK6185 数控机床产品图

数控机床由机床主体、数控装置、伺服系统、辅助装置、反馈装置、加工程序载体等几部分组成，如图 8-7 所示。

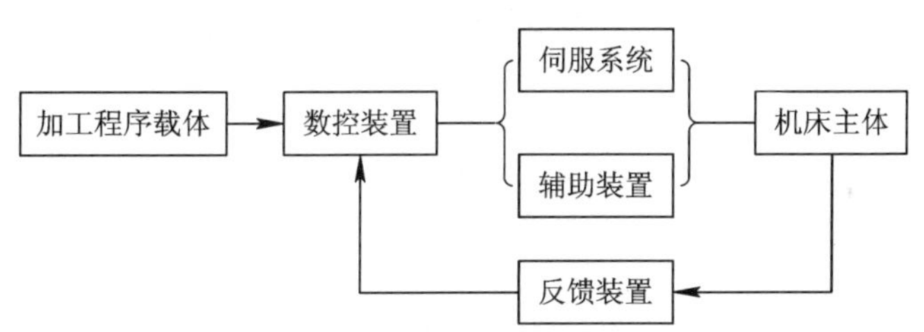

图 8-7　数控机床组成

(1) 机床主体：数控机床的主体，包括机床身、立柱、主轴、进给机构等机械部件，是用来完成各种切削加工的机械部件。

(2) 数控装置：数控机床的核心，用于输入数字化的零件程序，并完成输入信息的存储，数据的变换、插补运算，以及实现各种控制功能。

(3) 伺服系统：数控机床执行机构的驱动部件，包括主轴驱动单元、进给单元、主轴电动机及进给电动机等。它在数控装置的控制下通过电气或电液伺服系统实现主轴和进给驱动。当几个进给联动时，可以完成定位、直线、平面曲线和空间曲线的加工。

(4) 辅助装置：数控机床的一些必要的配套部件，用以保证数控机床的运行，如冷却、排屑、润滑、照明、检测等，包括液压和气动装置、排屑装置、交换工作台、数控转台和数控分度头，还包括刀具及监控检测装置等。

(5) 反馈装置：该装置在闭环(半闭环)数控机床的检测环节使用，该装置可以看作伺服系统的一部分，由检测元件和相应的电路组成，其作用是检测数控机床坐标轴的实际移动速度和位移，并将信息反馈给数控装置或伺服驱动，构成闭环控制系统。检测装置的安装、检测信号反馈的位置，取决于数控系统的结构形式。

(6) 加工程序载体：用于存储数控加工所需要的信息载体，记载零件的加工工序。

3. 工业机器人

工业机器人是面向工业领域的多关节机械手或者多自由度机器人，它的出现大大解放了劳动力，提高了企业的生产效率。工业机器人系统由机器人本体、示教器、示教器通信电缆、机器人控制柜、数据交换电缆、电动机驱动电缆和电源供电电缆组成，图 8-8 为实验室的工业机器人，其相关组成单元的说明见表 8-2。

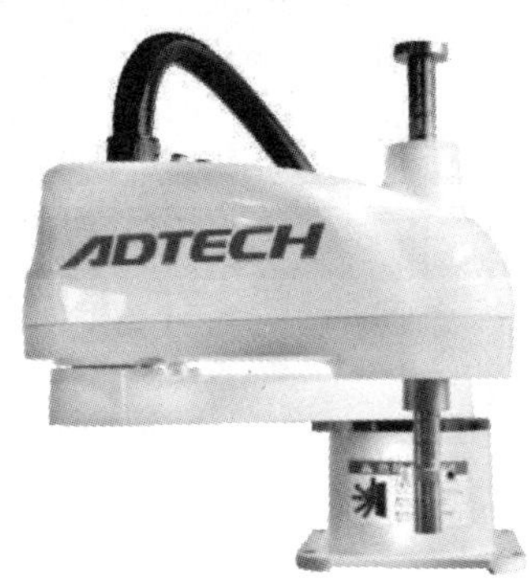

图 8-8　实验室工业机器人

表 8-2　工业机器人组成单元说明

序号	名称	说　　明
1	机器人本体	本体部分由机械臂、驱动装置、传动单元组成
2	示教器	用于用户控制工业机器人，是一种专用的智能终端装置
3	示教器通信电缆	控制器连接示教器的通信电缆
4	机器人控制柜	根据指令以及传感信息控制机器人完成一定动作的装置，是决定机器人作用和功能的主要因素
5	数据交换电缆	连接机器人与控制器传输信号或数据的电缆，也称编码器电缆
6	电动机驱动电缆	控制器与机器人的电动机上电电缆，用于驱动电动机
7	电源供电电缆	电流从电源的一端流入电力电缆的导体，通过电缆内部的导体传输，最终到达电缆的另一端，供电器或设备使用

4. 人机界面

人机界面(HMI，Human Machine Interface)可以连接可编程逻辑控制器(PLC)、变频器、直流调速器、仪表等工业控制设备，利用显示屏显示，通过输入单元(如触摸屏键盘、鼠标等)写入工作参数或输入操作命令，是实现人与机器信息交互的数字设备。例如在工厂里，通过一台主控器采集各个区域的温度、湿度以及机器的状态等信息，监视并记录这些参数，并在参数超出临界值时进行报警，通知操作员处理。西门子 TP277 系列 HMI 如图 8-9 所示。

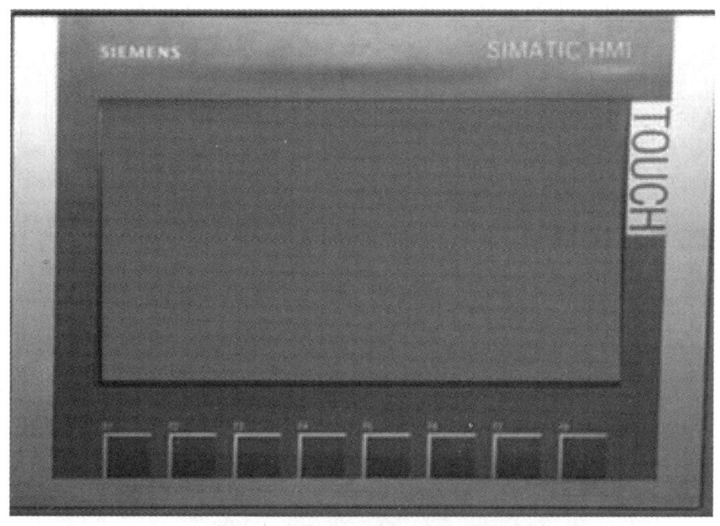

图 8-9 西门子 TP277 系列 HMI

人机界面产品由硬件和软件两部分组成，硬件部分包括处理器、显示单元、输入单元、通信接口、数据存储单元等，其中，处理器的性能决定了 HMI 产品的性能高低，处理器是 HMI 的核心单元。根据 HMI 产品的不同等级，可分别选用 8 位、16 位或 32 位处理器。HMI 软件一般分为两部分，即运行于 HMI 硬件中的系统软件和运行于个人电脑的 Windows 操作系统下的画面组态软件。使用者必须先使用 HMI 的画面组态软件制作“工程文件”，再通过 PC 和 HMI 产品的串行通信接口，把编制好的“工程文件”下载到 HMI 的处理器中使其运行。

8.2 PLC 网关数据采集

实训平台中的常用通信接口如图 8-10 所示。

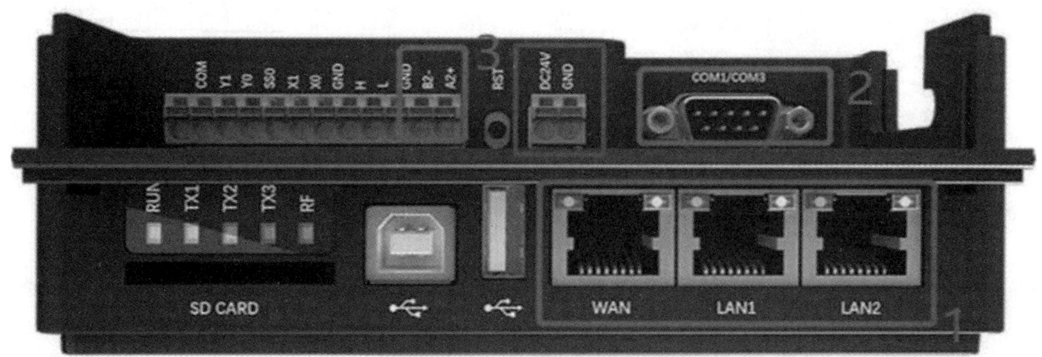

图 8-10 常用的通信接口

(1) 网络通信接口包括 WAN 口与 LAN 口。WAN 口是输入接口，用于连接外网(运营商)的设备；LAN 口是输出接口，用于连接内网(局域网)中的设备。

(2) RS-232 通信接口主要用于下载程序，或者用来与上位机、触摸屏等设备通信。

(3) RS-485 通信接口主要用于组建使用 RS-485 协议的网络，实现通信控制。

常用通信接口的功能如下：

(1) 数据处理方面，对通信协议进行封装，WAN 口可以实现外网访问，LAN 口通过内网访问，PLC 与触摸屏 RS485 半双工通信参数配置如图 8-11 所示。

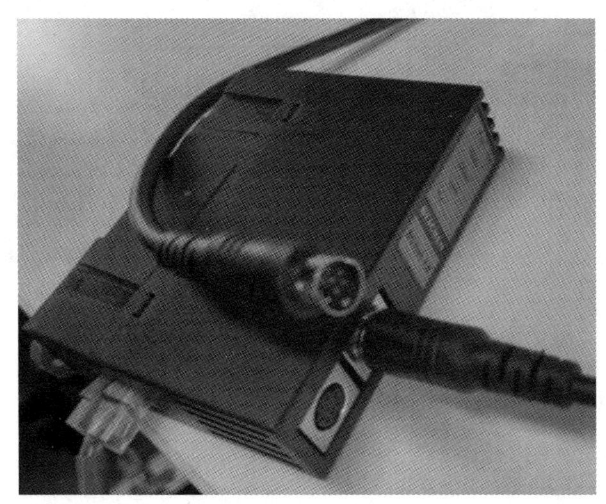

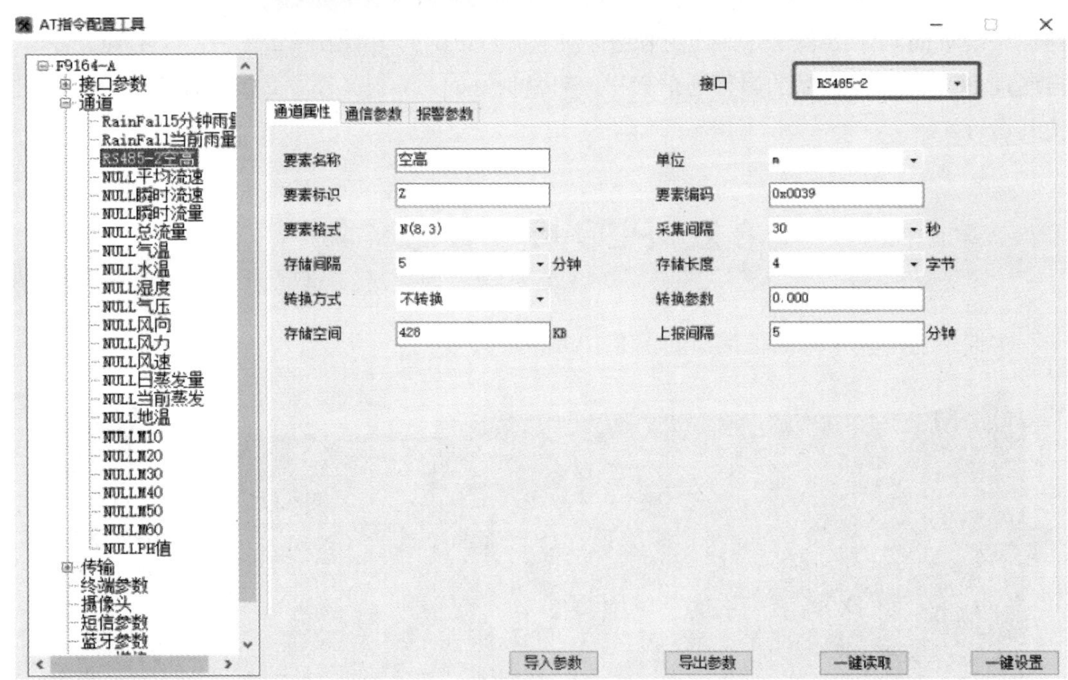

图 8-11　RS485 半双工通信参数配置

(2) 网络配置方面，采集 PLC 数据，通过串口转网口，配置 IP 地址和端口号，相关配置如图 8-12 所示。

图 8-12　配置 IP 地址和端口号

(3) 数据采集方面，对通信协议进行封装，设置相应设备参数(及点位表)如图 8-13 所示。

设备参数

	参数编号	参数名称	逻辑块	地址位
▶	拉杆	拉杆		Y000
	拉杆2	拉杆2		Y012
	温度	温度		D150
	红灯	红灯		Y007
	绿灯	绿灯		Y005
	蜂鸣器	蜂鸣器		Y004
	重量	重量		D21
	黄灯	黄灯		Y006

图 8-13　设备参数配置

数据采集点测试如图 8-14 所示。

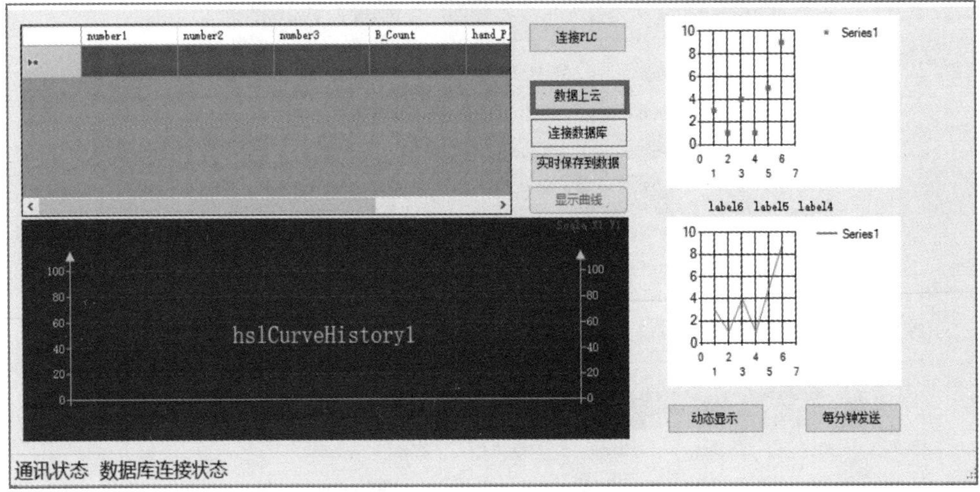

图 8-14　数据采集点测试

(4) 建立本地网关与云平台的连接。由于当前设备使用网线接口与个人电脑端口连接，因此选择以太网，数据上云通过 MQTT(消息队列遥测传输)协议完成，数字孪生平台直接读取 PLC 点位即可，本地上云具体配置测试如图 8-15 所示。

图 8-15　本地上云配置测试

8.3　数 据 上 云

孪生产线的数据主要由物理产线映射的数据和孪生产线运行时的数据组成，例如虚拟仿真数据。管理系统数据主要由企业管理数据、网页订单数据、数据库操作与人机交互数据等组成。看板系统数据由管理系统数据和物理产线以及孪生产线实时状态数据组成。

数据上云又称数据采集、数据集成或数据迁移，是大数据架构中的最基础也是最根本的一环，从性质上来讲，它属于 ETL(数据抽取、转换和加载)中的一部分操作，即把数据从一个地方迁移汇总到另外一个地方。数据上云解决了信息孤岛和信息不对称问题，同时，

把数据迁移到云计算平台是对后续数据进行计算和应用的先决条件。具体工业数据上云流程如图 8-16 所示。

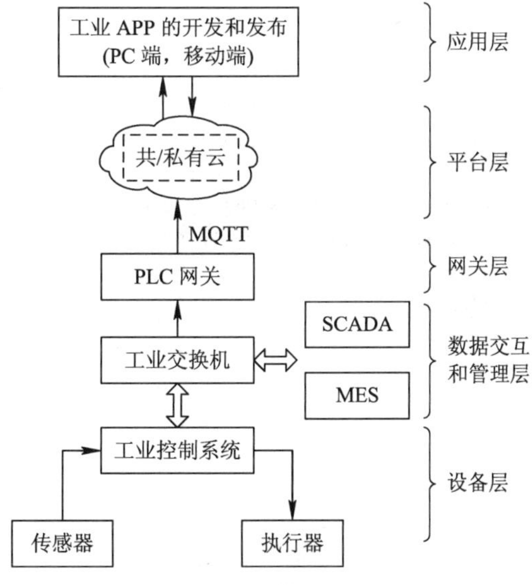

图 8-16　工业数据上云流程

设备画像工业 APP 是基于工业互联网平台的，一个轻量化、方便快捷的设备云端监控管理及数据分析的工业应用软件。设备画像上云登录及登录后界面如图 8-17 所示。该软件可帮助用户实现快速设备上云，提高设备利用率，减少设备异常损失，优化生产过程及售后服务效率。

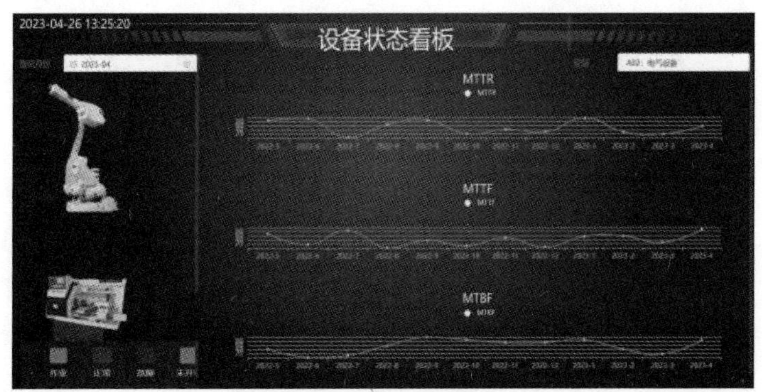

图 8-17　设备画像上云

8.3.1 采集点配置

云平台用户登录后，可先建表用于储存采点数据，通过调用网关接口进行数据采样。

(1) 创建数据库表，用于储存设备层数据(包括模型基础数据)，也可以当作历史数据存储，以便后续客户查看。数据表单生成界面如图 8-18 所示。

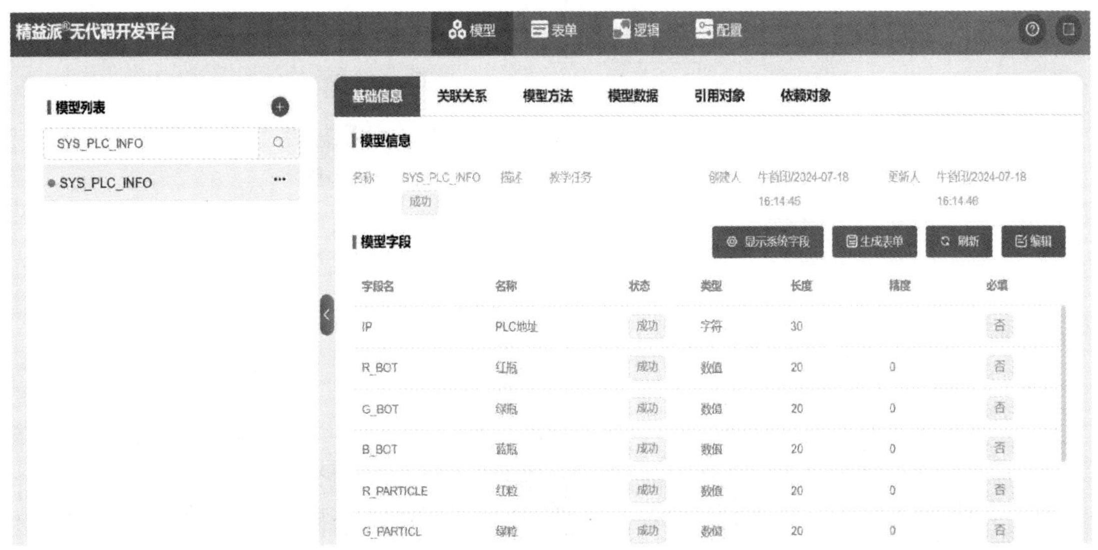

图 8-18 数据表单生成界面

(2) 建表以后，需要将采集的数据更新到我们指定的数据库表。云平台数据列表如图 8-19 所示。

图 8-19 云平台数据列表

(3) 云平台通过编写后台功能可将采集的数据更新到我们指定的数据库表。数采积木程序代码如图 8-20 所示。

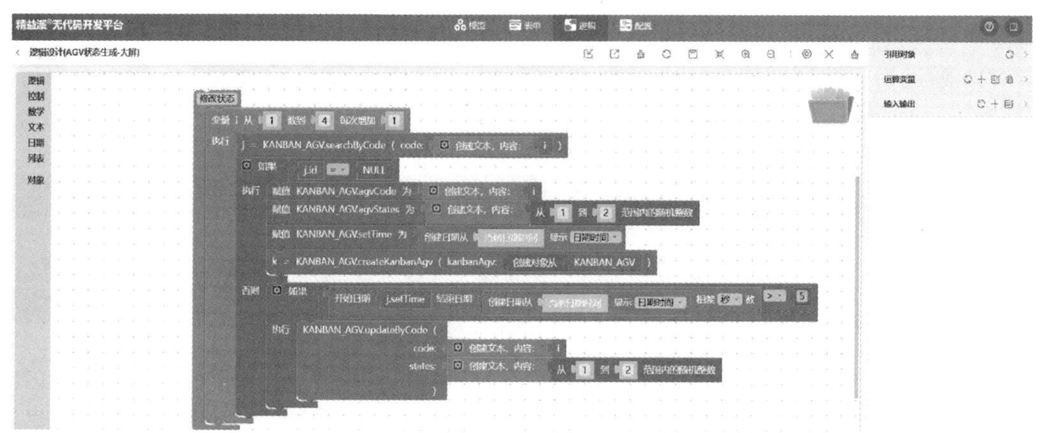

图 8-20　数采积木程序代码

(4) 云平台数据库表以及新增方法配置完成后，通过调用工业数据上指定的云接口或通过后台新增接口，完成数据对接。数据采集(数采)接口的基础信息如图 8-21 所示。数采接口的输入参数如图 8-22 所示。

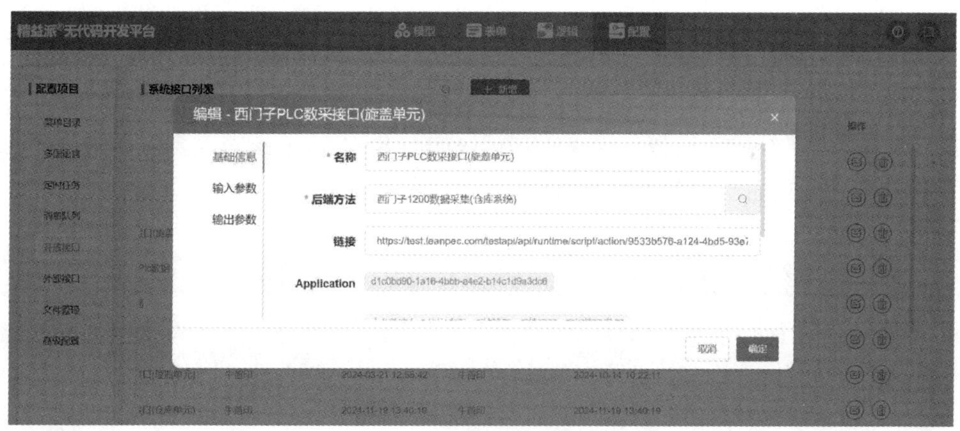

图 8-21　数采接口的基础信息

图 8-22　数采接口的输入参数

8.3.2 工业数据展示

(1) 通过后台数据配置，工业数据会更新并保存到我们指定的数据库表中，数据可以在云平台模型模块下面的“模型数据”功能下查看，该功能界面如图 8-23 所示。

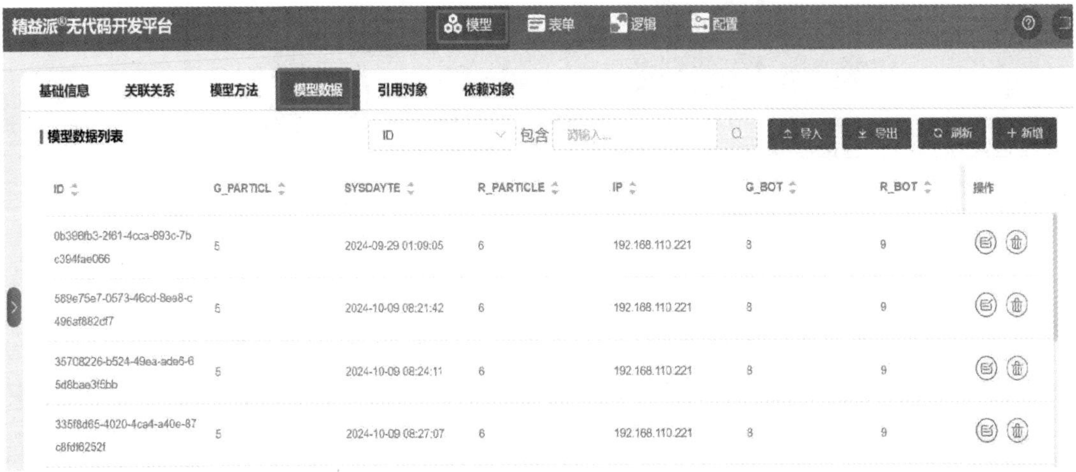

精益派®无代码开发平台　模型　表单　逻辑　配置

基础信息　关联关系　模型方法　模型数据　引用对象　依赖对象

模型数据列表　ID　包含　请输入...　导入　导出　刷新　+ 新增

ID	G_PARTICL	SYSDAYTE	R_PARTICLE	IP	G_BOT	R_BOT	操作
0b398fb3-2f61-4cca-893c-7bc394fae066	5	2024-09-29 01:09:05	6	192.168.110.221	8	9	
589e75e7-0573-46cd-8ee8-c496af882cf7	5	2024-10-09 08:21:42	6	192.168.110.221	8	9	
35708226-b524-49ea-ade5-65d8bae3f5bb	5	2024-10-09 08:24:11	6	192.168.110.221	8	9	
335f8d65-4020-4ca4-a40e-87c8fd62521	5	2024-10-09 08:27:07	6	192.168.110.221	8	9	

图 8-23　模型数据

(2) 在云平台进行表单操作，表单管理模块如图 8-24 所示；进入表单页面，可以通过对应控件绘制后台页面，如图 8-25 所示。

图 8-24　表单(管理)

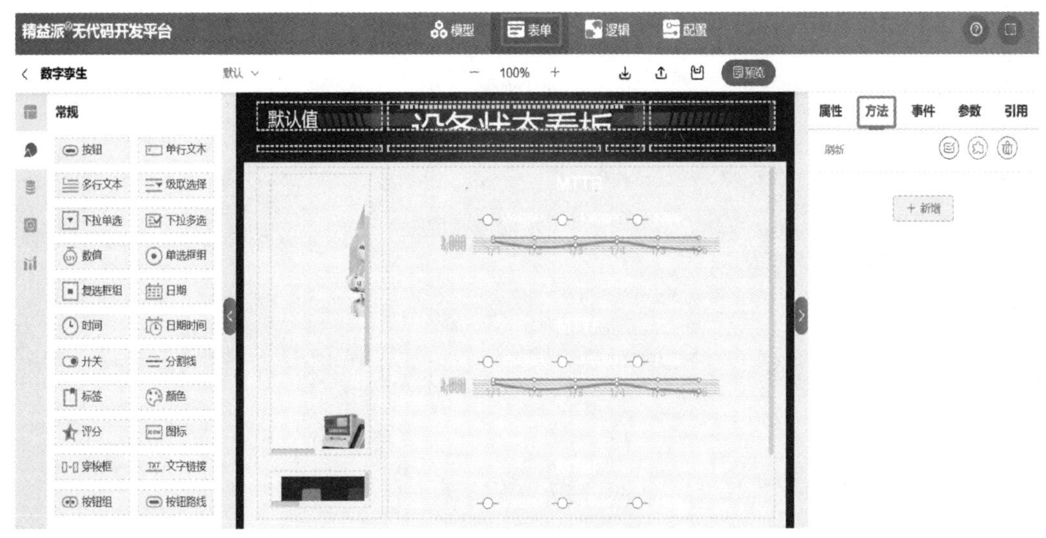

图 8-25　后台页面绘制

(3) 静态页面绘制完成后，要在页面体现数据库数据，通过后台脚本实现，后台积木程序如图 8-26 所示。

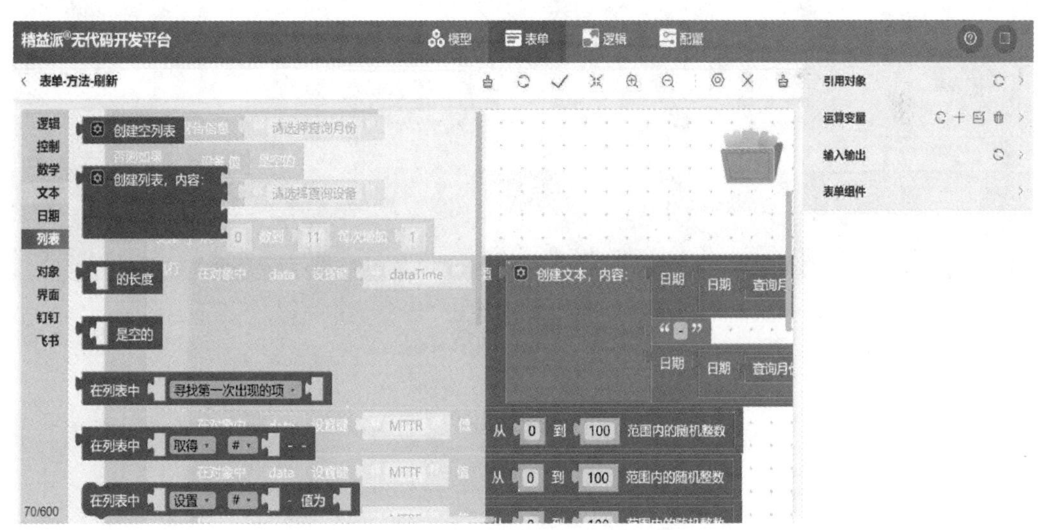

图 8-26　后台积木程序

(4) 后台数据配置完成后，通过点击 应用测试按钮进入软件平台，应用列表如图 8-27 所示。可根据对应的菜单查找应用，最终工业数据展示如图 8-28 所示。

图 8-27 应用列表

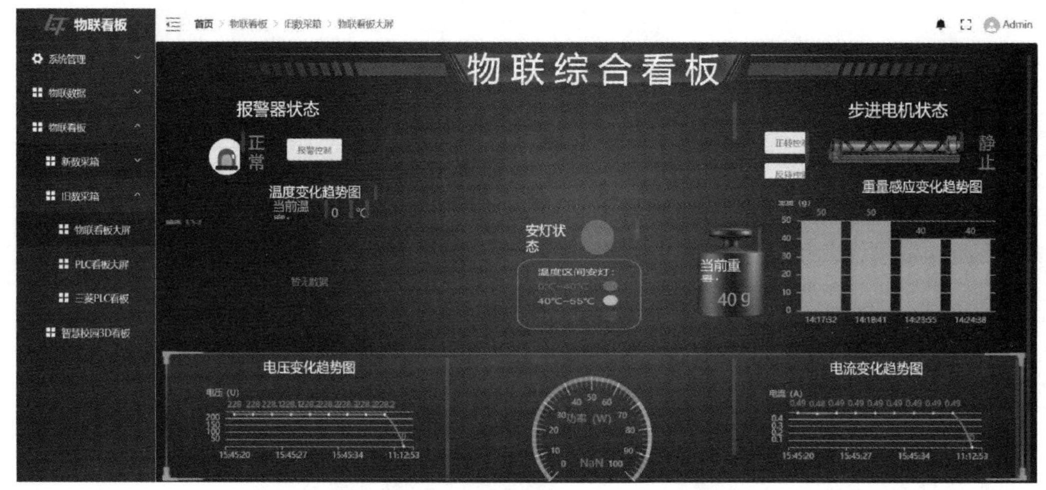

图 8-28 工业数据展示

思 考 题

1. 简述工业互联网的相关概念。
2. 简要说明工业互联网在智能制造企业进行“智改数转”过程中扮演的角色。
3. 面向工控系统的数据采集中，常用的数据采集类型有哪些？各自的原理是什么？
4. 简要说明 MQTT 通信协议相关概念以及应用场景。

参 考 文 献

[1] 国际电工委员会. IEC62264-3:2016 Enterprise-control System Integration—Part 3:Activity Models of Manufacturing Operations Management[S]. Switzerland：IEC publications，2016.

[2] 饶运清，李培根，李淑霞，等. 制造执行系统的现状与发展趋势[J]. 机械科学与技术，2002，21(6): 1011-1016.

[3] 饶运清，刘世平，李淑霞，等. 敏捷化车间制造执行系统研究[J]. 中国机械工程，2002，13(8): 30-32.

[4] 蒋凌燕. 基于 B/S 结构的制造执行系统实现技术研究[D]. 南京：南京航空航天大学，2004.

[5] SIEMENS 公司. SIMATIC IT PRODUCTION SUITE 技术白皮书[R]. [s. l. :s. n.]，2005.

[6] 王志新，金寿松. 制造执行系统 MES 及应用[M]. 北京：中国电力出版社，2006.

[7] 王宏安，冯梅. 石化行业 MES 解析[J]. 计算机世界，2006(B11).

[8] 王宏安. 石化行业 MES 的应用分析[J]. 数字石油和化工，2006(6): 2-5.

[9] 谢春雷. 利用生产执行系统(MES)实现广州石化精细化生产和管理研究[D]. 广州：华南理工大学，2006.

[10] 姜志强. MES 在广州石化的应用[C]. 第六届全国 MES(制造系统)开发与用题研讨会，2007.

[11] 王万良，吴启迪. 生产调度智能算法及其应用[M]. 北京：科学出版社，2007.

[12] 李清. 制造执行系统[M]. 北京：中国电力出版社，2007.

[13] 潘美俊，饶运清. MES 现状与发展趋势[J]. 中国制造业信息化，2008，37(9): 43-49.

[14] 尚文利，彭慧，史海波，等. 基于生产模型的制造执行系统平台研究[J]. 微计算机信息(测控自动化)，2009，25(8-3): 12-13，43.

[15] 胡虎，赵敏，宁振波，等. 三体智能革命[M]. 北京：机械工业出版社，2016.

[16] 刘绍书，李刚炎. 制造执行系统(MES)标准的综述[J]. 自动化博览，2006(3): 33-35.

[17] 欧阳劲松，刘丹，汪烁，等. 德国工业 4.0 参考架构模型与我国智能制造技术体系的思考[J]. 自动化博览，2016(3): 62-65.

[18] 邓华. 生产计划与控制[M]. 北京：中国纺织出版社，2017.

[19] 杨彦明，高扬，张锐丽等. 质量管理统计分析与应用[M]. 北京：清华大学出版社，2015.

[20] 中国电子技术标准化研究院. 制造执行系统(MES)规范 第 9 部分 机械加工行业制造执行系统软件功能：SJ/T11666.9—2016[S]. 北京：中国电子工业标准化技术协会，企业信息化标准工作委员会，2016.